세계교육론 총서 제5권

# 교육의
# 위대한 말씀
## 전편 1
### 세계교육론 결론

세계교육론 총서 제5권

# 교육의 위대한 말씀
## 전편 1
### 세계교육론 결론

염기식 지음

하나님이 천지 만물을 창조하고 쉼 없이 인류 역사를 주재한 데는 그만한 이유가 있다. 세상과 인류를 지극하게 사랑한 것인데, 그 세상과 인류가 그만 종말이란 총체적 위기를 맞이했다. 그렇다면 정말 이런 상황을 어떻게 해야 하는가? 전통적인 종교들이 문제를 해결하고자 하였지만, 그렇게 한 결과로써 인류 영혼은 절반도 구원되지 못했다. 그들이 노력한 결과는 결국 선천 종교로서 도달한 세계관의 한계성일 뿐이다.

　　그래서 하나님이 인생 삶의 근본부터 전 역사를 관장해 더욱더 구체적이고 폭넓게 인류를 구원하고자 계획을 천명한 것이 곧 **"교육의 위대한 말씀"**이다. 이미 세계적으로 보편화된 교육이란 제도를 통해 죽음 이후의 영혼 세계는 물론이고, 산 자들의 인생 삶과, 그들이 추진해야 할 미래 역사를 말씀의 가르침으로 선도하는 것이 현실적인 구원 역할이다.

　　교육이 추구해서 달성해야 할 사명 목적을 새롭게 설정해서, 하나님이 교육을 통해 이루고자 하는 보편적인 인류 구원 역사의 장대한 뜻을 아로새기리라.

## 머리말

# 인류 구원에 공헌할 교육의 보편적 목적

교육은 하늘의 준엄한 명령이다. 왜 명령인지 이유를 알아야 우리는 교육을 통해 인류를 구원할 위대한 사명을 일깨울 수 있다.

『중용』에서 말하길, "교육의 첫걸음은 天命, 즉 하늘의 명령이다[天命之謂性]"[1]라고 하였다. 우리는 어떤 교육에 관한 논의와 실천을 하기 이전에 하늘로부터 뜻을 구하고, 부여된 命을 알고, 받드는 것이 중요하다. 그렇지 못하면 인간을 가르치고자 한 모든 교육 행위가 天命과 어긋나 인류의 영혼을 선도할 수 없다.[2]

본 교육론, 아니 현대 교육론은 지금까지 교육이 지닌 문제점으로부터 출발해야 하는 만큼, 그 요지는 과연 무엇인가? 오늘날 교육이 인간 죄악과 인간성의 황폐화를 저지하지 못하고, 세계의 심판과 종말을 촉발한 것은 하늘의 뜻을 알지 못해서이다. 하나님이 인간을 어떻게 창조하고, 命한 것인지를 알아야 했다. 교육과 天命은 밀접하게 연관되어 있고, 주체는 天

---

1) 『실패한 교육과 거짓말』, 노암 촘스키 저, 강주헌 역, 아침이슬, 2001, p.5.

2) 『중용』은 그러나 선천의 교육관인 만큼, 왜 교육이 하늘의 명령인지에 대해서는 밝히지 못했다. 명령의 주체와 목적을 알아야 함에, 절대적 이유는 오직 한 가지, 하나님이 천지를 창조해서이며, 그래서 교육의 궁극적 목적은 창조 목적(뜻=命)을 밝히고, 구현하는 데 초점을 두어야 한다. 그리해야 인간이 본연의 길을 갈 수 있고, 이루게 됨.

命에 있어, 天命을 받드는 데 **"교육의 위대한 말씀"**이 있다. 교육은 하나님의 대 명령이나니, 고래로부터 교육에는 준엄한 天命이 숨어 있다. 이것을 동서양의 지성들이 줄기차게 사상으로 피력하고 천명(闡明)하였다. 그 뜻이 무엇이든 뜻을 이루는 데 있어 이상적인 수단은 교육이었다. 먼저 하늘의 뜻을 어떻게 알 것인가에 학문하는 목적과 배움의 가치를 두었고, 뜻을 어떻게 전달하는가에 교육자적 사명과 원리의 적용이 있으며, 뜻을 어떻게 구현하는가에 구도자적 실천과 방법이 있었다. 돌이킬 수 없게 된 인간성과 문명 역사를 어떻게 회복할 것인가? 여기에 **"인류 구원에 공헌할 교육의 보편적 목적"**이 있다.

하나님은 종국에 교육을 통한 가르침과 일깨움 역사로 만백성을 구원하고, 그 나라를 건설하길 원하셨다. 하나님은 일찍이 모세를 앞세워 이스라엘 백성을 바로의 압제로부터 구원하여 젖과 꿀이 흐르는 가나안 땅으로 인도하셨듯, 오늘날은 피폐한 인류를 치유와 화평의 땅으로 인도하시리라. 정비공은 고장 난 차를 수리하여 새 차처럼 만들 수도 있듯, 하나님은 능히 창조 권능을 교육력으로 승화시켜 인간성을 회복하리라. 알고 보면, **교육은 인류를 구원할 수 있는 가장 객관적인 방법이고, 가장 확실한 결과를 기대할 수 있는 구원 수단이다.** 나아가 현실적인 제도 안에서 인류를 빠짐없이 구원할 수 있는 사도(使徒=스승) 육성이 가능한 길이다. 위대한 메시지와 가르침과 인격 도야를 병행해야 하나니, 가르침과 깨달음으로 만 영혼 위에 미칠 교육의 보편적 구원 역사를 기대할 수 있다. 교육을 통한 가치 일굼과 목적 설정과 방법의 모색으로 인간성을 회복하는 것이 현실적으로 인류를 구원하는 길이다. 이전에는 교역자들이 하나님을 믿고 신앙하게 하는 것이 인류를 하나님께로 인도하는 주된 방법이었지만, 그렇게 해서 거둔 성과로서는 인류 영혼을 3분의 1도 구원하지 못했다. 그래서 지금은 방법적인 면에서 만인을 빠짐없이 구원할 수 있는 새로운 길을 마련해야 했는데, 그것이 바로 인류사에서 보편적, 객관적, 합리적으로 확대된 교육이란 제도와 방법을 통해서이다. 교육은 실로 인류를 하나님께로 인도하고, 하나님과 함께해서 교감할 수 있게 하는 최선의 방법이고, 이런 뜻과 목적을 자각해서 구체화하는 것이 **"교육의 위대한 말씀"**이다. 교직은 천직임에, 하나님의 보편적인 구원 뜻을 자각한다면 교직은 그야말로 하늘의 명령을 따르는 온전한 직업이라고 할 수 있다. 장차 만 인류를 구원하고, 이 땅에서 하나님과 함께하는 이상적인 나라를 건설하기 위해서는(지상 천국) 특정 종교들이 표방한 교리의 이념화 실현을 통해서가 아니다. 교육을 통해야 하고, 교역자가 아닌 교육자가 구원 역사의 전면에 나서 하늘의 명령을 충실히 수행하는 사역자 역할을 담당해야 한다.

하나님이 창조하신 인간성의 성장과 변화와 개화 과정을 낱낱이 살피고 판단해서 올바른 방향으로 이끌 자란 이 대지 위에 부모도 그 무엇도 아닌, 가르침의 자격을 지닌 선생님밖에 없다. 이분들이 天命을 자각하고 교육적 사명을 수행하는 스승의 역할을 다할진대, 그 직분은 온전히 부름을 입은 "구원의 사도"로서 승화되리라.[3] 지구상에는 곳곳에서 무지하고 차별받고 소외된 하나님의 백성이 있다. 이들이 한 영혼도 빠짐없이 구원되어야 하는 것은 하나님이 이들 백성을 사랑으로 창조했기 때문이고, 그들이 마저 구원되어야 그들과 함께하는 나라를 건설할 수 있다. 그러기 위

---

3)  교육의 위대한 사명은 하늘의 명령, 곧 하나님이 인류를 구원하고자 한 보편적 목적을 수행하는
    데 있고, 명령의 소리를 자각하고 직분을 수행하는 자가 교사이다. 그래서 교육은 하늘의 명령
    [天命]이고, 교직은 천직이며, 교사는 사도(使徒)를 넘어선 천도(天徒)임.

해서는 먼저 인류가 하나님을 바르게 알고, 창조된 본의를 깨달아야 하며, 참된 가치관으로 삶을 헌신할 수 있도록 이끌어야 한다. 그리해야 하나님의 품 안에 안기는 위대한 가르침의 역사, 위대한 교육의 역사, 위대한 구원의 역사가 보편화할 수 있다. 인류가 일군 존재의 역사와 전통과 문화를 한결같이 길이길이 보전하고 계승해야 하는 창조 목적이고, 만개한 꽃으로서 가치 있는 결정체란 사실을 일깨워야 한다. 이 땅과 하늘과 山下와 인간성은 장차 하나님이 건설할 지상 천국의 밑거름이다. 이런 의식의 자각과 지킴과 선도 역할을 무엇이 담당할 것인가? 교육이다. 죄악과 타락을 막고, 환경오염과 자연의 파괴를 막고, 멸망의 자초 요인을 제거하는 데 교육이 앞장서야 한다. 구원의 진리적 불씨를 지피는 데 **"교육의 위대한 말씀"**이 있다.

그래서 이 연구는 과거에 시도한 구원적 방법을 일소하고, 밝힌 본의와 말씀의 역사를 통해 인류의 영혼을 깨우치리라. 교육을 통해 만백성을 하나님의 품 안으로 인도할 대 구원 프로젝트를 마련하리라. 이를 위해 이 연구는 "세계교육론"을 공통된 주제로 하고, 제1권 제호를『교육의 위대한 사명』-세계교육론 서론, 제2권을『교육의 위대한 원리』-세계교육론 본론, 제3권을『교육의 위대한 실행』-세계교육론 각론, 제4권을『교육의 위대한 지침』-세계교육론 세부 각론, 제5, 6, 7, 8권을『교육의 위대한 말씀』-세계교육론 결론(전편 1, 2)·(후편 1, 2), 제9권을『길을 가며 가르치며 생각하며』-세계교육론 부록(교육수상집)으로 구성하였다.

일찍이 동서양의 선현들이 한결같이 이루고자 한 인류의 이상은 언제 어떻게 실현될 것인가? 지난날은 어떤 방법으로도 목적의 달성이 요원했다는 사실을 지적하면서, 기대하건대 교육이 바로 인류가 품은 그 이상적인 꿈을 종합적으로 이룰 실질적인 길이라는 것을 거듭 확인하고자 한다. 이 연구는 "세계교육론"을 통해 인류를 하나님께로 인도할 수 있도록 최선을 다해 완성된 길을 펼치고자 한다. 이 교육적인 사명을 과연 누가 부여하고, 누가 알리고, 누가 수행할 것인가? 하나님이 부여하고, 이 연구가 뜻을 받들며, 사명을 자각한 우리가 모두 실행해야 하리라. 『중용』에서는 "대덕자 필수명",[4] 곧 대덕(大德)을 구현하는 자는 반드시 命을 받는다고 하였다. 그 대덕이 지금은 모든 면에서 종말을 맞이한 인류를 구원할 보편적인 목적이 되어야 함에, 교육 위에 하나님이 命한 창조 목적과 합치된, 인류를 빠짐없이 구원할 진리력이 내포되어 있다는 사실을 알고, 천직 사명을 중점적으로 수행하는 이 땅의 교육자들은 자나 깨나 하늘이 命한 명령의 소리를 귀담아듣고 새겨, 교육으로 이상 세계 건설과 인류 구원 역사에 동참해야 하리라. 지대한 교육적 명령을 행동으로 실천할 수 있길 바라면서…… 천직 수행, 그것이 곧 하나님의 명령 수행 과정이자, 자신과 만인류를 구원하는 길이라는 사실을 확신하길 바라면서…….

2023년 10월
경남 진주에서
염기식

---

4) 『중용』, 제17장.

제1편

# 말씀 개설

기도: 제가 지금 꼭 확인하고 싶은 것은 지금까지 일군 제 생각과 내린 판단에 대해서 하나님의 뜻이 어떻게 뒷받침될 수 있는가? 그리고 정말 함께하고 계시는가 하는 사실입니다. 이것은 의심도 아니요, 시험도 아닙니다. 하나님이 여태껏 길을 통해 역사한 살아계신 神인 데 대한 증거이고, 인간 된 뜻과 하나님의 뜻이 일치했는가를 확인하는 필연적 절차입니다. 그 뜻이란 과연 무엇인가? 이전과는 전혀 다른 신관, 세계관, 우주관의 구축으로 제3의 통합 문명, 구원 문명, 차원 문명을 건설하는 것입니다. 이 같은 저의 저술 의도와 신념에 대해 하나님의 뜻이 함께해 주길 원합니다.

말씀: "성령이 친히 우리의 영과 더불어 우리가 하나님의 자녀인 것을 증언하시나니(롬, 8: 16)"

증거: 왜 우리는 하나님의 증거를 요구할까요? 주님의 일을 할까 말까? 하나님의 증거를 요구하는 것은 하나님에 대한 믿음이 부족해서입니다. 두 손 들고 하나님께 온전히 나아갈 때(마, 11: 28) 성령이 우리 속에서 역사하십니다.

# 제1장 개관[天意]

## 1. 길을 엶

"말씀"은 태초에 천지 만물과 우주와 뭇 생명과 인간을 지은 창조주 하나님을 일컫는다. 그 하나님이 바야흐로 직접 살아 역사한 실존자의 모습으로 인류 앞에 등단해 만 인류를 빠짐없이 구원하고자 한 **"교육의 위대한 말씀"** 역사, 곧 가르침의 교화 역사를 펼치고자 하신다. 말씀을 통한 역사가 실행될 수 있으려면 난관을 헤치고 필요한 조건을 갖추어야 한바, 이제는 때가 찼고 작정한 모든 절차를 완료하였다. 남은 것은 오직 하나, 모든 과정을 이끌었고 역사한 하나님의 뜻을 확인하는 것이다.

## 2. 간구

하나님, 부족한 이 자식이 말씀을 통한 가르침의 역사를 수행할 길을 준비하면서, 아버지의 전에 나아갈 수 있는 이 순간을 고대하였습니다. 완벽하다고 자신할 수는 없지만, 제가 작정한 소정의 저술 준비 과정을 완료하였습니다. 이제는 하나님의 말씀을 증거하고 논거하고 선포하기 위해 필을 들어야 하는데, 어떻게 하리까? 이후부터 필요한 것은 저의 인간 된 판단에 대해 하나님의 뜻을 확인하는 것입니다[天意]. 제가 받든 말씀에 대해 하나님의 영이 함께하지 않는다면 그것은 사칭이며, 대언이 아닙니다. 제게는 인류의 정신적 고뇌를 헤치고 숙원을 풀 수 있는 지혜와 용기와 믿음이 필요합니다. 그래서 이 시점에서 꼭 한번 확인하고 싶은 것은 **제가 지금까지 일군 생각과 내린 판단에 대해서 어떻게 하나님의 뜻이 뒷받침될 것인가? 그리고 정말 함께하고 계시는가 하는 사실입니다.** 이것은 의심도 아니요 시험도 아닙니다. 하나님이 여태껏 길을 통해 역사한 살아계신 神인 데 대한 증거이고, 인간 된 뜻과 하나님의 뜻이 일치했는가를 확인하는 필연적 절차입니다. 그렇게 합일된 뜻이란 과연 무엇인가? **일구고 판단한 그대로 이전과는 전혀 다른 신관, 세계관, 우주관을 구축해서 제3의 통합 문명, 구원 문명, 차원 문명을 건설하는 것입니다.** 이 같은 저의 저술 의도와 신념에 대해 하나님의 뜻이 함께해 주길 원합니다. 부족한 이 자식을 지금까지 인도하셨고 은혜 주신 아버지, 말씀하여 주시옵고, 성령으로 역사하여 주옵소서! 제 생각, 제 판단, 제가 실행하고자 하는 말씀의 대언 역사가 하나님의 뜻에 합당한 것이나이까? 아니, 그렇게 의도해서 일깨워 주신 대로 하나님의 뜻 자체이나이까? 제가 과연 하나님의 말씀을 대언할 준비를 다한 자격자로서 뜻을 실행할 수 있겠나이까? 제게 힘과 용기와 지혜를 더해 주소서! 하나님은 이 세상 어디에 계시는가? 이 순간, 저의 간구하는 영혼 위에 함께하고 계실 것을 믿습니다. **"교육의 위대한 말씀"** 이 "세계교육론"의 대미를 장식해서 천명한바 하나님의 보편적인 인류 구원 목적 기반을 터 닦을 수 있게 하여 주소서! 이 새벽, 신성한 시공의 문을 연 말씀의 성전 앞에서, 하나님의 준엄한 뜻을 받들고자 이 자식이 무릎 꿇고 간절히 기도드리나이다. 아멘.

## 3. 성경 말씀

"성령이 친히 우리의 영과 더불어 우리가 하나님의 자녀인 것을 증언하시나니(롬, 8: 16)"

## 4. 말씀 증거

2021년 12월 28일, CTS 기독교 TV, 새벽 5시, 매일 만나 365, 주님은 나의 최고봉.

제목: "성령의 증거하심"

찬송: 오소서, 진리의 성령님

말씀: 성령은 절대로 우리의 이성을 증거해 주지 않습니다. 성령으로 이성을 증거하게 하려는 어리석음을 내버리고, 주님을 신뢰하십시오. 우리는 하나님이 우리에게 시키는 일을 수행하기 전에 증거를 원합니다. "왜 하나님은 자신을 보여주지 않으실까?" "주님은 그렇게 할 수 없습니다. 이유는 당신이 완전히 主께 내려놓지 않은 한, 당신 자신이 주님의 증거를 방해하기 때문입니다. 그러나 당신이 다 내려놓으면 하나님이 자신을 증거하십니다. 주님은 당장이라도 당신 안에 계신 그분의 속성을 증거하십니다."[1]

왜 우리는 하나님의 증거를 요구할까요? 주님의 일을 할까 말까? 하나

---

1) 『주님은 나의 최고봉』, 오스왈드 챔버스 저, 스데반 황 역, 토기장이, 2009.

님의 증거를 요구하는 것은 하나님에 대한 믿음이 부족해서입니다. 두 손 들고 하나님께 온전히 나아갈 때(마, 11: 28) 성령께서 우리 속에서 역사하십니다.

## 5. 길을 받듦

나는 사전에 믿음으로 길을 준비하였고, 때가 되어 원함을 간구한 탓에 주신 말씀은 내가 하나님께 직접 구했고, 이에 응해서 하나님이 내게 이르신 직접적인 말씀이다. 이 간구와 응답 말씀으로 하나님과 나 자신이 긴밀하게 연결된다. 그래서 주신 말씀을 살피고 근거를 판단해서 실행하는 것이다. 그렇게 해서 받아들인 하나님의 말씀에 대하여 나는 과연 어떻게 이해하고 해석하여 뜻을 받들어야 할 것인가?

주신 말씀을 판단하고 해석하는 절차로서는 우선 내가 기도하고 간구한 내용과 하나님이 주신 말씀을 놓고 상호 비교한 결과를 통해 의미의 구조적인 일치 여부와, 대비되는 말씀이 어떻게 서로 합당한 짝을 이루는가를 확인하는 절차이다. 즉, 내가 하나님의 전에 나아가 간구한 기도의 요지는 직감으로 길을 통해 준비한 과정을 완료한 만큼, 저술로서 하나님의 뜻을 펼칠 수 있는 행동을 실행에 옮겨야 하는데, 나로서는 인간적인 한계와 고민이 있어 주저함이 있으므로, 이 같은 일련의 저술 의도가 정말 하나님의 의지를 뒷받침한 성업인가에 관해 확신과 용기가 필요했다. 이런 내심, 곧 말 그대로 "주님의 일을 할까 말까?" 한 심정에 대해 하나님이 한 치의 어긋남도 없이(의문 구조에 대한 말씀의 즉각적 응답) "성령이 친히 우리의 영과 더불어……" 즉, 나 자신이 사명으로 인식하여 실행하고자 하는 말씀의 가르침 역사가 내가 일군 뜻이기 이전에 나의 손과 입과 의식 전체를 구속한 하나님 자체의 뜻을 대신하는 증언 역사란 사실을 밝힌 것이다. 다시 말해, 내가 그렇게 실행해서 증거하는 것이 아니라, 하나님이 친히 자체의 뜻을 증거하고자 한 역사라, 모든 말씀 역사의 증거 주체는 바로 하나님에게 있다. 말씀을 증거하는 대언 사명을 실행하는 데 있어 내가 가진 인간적인 주장과 논리와 상식을 모두 버리고, 그처럼 온전하게 내려놓으면 하나님이 내 안에서 역사하고 모습을 보여 증거로 제시하리란 약속이다.

하나님은 참으로 이 자식의 심중을 살피고, 꿰뚫고, 성령으로 임하사 역사하는 살아계신 神이시다. 나로서는 하나님의 말씀을 대언하고 증거하고자 함에 있어 의구심과 망설임이 있었지만, 하등 염려할 필요가 없는, 그런 모든 우려를 내려놓아야 하나님이 당신 안에 계신 자체의 속성을 스스로 증거할 것이라고 하셨다. 그러니까 의도적으로 하나님을 증거할 목적으로 말씀을 대언할 필요가 없다. 주신 말씀에 대해 전하기만 하면 증거 문제는 하나님이 직접 해결하시리란 뜻이다. 그러니까 할까 말까 추호도 망설이지 말고, 두 손 놓고 하나님의 성업 역사를 위해 힘차게 나아가라. 하나님을 굳게 신뢰하고, 굳게 믿어 실행하라. 두 손 들고 **"교육의 위대한 말씀"**을 "하나님의 위대한 말씀"으로 대언해서 저술하라. 그리하면, 성령께서 그 안에서 친히 역사해 줄 것을 약속하심이로다. 아멘.

# 제2장 저술의 교육적 과제

## 1. 저술 목적

본 장은 이 연구를 펼치는 첫 페이지이지만, 한편으로는 이미 저술한 "세계교육론" 중 "교육의 위대한 사명", "원리", "실행", "지침"에 대한 결론이기도 하다. 무엇에 대한 결론인가? 하나님이 교육을 통해 구원의 문을 확대할 수 있는 창구를 마련하기 위해 인류 역사를 주재한 데 따른 것이다. 그리고 "세계교육론"의 전 과정을 관통하는 일관된 뜻이기도 하다. 하나님이 마련한 지침 목적이거니와, 이런 역사의 발자취를 하나하나 확인해서 체계 짓는 것이 본 **"저술의 교육적 과제"**이다. 그래서 이 단계에서 밝히고자 하는 것은 하나님이 인류 역사에 등단하여 만 영혼을 계도하고 일깨워 구원의 문으로 인도할 "가르침의 역사"를 펼치는 데 있다. 이 같은 목적을 이루고자 지금까지 일련의 저술 역정을 거친 것이라고 할 수 있다. 교육으로 인류를 빠짐없이 구원하고자 한 목적과 뜻을 밝혔고, 인류 역사가 무엇을 근거로 어디를 향해 나가야 할 것인지에 대한 방향 지침을 마련했으며, 하늘 문을 열어 하나님에게 이르는 길을 튼 지상 강림 역사를 현실화했다. 이것은 이 땅에 강림하신 하나님이 세상 가운데 가로놓인 일체의 장애물을 걷고 직접 발을 내디딜 수 있는 길을 튼 것이기 때문에, 이것을 기반으로 하나님도 제한 없이 인류와 함께하면서 인류를 구원할 수 있다. 하늘이 아닌 이 땅에서 인류 영혼을 보편적으로 구원할 수 있는 역사적 기반을 다졌다. 인류가 하나님에게로 나아갈 수 있는 지상의 디딤돌을 구축하고, 하나님에게 이르는 길을 보편화한 만큼, 인류와 하나님 사이에 가로놓인 걸림돌은 치워졌고, 하나님이 인류 역사에 등단하여 구원 역사를 펼치는 데도 아무런 걸림이 없게 되었다. 그래서 바야흐로 하나님이 대인류를 향해 말씀으로 가르침의 역사를 펼칠 수 있게 된 것이 "세계교육론"의 결론인 **"교육의 위대한 말씀"**이다.

하나님이 천지 만물을 창조하고 쉼 없이 인류 역사를 주재한 데는 그만한 이유가 있다. 세상과 인류를 지극하게 사랑한 것인데, 그 세상과 인류가 그만 종말이란 총체적 위기를 맞이했다. 그렇다면 정말 이런 상황은 어떻게 해야 하는가? 전통적인 종교들이 문제를 해결하고자 하였지만, 그렇게 한 결과로써 인류 영혼은 절반도 구원되지 못했다. 공자, 부처, 알라, 여호와, 主 예수……라는 신앙 대상을 통해서…… 그들이 노력한 결과는 결국 선천 종교로서 도달한 세계관의 한계성일 뿐이다.[1] 그래서 하나님이 인생 삶의 근본부터 인류 역사를 관장해 더욱더 구체적이고 폭넓게 인류를 구원하고자 계획을 천명한 것이 곧 "교육의 위대한 말씀"이다. 이미 세계적으로 보편화된 교육이란 제도를 통해 죽음 이후의 영혼 세계는 물론이고, 산 자들의 인생 삶과, 그들이 추진해야 할 미래 역사를 말씀의 가르침으로 선도하는 것이 현실적인 구원 역할이다. 교육이 추구해서 달성할 사명 목적을 새롭게 설정해서, 하나님이 교육을 통해 이루고자 하는 보편적인 인류 구원 역사의 장대한 뜻을 아로새기리라. 일회적인 기적의 역사

---

1) 성인이 강림하여 펼친 인류 구원 역사의 한계성과 하나님이 강림하여 펼칠 인류 구원 역사와의 차원적인 차이임.

가 아닌 전 삶에 걸친 교육의 추구 과제를 제시해야 한다. 이를 위해 이 연구는 인류 구원의 기반을 마련하고자 하는 하나님의 깊은 섭리 뜻을 통찰해서 살펴야 하고, 그 뜻을 만인이 판단할 수 있도록 하나님의 대 구원 계획을 교육적으로 과제화하고자 한다. "세계교육론"의 전체 과정을 일관하는 주제 역시 **"인류 구원에 공헌할 교육의 보편적 목적"**인바, 그 목적을 달성하기 위한 정확한 초점은 현생에서의 영혼을 구원하는 데 있는 것이고, 그렇게 해서 맞이할 죽음 이후의 영생을 위한 기반까지 다지는 데 있다.[2] 인류가 창조된 원초적인 출발 단계로부터 죄악 된 본성을 계도해서 거룩한 하나님의 자녀 백성이 될 수 있게 하려고 "말씀 교육론"을 총체적으로 기획하였다. 권능 어린 말씀의 교화력과 진리력으로 타락할 대로 타락한 인간의 본성을 회복하고, 삭막한 영혼에 생명력을 불어넣어 만백성을 하나님의 품 안으로 이끌고자 한다. 한 영혼도 버림 없이 말씀의 가르침으로 깨우쳐 하나님의 거룩한 자녀 백성으로 聖化시키고자 한다.

　돌이켜 보면, 인류가 한결같이 교육이란 제도를 발전시키기 위해 노력하였고, 누구에게나 교육의 기회가 부여될 수 있도록 힘쓴 것은 하나님의 깊은 섭리 뜻이다. 즉, 교육을 통해 하나님은 오직 인류가 언젠가는 하나님이 이룬 모든 역사 뜻을 알 수 있길 원하셨다. 뜻에 어긋난 배덕과 오판을 막고, 갈고 닦은 지성으로 오늘날 새로운 모습으로 강림하신 모습을 정오 빛처럼 뵈올 수 있는 때를 위해 준비하고 또 준비하셨다. 그것이 이 연구를 통해 만세 전부터 예비한 하나님의 심중 깊은 대의이자 인류 역사를 주재한 뜻이다. 언제까지 믿음을 강조하고, 신앙에만 의존할 수 없는 것이,

---

2)　하나님의 인류 구원 역사는 현생(現生)에서의 인생 구원을 기반으로 사생(死生)에서의 영생 구원을 보장하는 데 있음.

믿음을 가지고 신앙을 위해 헌신하는 것도 중요하지만, 그런 행위는 지극히 선택적이라, 인류가 그 같은 믿음을 모두 가져서 구원을 얻지도, 그 같은 행위로 일률적인 증과도 이루지 못했다. 그래서 믿음뿐만 아니라 구원 문제를 객관적인 판단 위로 끌어내기 위해(이성) 하나님이 인간 지성을 끊임없이 개오시켜 왔고, 여기서 주된 역할을 담당한 것이 곧 교육이다. 교육은 하나님이 이 땅에 강림하실 때를 대비해 하나님을 지성적으로 분별할 수 있게 하려고 알게 모르게 역사되었다.[3] 그만큼 교육은 하나님이 인류 영혼을 구원하기 위해 택한 핵심 수단이다.[4] **하나님은 교육을 통해 뭇 지성을 다스렸고, 뭇 삶을 다스렸고, 뭇 영혼을 다스리셨다.**

이런 뜻을 통찰함으로써 이 연구가 펼치고자 하는 **"저술 목적"**은 지상 강림 역사 때를 맞아 하나님이 직접 본체자로서 모습을 드러낸 만큼, 인류가 강림하신 하나님의 본체 특성을 알 수 있는 판단력을 기르고, 모습을 분간할 수 있는 안목을 가질 수 있도록 하는 데 있다. 이것이 이 연구가 표방하는 말씀을 통한 가르침 역사의 당위 이유이다. 강림하신 하나님의 본체성을 확인할 수 있게 하려고 그동안 인류가 구축한 교육력을 적극 활용하면서 동서의 성현, 覺者, 지성들이 일군 지식, 경험, 지혜를 가림 없이 섭렵해서 재구성하리라. 배우고, 가르치고, 일깨우고, 육성하고, 수행하고, 도야케 하리라. 때가 때인 만큼, 하나님이 강림하신 것은 우주의 때가 종말을 맞이하므로 위기에 처한 인류를 빠짐없이 구원하기 위해서이다. **"교육**

---

3) 하나님의 말씀, 곧 가르침을 이해하고 받들 수 있게 하려고 인류의 지적 수준을 고양해야 했고, 이성적 통찰을 수반해야 했다. 즉, 하나님의 존재 형태가 전환된 만큼, 이전의 믿음 행위를 넘어 인류가 강림하신 하나님을 분별할 수 있는 합당한 기준과 모습을 판단할 수 있는 안목을 틔워야 함.

4) 이 땅에 강림하신 하나님의 본체성을 분간하고, 보고, 알고, 영접해서 영원토록 함께할 수 있도록 하는 데 교육이 실행해야 할 인류 구원의 정당한 길이 있음.

**의 위대한 말씀"**으로 인류의 보편적인 구원 역사를 본격적으로 실행하고
자 하신다. 지난날은 하나님의 모습이 불분명했던 만큼이나 하나님이 이
루고자 하는 뜻도 불명확했지만, 강림하신 오늘날은 모습과 뜻이 명확해
졌나니, 이것이 이 연구가 밝히는 보다 확대된 하나님의 보편적인 인류 구
원 의지이다. **"교육의 위대한 말씀"**은 천지 만물을 창조하고 인류 역사를
주재한 하나님이 종말의 때를 맞이하여 밝히는 세계 운행 의지이고, 이루
고자 한 뜻이다. 우리는 하나님이 교육 위에 둔 인류를 향한 위대한 구원
사명을 자각해야 하나니, 강림하신 하나님이 오늘날 인류를 향해 표명한
엄중한 뜻이고 명령이다. 직접 계시하고 말씀하여 저술 목적을 표명하도
록 한 것은, 그대로 하나님이 이 땅에 강림하심에 대한 확인이고, 역사하
심에 대한 증거이다. 이것이 대미를 장식할 "세계교육론"의 결론 요지이
다. 하나님이 직접 말씀으로 가르침의 역사를 펼쳐 만 영혼을 남김없이 구
원하시리라.


## 2. 저술 과정

　이 연구는 밝힌바 10대 후반부터 진리 탐구에 나선 "길의 추구"와 20
대 후반부터 펼친 "저술 역정"의 토대 위에 있다. 몇 단계 변화를 겪은 과
정은 있었지만, 아직 완성하지는 못했고, 그런 탓에 지금도 쉬지 않고 정
진하는 중이다. 좀 더 자세하게 말하면, "세계교육론"은 청소년 시절부터
출발한 인생의 전반기 진리 탐구 과정에 기인한다. 즉, 세계통합론(1995
년)→세계본질론(1997년)→세계창조론(1998년)→세계유신론(2000년)→

세계섭리론(2004년)→세계수행론(2006년)→세계도덕론(2008년) 저술이 그것이다. 이후에 계획한 대로 곧바로 "세계교육론"을 집필하기 위해 자료를 수집하는 중이었는데, 앞의 저술물을 다시 단행본으로 출판할 기회가 주어져(총 21권) 차후의 과제로 미루었다. 그리고 교직 생활의 마무리(정년 퇴임, 2020. 8. 31.)를 앞두고 미루어 둔 "세계교육론" 집필을 다시 구상하게 되었다. 그리하여 해를 넘긴 2021년 3월 초까지 약 6개월간에 걸쳐 "교육의 위대한 사명", "원리", "실행", "지침" 초고를 탈고하였다. 지금 돌이켜 보면, "세계교육론"을 그때 집필했더라면 여러 가지 측면에서 질적인 차이를 피하지 못했으리라. 교육의 세계적인 과제를 포괄하는 데 있어 부족함이 있었을 것이고, 또한 오늘날에야 밝힌 창조 본의에 입각한 섭리 뜻도 반영하지 못했으리라. 그러나 지금은 이 같은 조건을 두루 충족할 수 있게 되었다.

또한, 제4권 **"교육의 위대한 지침"**까지 집필하는 동안에는 본 "말씀" 저술을 전혀 생각하지 못했다. 계기는 "지침"에 대한 저술을 탈고할 즈음에 남아 있는 자료 묶음을 발견하고 주제의 성격(말씀의 가르침)을 확인한 다음, 이것을 "지침"의 한 편에 넣어 마무리 짓고자 하였다. 그런데 내용을 살펴보니 시간이 걸리더라도 더 보완해서 권을 독립시켜야 할 필요성을 느꼈다. 이것이 곧 제5권부터의 **"교육의 위대한 말씀"** 집필을 시도하게 된 경위이다. 하나님의 말씀을 권을 달리하여 따로 논거해야 할 작업의 중차대성을 인식하고 "지침"의 초고를 탈고하자 곧바로 새로운 저술 준비에 들어갔다. 그러면서도 일단 초고 상태의 제1권 "사명" 한 권은 먼저 출판하기로 하고 교정 과정을 병행하였다. 표지도 전집 형태로 디자인해서 2021년 9월 10일, 첫 권을 발행하였다. 아울러 "세계교육론"의 전체

목차도 함께 소개하였는데, 제5권은 "저술 준비 중"으로 처리하였다. 그리고 맨땅에 집을 짓는 마음가짐으로 "말씀"을 저술할 길을 출발하였다. "말씀"을 증거하는 데 대한 사명의 중요성을 알고, 하나님의 뜻을 면밀하게 살폈으며, 산적한 진리적 과제와도 씨름하였다. 눈을 뜨면 궁극적인 문제들에 대해 숙고하였는데, 참으로 험난한 정신의 고투 시간이었다. 세상의 이치, 존재, 현상, 법칙, 진리, 본질을 하나님이 밝혀 주신 본의 뜻과 연관, 연결 짓고, 원인과 근거를 추적하였다. 천지 만사가 창조에 근거한 탓에 무엇을 통해서도 하나님에게로 이르는 길은 있고, 상통한다는 전제로 가능성 일체를 확인하였다. 그리고 **"교육의 위대한 말씀"**을 "세계교육론"의 결론으로서 독립시킬 것을 최종적으로 확정한 만큼, 저술할 관점과 판단할 기준도 말씀의 역사 주체를 하나님에게 두되 교육론인 만큼, 말씀의 가르침으로 인류를 구원하고자 한 뜻을 분명히 밝혔다. 교육론의 결론일 뿐 아니라 하나님이 창조 이래 주관한 인류 역사에 대한 대결론이기도 하다. 이것은 분명 "지침"까지와는 또 다른, 저술에 대한 새로운 꿈이고, 사명 부여이며, 미래 역사에 대한 기대이다. "말씀" 저술을 토대로 "세계교육론"은 만 인류를 하나님께로 인도하고 안내하는 중차대한 역할을 감당해야 한다. 그것은 일찍이 꿈꾸었던, 하나님의 말씀을 대언하고자 했던 존엄한 책에 대한 기대이기도 하다. 세상 차원이 아닌 하나님의 차원에서 뜻을 담은 권위를 드러내어야 하므로, 성업을 이루는 데 있어 보아야 할 것을 보지 못하고, 경험해야 할 것을 경험하지 못하고, 깨달아야 할 것을 깨닫지 못해서는 안 된다. 그런 측면에서 본인은 여태껏 책을 저술하고 있지만, 진정으로 원한 **"말세에 대처할 책"**은 아직 세상 가운데 펼치지 못했다. 가능한 조건을 갖추기 위해서는 선천 역사를 결실 짓고, 미래 역사의 지침이 될 하나님의 말씀을 인류 앞에 터놓아야 한다. 몸과 마음을 다해 뜻을 펼칠 가치와 세계를 일구는 데 정열을 바치고 집중하는 것만큼 우주를 포유할 대덕의 성취는 없다. 그런 추구 삶과 정신세계와 품은 뜻을 부족한 이 자식이 확보해서 끝까지 지켜나갈 수 있도록 하나님, 인도해 주소서!

비록 "말씀"을 저술하기 위해 확보한 자료를 온전하게 통찰하는 데 있어 부족함은 있더라도, 저술 체계를 세우는 과정에서 오늘 깨달은 이 같은 뜻을 위해 하나님이 이 자식을 숱한 세월 동안 한결같이 이끌어 오신 손길만큼은 충분하게 감지할 수 있다. 감당하기 어려운 천상의 지혜를 아낌없이 쏟아부어 손안에 꼭꼭 쥐여 주셨나니, 이 같은 은혜를 받들어 나는 세상을 향해 홀연히 일어설 사상적 기반을 마련하리라. 지금까지의 어떤 과업보다도 할 수 있는 한 혼신을 바쳐 받든 말씀과 뜻을 진리로 승화시켜 이 땅에 강림하신 성령의 본체를 증거하리라. 이것이 오늘날 강림하신 하나님이 종말에 처한 인류를 구원하기 위해 추진시킨 준엄한 **"저술 과정"**이다. 이 연구가 일찍이 길을 추구하면서 쉼 없이 저술 과제를 수행한 것은 어쩌면 지금과 같은 사명을 위해 일어서기 위한 준비 절차이기도 하다. 때가 된 만큼, 하나님의 뜻을 대언할 실질적인 본분까지 각성하여 본격적으로 실행할 채비를 차려야 한다. 이 모든 판단과 저술 역정 위에 하나님의 은혜로운 역사가 함께할 수 있길 거듭 간구하나이다. 아멘.


## 3. 저술 관점

여태까지 보고 배운 지식과 경험을 바탕으로 우리는 현재 자신이 살아가고 있는 세상 질서와 이치들이 참되고, 당연하다고 여긴다. 그래서 습관화된 상식과 몸에 밴 질서와 신념에 반한 주장을 접하면 반박하거나 저항하는 등 좀체 마음의 문을 열려고 하지 않는다. 그런데도 현세대는 그 같은 구태의연한 질서를 타파한 탓에 학문적, 제도적, 문화적으로 발전하였다는 것은 아이러니하다. 그중 특히 "철학 영역에서 정말 당연하다고 여긴 모든 생각들에 대해 질문을 던진 것은 현학적인 말장난을 하기 위해서가 아니다. 바로 그렇게 의심하고 질문을 시작한 데서 역사가 진일보하였다. 여기에는 예외가 없다. 갈릴레이, 코페르니쿠스, 뉴턴 등등. 역사상으로 유명한 어떠한 과학자의 견해도 그러했다. 알다시피 상대성 이론을 세운 아인슈타인은 자명한 진리라고 여긴 뉴턴 물리학의 기본 개념에 대한 의심에서 시작했다."[5] 대다수가 그렇게 믿고 일관되게 추종하고 있는 지배적인 통설에 대해 의구심을 가진다는 것은 발상 자체부터가 쉬운 일이 아니다. 당연하다고 여겨진 사실인데, 무엇을 새롭게 의심할 것이 있겠는가? 애써 의심한다고 해서 의문점이 생기는가? 문제점을 발견하기 위해서는 의심되는 사실을 포착하기 위한, 세상과 사물을 보는 그만한 안목과 관점부터 확보하는 것이 우선이다.

그리하여 이 연구가 가진 의문점은 지난날의 세계적 상황 곧 역사적, 진리적, 신앙적, 제도적, 실존적 상황에 있다. 그리고 세계가 처한 모든 조건이 더 이상 항시적일 수 없는 한계성에 직면했다고 본 탓에 타개하고자 한 **"저술 관점"**을 확보하였다. 이런 판단인 한, 그것이 무엇이든 기존 관점과는 다를 것이 분명하므로, 이것은 정말 이전과는 전혀 다른 혁신이다. 지금까지의 지성들이 가지지 못한, 과거에 일부 선택된 자들이 엿본 적은 있

---

5) 『철학의 모험』, 이진경 저, 푸른 숲, 2005, pp.29~30.

지만, 그나마 지금은 사장되어 버려 회복하고 있지 못한 관점인 하나님이 이르신 말씀에 근거한 것이다. 하나님이 직접 말씀하고 가르치고자 하시므로, 그것이 가능한 것은 하나님이 직접 이 땅에 강림하신 탓이다. 하나님이 어떻게 책을 직접 손으로 쓸 수 있겠는가? 그런 탓에 하나님의 손을 대신하여 본인이 추구한 길의 과정에서 하나님이 이르신 말씀을 기록하였다. 그것이 정말 하나님이 준 말씀인가를 의심하는 이 자식을 향해 거듭 그렇다고 언명하신 만큼, 天命을 거부할 수 없게 된 입장에서 성령으로 역사한 말씀을 대언하게 되었다. 말씀으로 임재한 역사가 있어 하나님이 존재한 사실과 하나님이 어떤 분인가 하는 사실과 이 땅에 강림하신 사실을 밝히게 되었다. 이르신 말씀을 저술로써 대신 전하는 역할이다. 자고로 天命을 깨닫고 天意를 대행한 자가 기독교 역사에서는 선지자였고, 동양 전통에서는 성인인데, 그 숫자가 역사상 소수에 불과했다.[6] 하지만 말씀의 역사가 보편화되는 지상 강림 역사 시대에는 그런 사실을 받드는 자누구라도 성인이 되고, 선지자가 될 수 있다.[7] 만인의 성인화요, 만 인류의 스승화 시대가 도래하였다. 天命을 받든 가르침의 보편화 길이 활짝 트였다. 그리해야 만 영혼이 모두 구원될 수 있고, 천국 백성화된다. 인류 구원의 한 중심에 오늘날 강림하신 하나님의 계시 역사가 있다. 인류를 파라다이스로 인도할 지혜와 인격과 권능을 모두 갖춘 지상 최고의 스승은 바로 "하나님의 말씀"이다. 하지만 하나님이 이르신 말씀을 모두 저술로 주제화하기는 어려움이 있다. 핵심이 된 관점을 설정해야 하는데, 그것이 곧

---

6) 역사상 하나님의 뜻을 대언하고 대변해서 선언한 자가 소수에 불과했지만, 오늘날은 그 역할을 보편화시키고자 함.

7) 하나님이 이 땅에 오신 지상 강림 역사 시대에는 인류 구원의 보편화 목적을 달성하기 위해 하나님이 직접 만 인류의 영혼 위에 임재할 말씀의 보편화 역사 시대를 열고자 하심.

하나님의 절대 권한에 속한 "창조 본의" 관점이다. 하나님이 계시한 탓에 밝힐 수 있게 된 가능한 관점이다. 하나님이 밝혀 주신 **창조 본의는 가장 근본적인 원리이고, 가장 궁극적인 진리이다.** 그만큼 본의를 알면 나머지 문제는 부차적이다. 근본적인 문제를 알아야 다른 문제도 해결하여 인류를 하나님께로 이끌 수 있다.

왜 하나님이 직접 말씀하여 밝힐 만큼 세계적 조건이 긴급하게 되었는가? 여기에는 이 연구가 확보한 관점에 더하여 세상을 바라본 관점, 즉 "세계교육론" 저술 전체를 일관하는 **인간 본성의 황폐화 사실과 인류 역사의 종말성 관점**이 있다. 본성과 문명이 타락할 대로 타락해 위기에 처했다고 본 판단에 근거해서 종합적인 대책을 세우고자 하였다. 세상이 종말을 맞이했다는 사실과 하나님이 지상에 강림했다는 사실과 천지가 어떻게 창조된 것인가에 관한 사실을 자각한 것은 한순간에 한 개인이 일군 생각이 아니다. 유사 이래 하나님이 진리의 성령으로서 역사한 성업을 집대성한 통찰이다. 길을 통해 역사한 만큼, 인류를 통해서도 역사하셨는데, 그런 사실을 볼 수 있는 눈을 안타깝지만, 여태껏 기독교가 앞장서 차단했다. 그런 신앙 조건 속에서는 이 연구가 개진한 **"저술 관점"**과 사사건건 부딪칠 것이 불 보듯 하다. 하지만 지금은 사실을 지적해서 밝힐 수 있게 된 "지상 강림 역사 시대"이다. 이전에는 불가능했던 관점 확보가 말씀으로 가능해졌고, 이전에는 불가능한 역사가 앞으로는 가능해지리라. 그래서 **"교육의 위대한 말씀"**은 하나님이 실존한 사실과 살아 역사한 메시지를 증거할 중차대한 의미를 지닌다. 역사된 말씀의 진리로 지상에 강림하신 하나님의 존재 형태를 명확히 하고, 왜 무엇 때문에 지상 강림 역사를 주재한 것인지 밝힐 수 있다.

다시 강조해, **"교육의 위대한 말씀"**은 하나님의 말씀을 대언하여 하나님이 천지 만물을 어떻게 창조하였는가 하는 본의를 인류를 향해 밝히는 것이다. **창조는 뭇 존재와 뭇 진리와 뭇 역사를 생성시킨 뿌리이다. 태초의 창조 역사가 어떻게 실현되었는가를 알면, 하나님과 인간과 우주 만물을 일관할 수 있다.**[8] 말씀을 받들 수 있어야 종말을 맞이한 인류가 강림하신 하나님을 맞이해서 구원 문명을 건설할 수 있다.[9] 그런 만큼, 하나님이 강림하여 밝혀 주신 가르침의 역사를 수행함으로써 인류를 종말의 때로부터 구원하고자 하는 것이 이 연구의 기본적인 저술 의도이다. 인류 역사가 맞닥뜨린 종말 국면에 즈음하여 하나님이 새로운 모습으로 오셨다고 하는 "지상 강림 신관"에 근거해 미래 인류를 태초에 하나님이 뜻한 본래의 창조 목적 세계로 인도하리라.

## 4. 저술 구조

"세계교육론"의 결론으로서 교육의 위대한 말씀을 펼칠 저술을 구상한 것은 준비한 자료를 주제별로 분류해서 분석한 이후의 일이다. 결과론적인 판단이지만, 그처럼 전체적으로 구도를 잡고 보니까 하나님의 말씀을 증거로 제시할 수 있는 조건이 갖추어졌다는 사실을 알게 되었다. 나도 모르고 그 누구도 알 수 없었지만, 그 같은 의도로 준비하게 한 섭리의 손길이 있었다. 분류한 총 167개의 항목을 주제로써 구조화시키는 과정에서

---

8)  하나님과 인간과 우주에 관한 진리의 뿌리가 밝혀짐.

9)  강림 방식과 형태와 대의 실현 수단이 전환됨.

기준으로 삼은 것은 받든 말씀을 통해 어떻게 강림하신 하나님을 하나님다운 모습과 실체와 권능으로 드러낼 수 있는가 하는 데 있었다. 또한, 저술화하는 과정에서도 하나님다운 진리성과 지혜성과 차원성을 드러내고자 하였다. 현재의 시대와 인류에게 주어진 조건으로서는 성사될 수 없는 것이라, 사전 준비 작업으로서 이 연구가 지난날 추구한 길의 과정을 모두 소급해서 통찰한 절차를 거쳤다. 그리하여 **"교육의 위대한 말씀"**을 열면서부터는 하나님의 말씀을 대언하고자 하는 당위 이유와 근거와 조건을 밝히고자 하는 데 중점을 두었다. 말씀을 대언하게 된 필연적인 이유랄까? 교량 역할로서 지상의 디딤돌 없이 인류가 하나님의 말씀을 대면해서 이해하거나 수용할 수는 없다. 그래서 펼치게 된 것이 제1편 **"말씀 개설"**이다. 이것은 교육의 위대한 말씀 전체를 여는 서두이기도 하다. 머리말은 "세계교육론" 전권을 여는 공통된 서문이고, 말씀 개설은 "말씀"의 전 · 후편을 여는 서론을 대신한다.

　제2편 **"선지 세움론"**은 하나님의 말씀을 증거로 제시해서 가르침의 역사를 펼칠 지상의 사명자 역할에 대한 논거이다. 여태껏 인지했지만 드러내지 못한 선지자적 사명 역할을 이 시대에 부활시키고자 한 과정이다. 어쩌면 본인이 밝히지 않을 수 없게 된 막다른 골목 입장이라고 할까? 내몰린 외통수 조건이란, 곧바로 이어질 제3편 **"지상 강림론"** 탓이다. 하나님이 강림하시게 된 우주 운행의 대전환 시점에서 이 같은 중차대한 역사 사실을 누가 각성하고 증거해서 인류 앞에 고할 것인가? 길을 예비할 것인가? 그만큼 제2편과 제3편은 불가피한 인과관계를 지녔다. 그렇다면 제4편 **"말씀 증거론"**은? 강림하신 하나님이 대 인류를 향해 말씀의 권위와 실존성을 드러내심에, 이것은 하나님이 강림하신 제반 역사적 사실에 대한

실질적 확인 절차이다. 아울러 성령의 역사로 밝혀진 하나님의 본체성을 신론, 신학적으로 규정하고자 한 것이 제5편 **"본체 신학론"**이다. 지상 강림, 실체 강림, 본체 강림을 신학적인 논거로 뒷받침하고자 하였다.[10]

이렇듯, 하나님이 세상 가운데 본체를 드러냄에 따른 세계적 파장은? 그 예상되는 영향력을 제6편 **"신인 교감론"**에서 다루었다. 서로가 떨어져 있으면 전화나 편지로 연락을 취하지만, 그런 사람이 바로 옆에 있다면 마주 앉아 얼굴을 보면서 대화할 수 있다. 하나님이 차원이 다른 하늘에 계실 때는 믿음과 신앙과 기도로 교감할 수밖에 없었지만, 강림하신 상태에서는 여러 가지 측면에서 교감 체제가 달라진다. 어떻게? 전통적인 종교 영역에서 행한 방법과는 차이가 있게 된다. 이전에는 자신들의 종교적 기득권을 유지할 속셈으로 소통로를 통제하고 제약한 측면까지 있었지만, 이제는 인류가 하나님과 직접 소통할 수 있는 길을 연 탓에, 바야흐로 신앙의 대 자유를 선언할 수 있다. 그렇게 해야 만인의 보편적인 구원 목적을 달성할 수 있다.

제7편 **"종교 섭리론"**에서는 하나님이 이 땅에 새로운 모습으로 오신 지상 강림 역사 시대를 맞이하여 기존 종교 영역이 담당한 역할적 소임을 비판하고, 그러면서도 하나님이 그들을 통해 이루고자 하는 구원 역사의 대의를 밝히고자 했다. 하나님이 강림하신 역사적인 전환 시점에서 소탐대실(小貪大失)하지 않도록 진의를 인류를 향해 권고하고자 했다.

전편의 마지막 주제인 제8편 **"문명 통합론"**은 지난날의 인류 역사가 갈가리 갈라진 긴긴 분열의 역사를 거쳤지만, 그렇게 된 것은 사실상 창조 역사의 대 진상을 드러내기 위한 필연적 과정으로서, 결국은 주재한 바탕

---

10) "교육의 위대한 말씀 전편 1"까지의 구성 체계임.

이 있는 탓에 규합, 조화, 통합될 수밖에 없다는 것이 역사적 귀결이다. 그렇다면 그런 통합 모티브를 과연 누가 어떻게 제공해서 전 역사를 주도할 것인가? 천지를 창조한 하나님이시다. 하나님이 태초에는 창조 권능을 발휘하였고, 창조 역사를 실현한 이후로는 인류 역사를 주재한 권능을 발휘하였지만, 이 땅에 강림하신 이후로는 분열된 인류 사회를 하나님의 품 안에서 다시 하나 되게 할 통합 권능을 발휘하시리라.[11]

지상 강림 역사를 근거로 "하나님의 본체성"을 구조화시키고자 한 것이 전편의 저술 구상이었다면, 후편은 말씀을 통해 계시가 된 "하나님의 지혜성"을 구조화하는 데 초점을 맞추었다. 오직 하나님만 밝힐 수 있는 권능성이 드러나야 하므로, **전편이 하나님이 이루고자 한 "의지성"의 표상이라면, 후편은 "진리성"의 표상이다.**[12] 이에, 의지성이든 진리성이든 모두 하나님으로서의 권능성과 모습과 차원성을 드러내고 증거하는 데는 차이가 없다. 즉, 진리를 구조화함으로써 창조주다운 본체 모습을 드러내고자 함이다. 이것은 밝힐 바 강림하신 하나님이 "보혜사 진리의 성령"인 사실에 관한 확인 절차이기도 하다. 진리의 전모를 구조화시키는 것은 자체가 하나님의 모습을 완성하는 절차이기도 하다. 그 같은 의도로 제9편에서 제16편까지 체계를 구성하였다. 어떻게 구조화한 것인가?

---

11) "교육의 위대한 말씀 전편 2"까지의 구성 체계임.

12) "교육의 위대한 말씀"의 처음 저술 계획은 "교육의 위대한 사명", "원리", "실행", "지침"에 이어 자료를 정비한 "말씀" 한 권뿐이었다. 그런데 자료를 정리해서 집필하다 보니 원고 분량이 늘어나(전편 초고 570페이지, 후편 초고 640페이지) 전편과 후편으로 나눔이 불가피했다. 그런데 이것을 다시 전편 1, 2와 후편 1, 2로 나눈 것은 제2권 원리부터 "세계교육론" 출판을 본격화하는 과정에서 편집부의 의견을 따른 탓이다. 나는 후편만 나누고자 했지만, 전편도 단행본으로서는 분량이 많다고 하여 최종적으로는 이미 발행한 교육수상집까지 포함해 모두 9권으로 전집을 구성하기로 함.

제9편 **"선천 우주론"**은 후편을 여는 서론인 동시에 문제의식의 제기 편이다. 진리와 역사와 인류 문명이 총체적으로 한계성에 직면한 탓에 하나님이 등단하셔야 했고, 대 인류를 향해 가르침의 역사 펼침이 긴요하게 되었다.

제10편 **"창조 본의론"**은 누차 논거를 둔 바 있듯이, 사실상 이 연구 전체를 뒷받침하는 진리관이고, 전 우주를 관통하는 세계관적 관점이다. 일찍이 펼친 "세계창조론"과 이것을 다시 단행본화한 『본질로부터의 창조』, 『창조성론』, 『창조의 대원동력』, 『창조증거론 1, 2』를 근거로 선현들이 일군 진리론을 갈무리하고자 한 대 우주론이다.

제11편 **"궁극 실재론"**은 진리의 근원 뿌리에 해당하는 무형의 形而上學적 문제를 다루었다. 이 영역은 동서의 지성들이 두루 인지했으면서도 그 실체성을 입증하지 못했고, 급기야 사실성을 부정하거나 포기해 버리기까지 한 단계에 이르렀다. 끝까지 추적하고 확인해야만 그것을 기반으로 인류가 하나님에게로 나갈 수 있는 길을 튼다. 왜냐하면, 形而上學화된 진리 모습, 그것이 바로 세계적인 여건상 완전하게 드러나지 못한 하나님의 모습이었기 때문에……[13]

제12편 **"진리 규정론"**은 지성들이 노력했지만 정의하지 못한 '진리란 무엇인가'에 관한 본의적 결정 인식이다. 실로 하나님이 본질을 밝혀 주신 탓에 규정할 수 있게 된 정의적 권능이라고 하지 않을 수 없다.

제13편 **"자연 현상론"**은 창조 역사로 인해 결정된 인식적, 진리적, 구조적 특성과, 그렇게 된 타당한 이유를 밝혔다. 근원과 근본과 시원을 알지 못한 역사적, 학문적, 세계관적 진리 판단은 모래 위에 쌓은 탑과 같다. 이

---

13) "교육의 위대한 말씀 후편 1"까지의 구성 체계임.

왕 허물어지고 말 것이라면 과감하게 허물어야 하고, 그리해야 이 땅에 하나님께서 본래 원한 창조 세계, 곧 새 예루살렘 성전을 건설할 수 있다.

제14편 **"본성 구원론"**은 하나님이 자나 깨나 역사 속에서 관심을 놓지 않은 것이 인류 영혼을 구원하는 문제란 사실을 강조했다. 세상과 인류가 위기에 처한 탓에 하나님이 직접 강림하셨다. 하나님은 사랑하는 자녀 백성이 저지른 죄악 문제와 삶의 문제, 그리고 맞이하게 되는 죽음의 문제를 해결해서 영생을 확실하게 보장할 수 있다. 이전에는 믿음이 요구되었지만, 창조된 본의에 근거하면 영원한 삶이 가능하다는 사실을 확인할 수 있다.

제15편 **"미래 역사론"**은 전통적으로 답습된 문명 역사 체제를 혁신해서 미래 문명을 새롭게 건설할 프로젝트를 제시했다. 하나님이 천지와 인류를 창조한 궁극적 목적인 天 · 地 · 人이 화합한 이 땅에서의 지상 천국을 건설하기 위해 인류가 무엇을 어떻게 해야 할 것인가에 관한 지침이랄까? 이 역사가 본격적으로 펼쳐지면 지난 역사에서 하나님의 뜻에 역행한 사상, 제도, 역사, 이념, 단체, 국가, 민족들은 거듭나야 하며, 그렇지 못한 대상은 준엄한 심판을 피할 수 없다. 선지자도 한결같이 이 같은 때에 대한 예언을 빠짐없이 남겼거니와, 그때가 곧 모든 면에서 조건을 갖춘 지상 강림 역사 시대의 도래이다.

제16편 **"대결론"**은 "말씀"의 전체 결론인 동시에 "세계교육론" 전권에 대한 결론이다. 그래서 대결론이다. 교육론의 저술 의의를 추출하여 기대되는 상황을 예시하였다.[14]

강림하신 하나님이 계시한 말씀을 증거로 제시하는 것은 이 연구가 받든 말씀을 단순하게 전달하는 것이 아니다. 아직도 하나님이 존재한 사실

---

14) "교육의 위대한 말씀 후편 2"까지의 구성 체계임.

을 부정하는 무신론자들이 태반인 상황에서 하나님마저도 세상의 조건 안에서 실체를 가지지 않은 神이라, 어떻게 밑도 끝도 없이 이르신 말씀을 대언하고, 형상 없는 실체를 증거할 수 있는 세계적 조건이 성립될 수 있는가? 그래서 미비한 조건을 갖추는 데 인생의 전반기 세월을 송두리째 바쳤다. 그런 추구 과정이 없었다면 어떻게 하나님이 선천 세월이 다하도록 그 모습 나타냄이 가능했겠는가? 이런 이유로 이전까지는 하나님에 대한 모든 앎이 불분명하였다. 핵심 된 이유를 지적할진대, 하나님은 근본적으로 인간과는 차원이 다르게 존재한 분이라, 이 같은 질적 차이를 극복하기 위해 하나님이 진리의 성령으로서 선천 역사를 주재하셨다. 그렇게 역사한 연면한 섭리 뜻을 알아야 비로소 "말씀" 저술의 세계관적 구조화가 고스란히 하나님이 뜻한 하나님 자체의 지상 강림 모습을 완성하고, 진리의 성령으로서 인류 역사에 등단하였다는 사실을 확인하게 되리라.

# 제3장 대언 주제

  교육을 통한 가르침의 목표도 인간에게 있고, 말씀을 통한 가르침의 목표도 인간에게 있다. 하지만 교육의 일반적인 목표 안에서는 하나님에 관해 무엇도 끌어낼 수 없다. 통상적인 안목으로서 상식적인 이해에 머문다. 그것이 지난날 인류가 세운 교육 목표의 한계성이다. 그래서 때가 이르고 시대가 전환된 오늘날은 추진했던 교육 목표를 다시 세워 하나님으로부터 구원받을 수 있는 가르침의 주제를 끌어내어야 한다. 밝힌바 교육이란 제도가 세계적으로 확산된 것이 하나님을 아는 데도 기여한 것인 한, 교육 목표를 구원 목표를 달성하는 대로 지침을 삼을 수 있어야 한다. "플라톤 이후의 철학자들에게 있어 교육은 도덕적 가치를 세우는 수단으로써 학생에게 살아갈 사회와 인생의 지침을 알려준 데 있었다. 이것은 꽤 최근까지도 교육의 주요 목표이다."[1] 집을 짓기 위해서는 터를 골라 기초부터 다져야 하는 것처럼, 철학자들이 개진한 교육 목표는 인류의 본성과 삶을 회복하는 대로 이끌고자 한 기반 다짐이다. 그런 과정이 있었기 때문에 때가 이른 지금, 쌓아 올린 지성과 도덕성의 기초 위에서 삶의 추구를 하나님을 향하도록 개도할 수 있다. 나아가 "철학의 역할은 사람이 살아가는 사유 능력의 발전을 추진하고 자연과 사회에 대한 시야를 개척하는 데도 있

---

1) 『철학』, 마커스 위크스 저, 공민희 역, 아르테, 2017, p.402.

다"[2]라고 하거니와, 그런 능력의 개발과 촉진이 지난날은 자신과 사회에 대한 시야를 넓히는 데 있었지만, 지상 강림 역사 시대를 연 지금은 모든 능력 개진을 하늘 문을 열고 강림하신 하나님을 알고 분별하는 데로 전환해야 한다. 개진한 사유 능력은 어디에도 적용할 수 있어 잃어버리는 법이 없다. 어디를 향해, 무엇을 위해 집중할 것인가 하는 것이 중요할 따름이다. 동양에서의 유교는 "학문 탐구의 목표를 '수양 공부'에 두었고, 인간이 추구할 최고의 경지로 간주한 적이 있는데",[3] 이런 공부 목표는 오늘날의 인류가 거룩한 하나님의 백성으로 도약할 수 있는 소중한 교육 문화 자산이다. 비단 유교뿐만이 아니고, 각 영역에서 추진한 교육 목표를 하나님을 알고 하나님께서 섭리한 구원 의지를 일깨울 수 있도록 하는 것이 이 연구의 **"대언 주제"**이다. 말씀을 통한 가르침의 주제인 동시에 **"교육의 위대한 말씀"** 전체를 관통하는 저술 주제이다.

한편, 프랑스의 철학자인 콩도르세(1743~1794)는 "교육의 목적은 현 제도의 추종자를 만드는 것이 아니다. 제도를 비판하고 개선할 수 있는 능력을 배양하는 것이다"[4]라고 하였다. 시대가 변하였고, 세상이 위기에 처했는데, 그것을 모르고 비판할 수도 없다면 인류의 미래가 어떻게 되겠는가? 도래한 시대적 상황을 똑바로 알 수 있도록 교육이 판단 능력을 배양해야 했다. 미국과 현대 교육에 큰 영향을 끼친 존 듀이가 표방한 대표적인 견해로서는 "진정한 교육은 예외 없이 경험을 통해서 이루어진다"[5]이

---

2) 『유교는 종교인가(1)』, 임계유 주편, 규장태 · 안유경 역, 지식과 교양, 2011, p.84.

3) 위의 책, p.85.

4) 『공부』, 강정일 저, 랜덤하우스, 2006, p.58.

5) 『존 듀이의 경험과 교육』, 엄태동 편저, 원미사, 2001, p.32.

다. 교육의 원리적인 관점에서 교육의 역할이 "경험의 재구성 활동을 통해 성장한다"[6]란 뜻이다. 경험할 수 있도록 하는 것이 교육의 주된 활동이다. 이것은 말씀의 가르침은 물론이고, 교육 원리적인 측면에서도 적용할 수 있는 가르침의 방향이다. 하나님을 알 수 있도록 하는 것은 그대로 하나님을 경험할 수 있도록 하는 데 초점을 맞춘다는 뜻이다. 하나님이 강림하신 만큼, 이전에는 어려웠더라도 이제부터는 가능하다. 神을 경험할 수 있는 길을 인도해서 쌓인 경험을 재구성하는 것은 정말 말씀의 가르침을 구성하는 목표가 된다. 존 듀이는 뚜렷한 목표 없이 경험과 성장의 재구성이란 교육 원리를 말했지만, 이제는 그 지향 목표를 정확히 하여 유사 이래 개척하지 못한 위대한 교육적 주제, 곧 하나님을 경험하게 함으로써 인류의 본성을 변화, 성장, 구원하는 대로 맞추어야 한다. "사람에게 사람다울 것을 가르치는 것, 이것이 교육하는 소이라고 했지만(페스탈로치)",[7] 그것만으로서는 교육의 목표를 온전하게 달성하는 데 한계가 있다. 하나님을 알고 경험했을 때라야 교육을 통해 근본적인 변화를 기대할 수 있다.

『격몽요결』은 조선 성리학의 거목인 율곡 이이가 저술한 책이다. 그는 유교적인 세계관 안에서 사유의 근원을 찾았고, 아울러 학문을 자기 수양 과정의 하나로 보았다. 확신하길, "먼저 마음을 다스려 마음을 학문으로 발전시키고 세상을 살아간다면 아무리 못난 자라고 해도 본성을 되찾아 성인이 될 수 있다"[8]라고 하였다. 교육의 목표는 외부 세계에 둘 수도 있고, 자체의 내면적인 본성에 둘 수도 있다. 그 같은 목표가 모두 바람직하

---

6) 위의 책, p.220.

7) 『은자의 황혼 외』, 페스탈로치 저, 김병왕 해설, 대양서적, 1983, p.26.

8) 『격몽요결』, 율곡 저, 김원중 역, 민음사, 2015, p.옮긴이 서문.

다고 해도, 그것만으로는 완성된 교육 목표를 달성할 수 없다. 어떻게 해야 내외간에 걸쳐 목표를 성취할 수 있는 계기를 마련할 수 있는가? 이것이 곧 이 연구가 말씀의 가르침으로 해결할 저술 주제이다. 인류를 구원할 수 있는 포괄적인 지침 마련으로서 **"대언 주제"**를 설정해야 한다. "교육은 지식의 활용 기술을 습득하는 것이다"[9]라고 했을 때, 그것이 얼마나 지엽적인 목표인가를 알아차려야 한다. 하나님의 말씀을 대언하는 가르침의 주제는 지금까지 추진한 어떤 교육 목표보다도 포괄적이고, 종합적이며, 차원적이어야 한다. 그것은 정말 무엇인가?

앞에서 "말씀"의 저술 주제는 그대로 가르침의 주제이고, 수행해야 할 **"대언 주제"**라고 하였다. 스승은 제자보다 앞선 인생(공부) 과정과 깨달은 지혜가 있는 탓에 가르침을 얻고자 하는 제자들의 물음에 답할 수 있다. "말씀"을 대언할 가르침의 주제도 마찬가지이다. 누구도 직접 하나님에게 가르침을 요청하지는 않았겠지만, 지성들은 수많은 세계적 과제에 대해 질문하고 탐구해서 해결하고자 노력하였다. 그리고 그것을 이 연구는 그대로 말씀을 대언하는 가르침의 자료로 삼고자 한다. 하나님으로서는 길을 묻는 자녀 백성에게 있어 그들 모두의 물음에 대해 답하심이 가르침의 목표이다. 그런 주제 목록을 하나님께서 길의 인도 과정을 통해 계시 역사로 사전에 마련해 주셨다. 그래서 통상적인 교육 목표일 수 없다. 세계의 진리 문제에 있어서 지성들이 궁구한 궁극적인 주제들에 관한 포착 작업이다. 차원적인 문제를 해결해 준 탓에 이 연구가 그렇게 해서 받든 말씀의 지혜를 대언 주제로 삼게 되었다.

어떤 우파니샤드는 "우주의 근원인 브라만이 무엇인가? 애당초 어디에

---

9) 『교육의 목적』, 화이트 헤드 저, 오상환 역, 궁리, 2004, p.17.

서 생기며, 우리는 무엇으로 생존하는가, 또 어디에서 멈추는가, 무엇에 지배되어 우리는 고락 속에서 각자의 상태에 이르는가, 브라만을 아는 자여! 란 질문으로 시작한다. 이것은 모두 우파니샤드에서 대답할 과제이다."[10] 하지만 우파니샤드는 여기에 대해 제대로 답했는가? 후인들은 그로부터 어떤 지혜를 얻었는가? "고대의 대표적인 우파니샤드는 일정한 조직이 없고, 주제에 통일성이 없으며, 같은 문제에 대한 대답도 반드시 한결같지 않을 뿐 아니라, 상반된 견해를 포함하였다."[11] 지혜로운 대답을 원하는 자 "브라만을 아는 자여!"라고 한 믿음은 엿보였지만, 브라만에 대한 지혜와 앎에는 한계가 있다. 지고한 깨달음을 얻은 존엄한 스승이라도 제대로 답하지 못했다. 세상을 통해 구한 지혜만으로서는 답할 수 있는 문제가 아닌 탓이다. 그렇다면? 브라만(=梵), 즉 우주 작용의 근본 원리, 바로 그 우주의 궁극적 실재에 관해 답하기 위해서 하나님이 직접 말씀으로 계시한 가르침의 역사를 펼치시리라.

예컨대 "존 로크의 『인간지성론』은 근대 서양 철학에서 가장 중요한 원천이다. 다른 어떤 저작도 인류의 사상에 대해서 그처럼 광범위한 영향력을 발휘한 적이 없다. 이 책은 비단 철학에서만이 아니다. 서양 학문의 고전이다. 데카르트의 저작과 함께 근대 철학의 아젠다(agenda=의제)를 설정했다."[12] 사유의 주제 설정 하나가 세계의 지적 탐구에 지대한 영향을 끼쳤다. 그렇다면 이 연구의 아젠다, 곧 **"대언 주제"**란? 하나님이 지상에 강림함으로써 설정한 선·후천의 하늘 질서를 가를 획기적인 진리 세계

---

10) 『우파니샤드』, 김세형 역해, 동서문화사, 2016, p.500.

11) 위의 책, p.500.

12) 『인간지성론(1)』, 존 로크 저, 전병훈 외 2인 역, 한길사, 2014, p.28.

개창 아젠다는 바로 하나님이 창조 역사를 실현한 밑바탕인 "본질의 작용 진리"를 밝히는 것이다. 창조된 결과성 진리에 대해서는 지성들이 정열을 바쳐 어느 정도 밝혀내었지만, 바탕이 된 본질 작용 영역은 하나님이 진리의 성령으로 강림하셔야 가능한 지혜 영역이다. 그것을 하나님이 보혜사 성령으로서 일군 形而上學적 영역을 기반으로 구체화하시리라. **"대언 주제"**는 이미 길의 추구를 통해 받든 말씀의 역사 위에 기초한다. 그것은 또한 유구한 세월을 통해 선현들이 일군 지혜의 총합체이기도 하다. 이것을 이르신 말씀에 근거해 꿰뚫음으로써 사장된 진리력을 되살리리라. 선현들이 풀지 못한 인류의 정신적 과제를 말씀의 가르침 역사로 풀어서 대언하리라.

# 제4장 세계 해석 관점

세계 해석 관점은 이 연구가 확보한 저술 관점임과 함께 인류를 향해 세계의 진리 상태를 지적해서 이해하고자 하는 대 해석 창구 제시이다. 선천 세계가 왜 분열하고 대립하고 한계성에 처한 것인지 원인을 추적해서 타당한 이유를 밝히고자 한다. 이 연구는 **"세계 해석 관점"**과 **"세계 이해 관점"**을 동시에 인류 앞에 제공하고자 하거니와, 이 관점은 세계적 진실을 파헤칠 수 있는 정확한 통찰 기준이다. 세계 해석 관점은 세계의 본질이 분열함과 연관되어 있고, 세계 이해 관점은 인간이 벗어나지 못한 무지 상태와 연관된바, 왜 지난날의 세계가 대립하고 한계성에 처한 것인지, 두 관점 간의 차이를 알면 일체를 풀어낼 수 있다. 지성들이 각성한 진리 세계는 결코 일률적일 수 없다. 천지는 창조 이래로 끊임없이 생성했거니와, 진리 세계도 그 같은 생성 역사와 연관이 깊다. 이것을 알아야 지성들이 밝힌 진리 상황을 진단해서 무지를 깨칠 수 있다.

얽히고설킨 진리 문제를 해결할 조건은 먼저 세계의 본질이 생성을 완료해야 하는 것이 첫째 조건이고, 하나님이 본체를 드러내어 천지를 창조한 본의를 밝혀야 하는 것이 나머지 조건이다. 모든 有를 헤아릴 수 있어야 함에, 그것은 천지를 창조한 하나님이 아니고서는 해결할 길이 없다. 말미암은 有를 통해 有 자체를 헤아릴 수는 없다. 그것이 세계를 해석하는 기본 조건이다. 다시 말해, 창조로 인해 드러난 현상적인 질서 성립은 현상 세계(有한 세계) 안에서만 지배되는 법칙적 질서이다. 하지만 세계에는 그 같은 질서만으로 존재하지 않는다. 그렇다면? 제3의 질서 체제인 본체 질서가 있다. 이것은 현상적인 분열 질서를 초월한 상태이므로, 이것까지 아울러 확보해야 비로소 존재한 것 일체를 헤아릴 수 있는 **"세계 해석 관점"**, 곧 하나님 입장에서의 질서 특성과 진리 상황을 파악(이해)할 수 있다. 이런 초월적인 본체 질서를 감안하지 못한 지난날은 혼돈의 연속이었고, 무엇 하나 제대로 규정한 진리 영역이 없다. 알다시피 철학을 한다는 것은 세계적인 질서를 이해하고, 왜 사물이 생기는 것인지 알고자 하는 시도일진대, 그런 노력을 통해 세계 해석과 관련해서 해결한 것은? 얼마나 안목을 넓혔고, 현상 세계 이면의 차원 세계를 파고들었는가? 인간은 무엇이고, 우주는 어떻게 생겨났는가? 우리가 죽고 나면 무슨 일이 일어날까?[1] 관심을 가지고 파고들었지만, 아무도 해결하지 못했다. 더는 나갈 수 없어 답보된 상태이다. 이유가 무엇인가? 천지가 어떻게 창조된 것인지 본의를 알지 못해서이다. 차원이 다른 질서 영역이므로, 도무지 침투할 수 없는 한계성에 직면했다. 애써 파헤친 해석이라는 것이 자체의 세계 질서 안에 머문 도돌이표이다. 라이프니츠는 "창조자의 지혜로 표현하는 합목적성에 따를 때 자연을 이해할 수 있다"[2]라고 하였다. 하지만 그것은 창조주의 지혜를 빌린 인간적인 입장의 합목적성에 근거한 해석 관점일 뿐이다. 하나님이 천지를 창조한 초월 질서와, 그렇게 해서 생성된 현상 질서를 구분하지 못해서이다. 하나님을 안다고 했지만, 자신이 지닌 이해 틀을 벗어나지 못했다. 쉴라이에르마허(1768~1834)는 "근대의 거센 과학과 이성주의에

---

1) 『세상의 모든 철학』, 로버트 C. 솔로몬 · 캐슬린 M. 히긴스 저, 박창호 역, 이론과 실천, 2007, p.63.
2) 『변신론』, 라이프니츠 저, 이근세 역, 아카넷, 2014, p.750.

대한 도전 속에서 어떻게 기독교 진리를 설명하고 이해할 수 있는지를 신학적 과제로 삼아, 현대 세계관에 기초해서 기독교의 전통적인 진리를 현대의 정황에 맞게 재해석함으로써 현대 신학이 나아갈 방향을 제시하였다."[3] 아니, 기독교 진리를 현대 세계관에 근거해 재해석하고자 하였다니! 기독교를 이 땅에 일으켜 세운 하나님의 주재 뜻을 자각하지 못한 상태에서 기독교 진리를 해석한다는 것은 무의미한 노력이다.

창조 역사 이래로 산천은 유구한 것이고, 삼라만상 존재 현상과 그것을 해석하고자 한 지성들의 노력 역시 그침이 없었지만, 오늘날에 있어 중요한 것은 존재 현상 자체에 대한 혁신적 변화 기도가 아니다. 존재한 본질을 꿰뚫을 수 있는 정확한 해석 관점을 확보하는 것이다. 그렇지 못하면 세계와 인식, 그리고 인류 역사가 직면한 한계 질서를 극복하는 세계 속으로 진입할 수 없다. 어제나 오늘이나 세계 자체와 그것을 바라본 인간적인 관점 간에는 무슨 차이가 있는가? 그런 의미에서 인류의 눈을 전면적으로 바꿀 수 있는 획기적인 해석 관점이 있다면 그것은 정말 무엇인가? 누차 강조한바, 새로운 신론 내지 새로운 세계관의 토대를 이룰 "창조 본의 관점", 곧 강림하신 하나님이 밝힌 본체 세계를 이해할 수 있는 초월 관점이다.[4] 여기에 근거하면, 선현들이 말한 세계가 유유하게 생성한 세계 자체의 진리적 실상과 어긋난 것이 없다. 단지, 세계의 본질 자체가 분열을 다하지 못한 탓에 완전하게 이해하지 못한 것뿐이다. 그래서 그들의 판단은 모두 한시적이다. 창조된 본의를 밝힐 때를 기다려야 했다. 즉, 空은 고정된 실체가 없다(불교). 알라는 유일하다(이슬람교). 예수는 화육 된 하나

---

3) 「20세기 신학사상 연구」, 백승범 저, 목원대학교 대학원, 신학, 석사, 2014. p.7.
4) 창조 관점이라고 해도 기독교의 창조론과 같다고 생각하면 안 됨.

님이다(기독교). 성선설, 무극이태극(유교). 有가 無로부터 시작되었다(도교) 등등. 이 연구가 본의를 밝히기까지는 상대화된 대립 관점을 피할 수 없었다. 역사상 오랜 세월을 두고 대치한 "관념론과 유물론 간의 투쟁은 근본적으로 인간이 세계의 근원을 정신적인 것으로 보느냐, 또는 물질적인 것으로 보느냐에 근거해 있는 것으로 해석된다."[5] 그 이유는 분명한 것이다. 어느 한쪽, 그러니까 정신이나 물질 중 하나를 더 근본적인 것으로 보고자 한 탓에 문제가 생겼다. 양쪽 모두 더 이상의 근본 된 바탕은 없다. 따라서 더는 물러설 곳이 없게 되고, 그것이 각자의 관점이 처한 한계성을 자초했다. 말미암게 한 뿌리, 곧 창조된 본질 바탕을 볼 수 있는 눈을 가지지 못해서이다. 정신과 물질은 모두 차원이 다른, 또 다른 근원 바탕으로부터 말미암았다는 사실을 알지 못했다. 그것이 유물론과 관념론 간의 오랜 투쟁사 이유이고, 자체로서 확보한 관점 안에서는 영원히 대립한 상황을 벗어날 수 없게 된 원인이다. 다른 영역들도 대립한 이유는 이와 비슷하다. 선천 하늘이 지닌 진리적 조건들이 모두 이 같은 한계 상황을 넘어서지 못했다. 성선설과 성악설, 기대승의 氣發 대 이황의 理發說(성리학의 形而上學 道論)…… 한결같이 각자가 확보한 관점과 입장에 따라 추출한 진리적 특성이므로, 그렇게 주어진 세계적 조건 안에서는 무엇이 옳은지 그른지를 판가름할 수 없다. 그러니까 취한 관점에 따라 이렇게도 되고 저렇게도 되었다. 분분한 주장이 난무하였다. 더욱 선행된 세계 바탕에 따라 문제를 해결해야 인류의 정신적 고뇌를 풀 수 있다. 해결할 수 있는 조건을 갖추기까지는 세계 본질이 더욱 성숙할 때를 기다려야 했다. 선천 진리관은 양론으로 나뉜 경우가 허다한데, 그것은 자체 지닌 진리성 때문이

---

5)  『오늘의 철학적 인간학』, 진교훈 외 공저, 경문사, 1997, p.30.

기 이전에 지극한 관점상의 차라, 근원 된 본질을 드러내지 못하다 보니까 모순된 것처럼 보였다. 하지만 그것은 분명 성급한 판단이다. 어느 한쪽만 반드시 옳아야 한다는 절대 의식 탓이다. 이 같은 관점상의 문제를 극복하면 양쪽이 모두 옳을 수도 있는 길을 열 수 있다.

**지난 역사는 천지가 창조된 진리의 뿌리 본체를 보지 못해 장시간 지속된 세계적 관점의 분열 역사인 동시에 대립으로 점철된 투쟁의 역사이다.** 각자가 취한 관점이 세계를 일관하는 전부라고 여긴 탓에 상대 관점을 비판하고 수용하길 거부했다. 하지만 조건이 여의치 못하여 어느 한쪽도 자체의 진리성을 확실하게 내세우지 못했고, 그렇다고 상대 관점을 허물어뜨릴 수 있는 확실한 무기도 지니지 못했다. 팽팽한 힘겨루기가 계속되므로 세계적인 긴장 조성이 불가피했고, 결국에는 세계가 종말 국면을 맞이하였다. 이런 상태에서의 세계사적 전망은? 누가 수렁에 빠진 인류 사회를 건져낼 수 있는가? "종교와 과학 간의 싸움에서는 언제나 과학의 승리로 끝났다는 것이 증명되고 있다(A. D. White).[6] 하지만 천만의 말씀, 지금의 단계에서 섣불리 단정할 문제가 아니다. 때가 이르면 편협한 세계관과 기준에 의한 명백한 오판으로 전락할 수 있다. 종교와 과학이 확보한 진리 영역은 어느 한쪽이 승리한다고 해서 끝날 일이 아니다. 심원한 본질 영역이 따로 깊숙이 잠재하고 있는 탓에, 그것을 마저 밝히지 못한 상태에서의 세계관적 승리와 진리적 증명은 확정될 수 없다. 대다수 과학자가 인정한 "다윈의 가설", 하지만 알고 보면 오히려 가장 상식적인 질서 인식조차 부정한 억지 메커니즘일 뿐이다. 문제는 얼마나 무모한 진리적 전제인가 하는 사실을 모르고 있다는 데 있다. 전제한 가설이 타당하기 위해서는 조건

---

6) 『종교철학의 체계적 이해』, J. 혜센 저, 허재윤 역, 서광사, 2001, p.40.

을 충족시킬 수 있는 합당한 창조 메커니즘을 밝혀야 했다. 즉, 진화론이 내세운 "無에서 모든 것이 생겨난다. 무생물에서 생물이, 무작위성에서 미세 조정이, 혼선에서 정보가, 무의식에서 의식이, 비이성에서 이성이 생겨났다는 것을 진리적으로 증명해야 했다. 그렇지 못할진대, 맹목적인 믿음의 도약이란 결론을 자인하는 꼴이 된다."[7]

진화론 관점이 왜 가능한 것인가를 밝혀야 했다면, 반대로 왜 불가능한가에 관한 근거도 밝혀야 한다. 그것이 이 연구가 지적해서 해결해야 할 과제이다. 즉, 진화론은 현상계의 바탕이 된 본질 단계, 창조 이전인 원인 과정을 보지 못한 탓에 일체의 변화 현상을 거꾸로 본 상태이다. 해결책은 無로부터의 창조 메커니즘이 왜 불가능한 것인지를 알면 된다. 본의에 근거한 **"세계 해석 관점"** 기준이 그것이다. 비교해 보면, 불가능한 사실이 확연하게 드러난다. **진화론은 현상적 질서에 근거한 관점으로서 분열적, 결정적, 단계적이지만, 창조 본의는 본체적 질서에 근거한 관점으로서 통체적, 초월적, 통합적이다.** 形而上學과 形而下學은 주어진 질서 차원이 다르다. 그래서 진화론 관점에서 불가능하다고 본 것도 창조 본의 안에서는 가능하다. 진화론은 자체의 가능성을 진리로써 입증할 수 없지만, 후자는 그 불가능성까지 입증할 수 있다. 진화론자가 창조된 본체 뿌리를 간과한 것은 선천의 생성 본질과 깊게 연관되어 있다. 진화론자뿐만 아니고, 대다수 지성도 한계 인식을 극복하지 못한 상태이다.

왜 노자는 말로써 표현할 수 있는 道는 영구불변한 道가 아니라고 하였는가? 이 말은 칸트가 물 자체를 인식할 수 없다고 한 선언과 동류 인식이

7) 『창조 설계의 비밀』, 홍종락 저, 두란노, 2005, p.338.

다.[8] 세계의 바탕 된 본질이 생성을 완료하지 못했고, 그런 세계적 조건 속에서 칸트와 노자는 모두 핵심 된 본질 세계(물 자체, 절대 道)를 볼 수 있는 안목을 확보하지 못했다. 본의를 밝히기까지…… 그래서 지난날은 바탕 된 본질이 어슴푸레한 안개 속에 가려졌다. **"세계 해석 관점"**은 세계 본질이 생성하는 조건의 영향을 받아, 그렇게 해서 구축되고 결정된 질서 특성을 인식하였다. 이런 상황 속에서 칸트와 노자가 판단한 것은 세계 본질의 경과 상태와 형성된 실상 조건을 가감 없이 표현한 인식이다. 절대적이고 불변한 본체 자체에 대한 진리 인식이 결코 아니다. 그때도 지금도 앞으로도 세계의 본질은 쉼 없이 생성하나니, 그런 본질적인 조건 안에서 지성과 覺者의 진리 각성과 통찰이 있었다는 것이 이 연구의 세계 이해 관점이다. 왜 세인은 플라톤이 말한 이데아와 노자가 말한 道를 신비주의라고 말했는가? 모종의 실체 뿌리가 창조에 있는데도 미처 알지 못했고, 볼 수 있는 눈을 가지지 못했다. 善의 이데아와 절대 道, 그것은 절대 존재하지 않는 허구적 실재가 아니다. 온전하게 드러내어 확인할 수 있는 세계 본질적인 조건을 갖추지 못해서이다. 그래서 관념론적인 상태에 머물렀다. 이데아, 물 자체, 절대 道 자체의 문제가 아니다. 인간이 그것을 볼 수 있는 관점의 여부 탓이다.

알다시피, "동양의 주자는 40세를 전후로 已發未發說을 정립해 기본적인 사유 체계를 세웠고, 이를 토대로 태극설을 정립해 존재론과 인간론의 체계를 확립하였다. 나아가 이것을 중요 방법으로 先秦 유학을 재해석하였고, 北宋 성리학자의 성리설을 집대성해 유교 정신을 새롭게 재조명하

---

8) 절대 道, 초월적인 본체(물 자체)를 인식하거나 표현할 수 없다고 주장한 것은 칸트가 최초가 아니다. 동양의 노자가 먼저 그 불가능함을 선지함.

였다. 老·佛을 이단으로 배척하였고, 또 대내외적인 정치 사회를 실천하는 데도 그 같은 사유 논리를 종횡으로 구사하였다."[9] 하지만 짚고 넘어갈 것은 주자가 老·佛을 이단으로 배척할 만큼, 태극설과 理氣說[우주론]은 완전한 진리관이자 **"세계 해석 관점"**인가? 본의 관점에서 본다면, 老·佛을 이단시한 것만큼 老·佛이 지닌 진리성을 수용하지 못한 주자 자신의 해석 관점의 한계성을 노출한 것이다. 결국, 理氣論적 관점은 궁극적인 진리 세계를 완성할 수 있는 통합적 우주론이 되기에는 시기상조였다는 말이다. 老·佛 사상을 비판한 안목을 살펴보면, 정말 편협하고 아전인수적이다. 하지만 본의 해석 관점은 그렇지 않다.[10] 흔히, "오컴의 면도날"을 선호한 자들은 복잡한 설명보다 진리의 단순성을 내세웠지만, 섣불리 잘라버리면 본질적인 모습까지 훼손하고 만다. 지극히 현상적인 기준 관점인 탓이다. 기껏 생성하여 모습을 나타내었는데, 무식하게 잘라버린다면 정말 어떻게 되는가? 잘라낸다고 해서 본질이 밝혀지고 규명될 수는 없다. 의도는 이해하지만, 접근한 방법은 지극히 잘못되었다. 그렇다면? 잘라내는 것이 아니라 꿰뚫어야 일관되는 것은 물론이고, 본질적인 모습까지 명확히 한다. 단순하게 한다고 해서 복잡한 진리 문제를 쉽게 풀 수 있는 것은 아니다. 정확한 세계 해석 관점부터 확보해야 함에, 창조된 본의 관점에 입각하면 일체의 원인을 단숨에 추적할 수 있다.

지난날은 본질이 드러나지 못한 세계적 조건 탓에 지성들이 세계를 바

---

9) 「주자학의 철학적 특성과 그 전개 양상에 관한 연구」, 이동희 저, 성균관대학교 대학원, 동양철학, 박사, 1990, p.4.

10) 주자의 사상 맥을 이은 조선 초기 문화 전반의 기초를 세운 정도전(1342~1398)은 불교는 오직 마음만 닦고, 도교는 오직 氣만 기르는 데 주력할 뿐, 유교처럼 인간의 도리, 즉 의리는 모른다고 비판하였다.-위의 논문, p.131.

라본 관점상에 제한이 있었고, 세계의 모습이 대립·모순·분열·상대적인 것처럼 보였지만, 본의에 근거한 통합적인 **"세계 해석 관점"**을 확보하면 극복해서 화합, 조화, 일체 된 지상 천국 건설을 앞당기게 되리라.

제2편

# 선지 세움론

기도: 하나님, 아버지의 위대한 뜻을 수행할 위대한 사명을 주시옵고, 인류를 가르칠 교사로서 합당한 자격을 부여해 주옵소서!

말씀: "~ 모든 구변(口辯)과 모든 지식이 풍족하므로 그리스도의 증거가 너희 중에 견고케 되어 ~(고전, 1: 1~7)"

증거: 성령의 은혜를 받으면 사람이 조용히 살기 어렵다. 조용히 살고 싶으면 은혜 안 받으면 된다. 능력을 받아라. 성령을 받아라. 이렇게 복을 받고 나면 가만히 있을 수 없다. 주어야 한다. 이것이 특징이다. 무엇이든지 해야 한다. 열심히 봉사한다. 내가 하는 것이 아니라 하나님이 하신 것이다. 은혜받으면 주지 않고 못 견딘다. 성령받을지어다. 능력받을지어다. 은사받을지어다. 축복받을지어다.

# 제5장 개관(인류 교사 자격)

## 1. 길을 엶

　"세계교육론"은 앞의 **"저술 구조"**에서 말한 것처럼 집필 시기를 미루었고, 퇴직을 전후로 전반기 저술 역정을 완수하고 나서 시작하였다. 그래서 제1편 개관의 "길을 엶"에서는 "세계교육론" 전권의 결론으로서 전혀 새로운 역사를 도모하고자 하나님에게 뜻을 간구한 것이라면, 본 장에서는 "말씀"을 집필할 준비를 갖춘 상태에서 인생의 후반기 길을 열 사명을 간구하고자 한다. 본인은 퇴직을 기준으로 인생의 전반기를 중등학교에서 학생을 가르치는 교사로서 봉직하였다. 그리고 2020년 8월 31일, 정년을 맞아 퇴직하면서 이후의 인생길을 열 추구 방향을 설정해야 했고, 내심 인류를 향해 가르침의 사역이 이어질 수 있길 기대했다. 그렇다면 먼저 하나님의 뜻을 펼치고 전파할 모종의 사명, 곧 합당한 자격 부여 절차가 필요한바, 이것이 본 편을 개관하고자 하는 의도이다. 따라서 이 장은 곧이어 펼칠 **"선지 세움론"**의 전제 조건이다. 본인이 간구한 뜻에 관한 이유와 근거를 지금까지 걸은 길의 과정을 통해 재차 확인해서 일군 사명 의식을 증거하고자 한다. 그것은 지극히 주관적인 내면의 생각이므로 각성한 생각 자체가 전제한 생각을 증거할 수밖에 없다. 부처님이든 무함마드든 예수님이든 어떤 성현이라도 의식으로 감지한 선지 사명을 인식하는 과정에서는 특별한 믿음이 필요했다. 하지만 다행히도 본인은 그렇게 일군 믿음 일체를 기록으로 남긴 전적 탓에 주관적인 생각을 객관적으로 확인할 수 있는 근거를 남겼고, 그렇게 견지한 행업을 진리 탐구와 연결시켜 인생의 추구 과업으로 삼았다. 그렇게 해서 걸은 길의 추구 과정이 기록한 흔적을 남긴 1976년(고 3 시절)부터 지금까지라, 이 같은 노력들이 나의 인생 전반을 저술로써 일관시킨 토대를 이루었다.

즉, 나는 길을 추구하고자 한 신념, 각오, 세계에 관한 판단, 하나님을 향한 믿음 어린 심정 등을 독백하는 형식으로 기록하였다. 그리고 이것은 그대로 진리 세계를 탐구하는 과정이기도 한바, 그렇게 해서 쌓아 올린 인식들을 근거로 2019년 6월 2일, 『창조증거론』까지 저술한 다음, 다시 "세계교육론"을 집필하기 위해 자료를 준비하는 과정을 출발하였다. 이때 본인은 퇴직을 앞둔 시점이었지만, 가르침에 대한 역할만큼은 어떤 형태로든 보다 확대될 수 있길 원하였다.

- 나는 길을 가면서 하나님이 주신 메시지, 곧 하나님이 아버지로서 세상과 인류를 얼마나 사랑한 것인지, 그리고 구원하기 위해 역사한 것인지에 대해 전하리라. 인생의 앞길에 어떤 새로운 역사가 펼쳐질지, 하나님이 뜻을 전파할 수 있는 길이 열릴지 알 수 없지만, 일찍이 원한 수행인과 기도인의 자세로서, 하나님이 이루고자 하신 이상 세계와 천지창조 목적을 구체화하기 위해 노력하리라. - 2019. 11. 2.
- 인류를 하나님께로 인도하고, 하나님을 뵙게 하고, 하나님의 창조 역사를 깨닫게 하려면 과연 무엇을 어떻게 가르쳐야 하는가? 대 인류를 향한 교육적 메시지와 지침, 곧 하나님의 지고한 가르침의 말씀을 구하고 또 받들고자 합니다. 하나님은 인류를

향해 무엇을 주제로 한 가르침을 통해 인류를 구원하실 것인가? 아니, 내가 어떤 의중 깊은 말씀을 받들어 "세계교육론"을 펼칠 것인가? 어떤 뜻을 받들어 인류를 가르칠 것인가? 하나님이 원하는 "세계교육론"의 저술 목적은 무엇인가? "세계교육론"을 통해 어떻게 인류 영혼을 구원의 길로 인도할 것인가?-2019. 12. 25.

- 저는 하나님이 명하신바 "세계교육론"을 펼침에 있어 하나님이 임하여 역사한 가르침을 받들어 인류를 빠짐없이 구원할 사명을 수행하고자 하나이다. 부족한 이 자식이 인류 앞에 나서서 가르칠 담대한 사명자로 세워 주소서! 하나님의 말씀을 대언해 가르칠 지고한 자격을 부여해 주소서! 그러기 위해 하나님이 먼저 이 자식에게 위대한 가르침의 역사를 펼쳐 주소서! 그 영광된 역사를 받들어 저도 인류를 향해 영광된 가르침의 역사를 펼치고자 하나이다. 목적과 이유는 분명합니다. 인류를 향해 뜻을 펼칠 수 있는 사명자로 세워 주소서! 말씀의 역사로 命해 주소서! 그리하면 힘차게 일어서 인류를 가르칠 수 있는 대 교육적 과제를 수행하겠나이다. 하나님의 뜻을 대행하는 위대한 교육적 사명을 받들겠나이다. 인류 앞에 나서서 가르칠 수 있는 존엄한 자격과 권한을 부여해 주소서! 말씀의 가르침으로 인류를 구원할 수 있는 자격자로 세워 주소서!-2019. 12. 26.

- 교단에서 학생을 가르친 것은 나의 인생 삶에 있어 법적인 자격과 권한이 주어지고, 학생과 교사란 관계가 조성된 탓에 행할 수 있은 직분 수행 과정이었다. 그런데 퇴직하고 나면 그런 가르침을 펼칠 자격과 관계와 권한이 모두 상실되어 버리기 때문에 어떻게 그런 기회가 다시 주어질 수 있을지에 대해 회의적이었다. 일말의 가능성은 길을 완수한 이후에 추구한 길의 진의를 전수할 제자가 나타나는 것이지만, 그것은 기약할 수 없는 바람일 뿐이

다. 그런 마음을 먹고 있는 차에 올해 초 아내의 권유로 인도의 불교 유적지인 8대 성지를 여행할 수 있는 기회를 얻었다. 부처님이 정각 후 초전 법륜으로부터 설법의 대장전 역사를 펼친 발자취를 따라가면서 생각하길, 나의 인생길에서도 미래에 그 같은 정형화된 가르침의 역사가 주어질 수 있으리란 가능성을 인지하였다. 하나님으로부터도 뜻이 전혀 예시되지 않은 것은 아니지만, 현실적인 역사로서의 도래는 요원한 상태였다. 그런데 부처님이 걸은 설법 행적의 발자취를 따라가면서 길의 추구 과정에서도 이 같은 조건 구성이라면 대 인류를 향해 가르침의 역사를 펼칠 수도 있다는 생각을 직감하였다. 가르침의 대상 영역을 넓혀서 만 영혼을 깨우칠 말씀의 메시지를 전파할 수 있지 않겠는가? 단지, 하나님이 이 같은 생각을 뒷받침할 합당한 자격을 부여해 주기만 한다면……[1] -2019. 12. 28.

- 길의 전반기 추구로 저술 과업을 완수한 이 시점에서 이후에 임할 새로운 추구 과제를 모색하게 되었나니, 그것은 곧 만인 앞에서 진정 하나님이 깨우쳐 준 진리의 말씀을 대언할 인류 교사로서의 길이다. -2020. 2. 27.

- 지금 완수한 길의 과정을 다시 살피는 것은 비단 "세계교육론"을 펼칠 저술 과제를 추출하고 자료를 정리하기 위해서만은 아니다. 소정의 절차를 거쳐 인류 앞에 임할 새로운 사명, 곧 하나님의 말씀을 받들어 가르침의 길을 열 자격을 구하고, 세움을 입을 조건을 갖추기 위해서이다. -2020. 2. 29.

- 나는 지금까지 일군 길의 지혜를 바탕으로 지상에서 천상으로,

---

1) 부처님이 중생을 위해 法을 펼치기로 결심한 것은(초전 법륜) 무상의 法을 정각한 이후이듯, 본인도 인류를 향해 말씀을 전할 가르침의 역사를 기대한 것은 길의 전반기 추구 과정을 거친 완수 의식 탓이다. 부처님도 정각 이전에는 오직 구도에만 전념했던 것처럼, 본인도 길의 추구 도정 속에서는 뜻을 전할 대상의 확대 필요성도, 합당한 자격을 부여받고자 한 생각도 없었음.

인간과 세계에 가로놓인 장애물을 극복하고, 하나님께로 나아갈 길을 제시할 수 있을 것인가?-2020. 5. 29.

- 2020년 6월 1일, "세계교육론"의 주제 분류 작업을 완료하다. 총 4권으로 구상하다(교육의 위대한 사명, 원리, 실행, 지침).[2] 이제 때가 되고 준비를 갖추었으므로, 하나님 앞에 나아가 인류를 향해 말씀을 대언할 가르침의 자격을 간구하리라.

## 2. 간구

하나님, 부족함은 있지만 이제 "세계교육론"을 집필할 자료와 주제 목록 분류 작업을 마무리 짓고, 하나님이 命하실 바 **"교육의 위대한 말씀"**을 펼칠 뜻을 구하고자 하나이다. 제게 命하여 주시옵고 사명을 부여해 주소서! 제가 아버지의 命을 받들 만한 자격과 조건을 갖춘 것인지 확언해 주소서! 존엄한 하나님의 뜻을 받들어 가르침의 역사를 펼칠 자격자로서 합당하나이까? 아버지가 장구한 길의 역사 과정을 거쳐 오늘 命하심은 길의 추구 후반과 인생의 추구 후반을 결정할 중대한 역사적 시점이란 사실을 잘 아나이다. 하나님, 이 자식이 무릎 꿇고 간구하오니, 저의 영혼 위에 임하여 주시옵고, 성령으로 역사하여 주시옵고, 계시하여 주옵소서! 하나님이 임하시고 命하시고 말씀하지 않으면 제가 한 발 앞도 전진할 수 없습니다. **하나님, 아버지의 위대한 뜻을 수행할 위대한 사명을 주시옵고, 인류를 가르칠 교사로서 합당한 자격을 부여해 주옵소서!** 부족하다면 더욱 매

---

2) "세계교육론"은 처음 4권으로 구상해서 집필했지만, 나중에 "말씀" 전편 1, 2와 후편 1, 2와 부록(교육수상집)을 더해 총 9권으로 전집을 구성함.

진해서 채워 나가겠습니다. 하나님의 계시 명령이 인류를 구원하는 가장 중대한 지상의 지지대가 될 수 있도록 온 힘을 다하겠습니다. 하늘에 계신 나의 아버지, 하나님은 나의 아버지이며, 온 인류를 구원할 사랑의 어버이 이나이다. 어제도 어루만져 주셨듯, 앞으로도 변함없이 쏟아주실 아버지의 은혜를 굳게 믿습니다. 지고한 뜻을 수행할 사명을 부여해 주소서! 만 영혼을 하나님이 계시한 말씀의 진리력으로 가르칠 수 있는 인류 교사의 자격을 命해 주소서!

- 교육의 위대한 사명을 누가 부여하고, 누가 고지하고, 누가 수행할 것인가? 하나님이 부여하고, 이 길이 고지하고, 온 인류가 뜻을 받들어 수행해야 하리라.

## 3. 성경 말씀

"~모든 구변(口辯)³⁾과 모든 지식이 풍족하므로 그리스도의 증거가 너희 중에 견고케 되어 ~(고전, 1:1~7)"

## 4. 말씀 증거

2020년 6월 3일, CTS 기독교 TV, 새벽 5시 30분, 생명의 말씀.

---

3)   구변: 말을 잘하는 재주나 솜씨.-다음 사전.

제목: "하나님의 은혜"

기도: 하늘에 계신 나의 아버지, 부족한 이 자식이 "세계교육론"을 저술할 준비를 끝내고 아버지의 준엄한 계시를 받들기 위해 무릎 꿇었나이다. 거룩한 성령으로 임하사 말씀해 주소서! 이 자식이 인류를 빠짐없이 인도하는 데 앞장서고자 하오니, 제게 합당한 자격을 부여해 주소서! 모세가 이스라엘 백성을 인도하고 구원하기 위해 지팡이를 높이 들었듯, 저도 인류가 하나님의 가르침을 받들 수 있게 하여 주소서! 제가 아버지의 뜻을 대언하기 위해 인류 앞에 서고, 말씀을 전할 수 있게 하여 주소서! 인류를 가르치는 교사, 그리고 스승이 될 수 있는 자격을 命해 주소서! **"교육의 위대한 말씀"**을 펼칠 수 있도록 뜻을 더해 주소서! 교육의 혼, 사명의 혼, 구원의 혼을 불어넣어 주소서! 아멘.

말씀: 은혜는 그냥 값없이 주는 것이다. 받는 사람에게 있어서는 안 받으면 안 된다.

조건 없이 주는 것이 하나님의 은혜이다. 한번 주고 마는 것이 아니라 주고 또 주고, 주고 또 주고…… 내 잔이 넘치나이다(요, 14: 27). 떨어지기 전에 또 부어 주심. 파도가 치고 나면 또 밀려와 치듯이, 내가 구하고 생각한 것보다도 더 크게 주심. 나는 죗값 때문에 죽어야 하는데, 하나님이 피를 흘리고 대신 죽어주심. 죄를 기억하지 않으신다. 미래에 죄를 지어도, 병들었어도, 값없이 고쳐주심. 인생이 고장 나도 고쳐주심. 죄, 병, 인생을 고쳐주시다. 하나님은 부유하면서 가난해지셨기 때문에 우리에게 복을 주실 수 있다. 내게 복을 빌면 내가 복을 주겠다. 나아가 하나님은 우리의 소원을 들어주시고 힘을 주심에 있어 헤아리고 측량할 수 없다. 하나님은 기도하는 것보다 더 많이 주신다. 하나님으로부터 은혜받으면 사람의 눈이 밝아진다. 눈이 밝으면 온몸이 밝다. 은혜받으면 씩씩해지고 자신감이 생긴다.

성령의 은혜를 받으면 사람이 조용히 살기 어렵다. 조용히 살고 싶으면 은혜 안 받으면 된다. 능력을 받아라. 성령을 받아라. 이렇게 복을 받고 나면 가만히 있을 수 없다. 주어야 한다. 이것이 특징이다. 무엇이든지 해야 한다. 열심히 봉사한다. 내가 하는 것이 아니라 하나님이 하신 것이다. 은혜받으면 주지 않고 못 견딘다. 성령받을지어다. 능력받을지어다. 은사받을지어다. 축복받을지어다. 말을 잘하는 사람은 설득력, 진실성이 부족하다. 오히려 말을 잘 못하고 떠듬떠듬하는 사람은 믿어주려고 하고, 들어주려고 하고, 다 알았다고 한다. 그래서 말을 잘하고 못하고 상관없이 내가 말하면 사람들이 은혜받고, 말하면 순종하고, 말하면 감동하고, 말하면 변화하고, 말하면 복종하고, 말하면 자신이 가진 모든 것을 내어놓는다(이것이 말씀의 대언 권능임). 설교 못하는 사람도 은혜만 받으면 잘한다.

바울은 말하길, 누가 예수를 가르치겠는가? 예수를 내 마음에 받았다. 그러니까 하나님에 대해 말할 수밖에 없다. 하나님의 은사를 받아서 하나님을 증거함. 은혜받으면 나팔을 불게 된다. 입에다 복음의 나팔을…… 일어나라. 빛을 발하라(인류 교사 자격은 구하므로 하나님이 베푼 은사임). 하나님의 은혜를 헛되이 받지 말라. 본문에서 지식이 풍족하므로…… 지식이란 하나님을 아는 지식이다. 요한복음 17장 3절, 영생은 유일한 하나님과 그 아들 예수그리스도를 아는 것(왜 말씀을 인류를 향해 대언해야 하는지에 대한 가르침의 사명 목적을 명확히 함), 들어서 아는 것, 공부해서 아는 것은 불확실하다. 내가 직접 경험해 보고, 체험해서 아는 것이다. 만나를 먹어보지 않고 어찌 그 맛을 알 것인가? 하나님과 친해 잘 알기 때문에 나는 이렇게 설교할 수 있다. 우리는 본 것만 이야기하고, 아는 것만 이야기한다. 하나님을 아는 지식이 열린다. 하나님이 우리에게 은혜 주시는 목적은? 처음은 성령받고, 그다음은 권능받아야 한다. 능력과 성품을 갖춘 신앙인이 돼라. 그 권능을 받아라(결론: 인류를 가르칠 교사 자격을 부여하심).


## 5. 길을 받듦

- 성령의 은혜가 넘치고 넘쳐 감당하기 어려운 말씀을 주시다. 간구하고 간절히 원한 것을 준다고 하셨고, 그것을 받고 받고 또 받으라고 하시니, 그렇게 주신 은혜와 권능을 하나도 놓치지 않고 가슴 깊이 새겨서 사명을 수행하리라.

- 하나님은 우리가 은혜받고 권능받으면 그것을 증거하고, 말하고, 나아가 가르치지 않을 수 없다고 하셨다. 내가 무엇을 원하고 命 받고 자격을 얻기 위해 기도했는가? 그것을 모두 다, 그리고 그렇게 기도한 것보다 더 크고 넘치게 주리라고 하셨다. 그러므로 그 이상 무엇을 더 바라겠는가?

- 길을 준비해서 하나님께 나아가 인류를 하나님에게로 인도할 합당한 가르침의 자격을 구함에 대해 하나님이 그렇게 바라고 구한 것 이상의 은혜와 권능을 아무런 조건 없이 부여하겠다고 하신 것은 그렇게 간구한 모든 기도가 하나님의 마음에 합당하다는 뜻이다. 밀려드는 파도처럼 원하고 구한 권능과 자격을 부여하고 또 부여해 주셨다. 그러므로 나는 이제 믿음을 가지고 담대히 인류 앞에 나아가 가르침의 역사를 펼치리라.-2020. 6. 3.

- 하나님이 이 자식에게 인류를 가르칠 권능을 부여해 주신 만큼,

그것을 간구했을 때와 권능을 부여받고 난 이후 길에 대한 추구 의식은 차원이 다르다. 준엄한 자격을 부여받은 만큼, 이후의 인생과 존재자로서의 한 걸음 한 걸음은 전혀 새로워야 한다.

• 구해서 권능을 입은 것은 사실상 길의 후반기 인생길을 추진할 사명감과 책임을 수행할 준엄한 목표를 지침 받은 것이다. 인류 영혼을 구원할 가르침의 권능을 부여받은 것은 세상의 어떤 권세와 권력을 휘어 쥔 것보다도 비교할 수 없는 존엄한 권능이다. 결국은 말씀을 대언할 수 있는 인류 교사로 세우기 위해 하나님이 길을 인도하셨고, 완수케 하셨다. 하나님이 말씀으로 인류를 구원하고자 하는 계획과 뜻을 담대히 진설해서 증언하리라.

• 계시가 된 본문의 말씀을 살필진대, "너희가 그의 안에서 모든 일, 곧 모든 구변(웅변 능력)과 모든 지식(진리에 대한 통찰력)이 풍족하므로(완수한 길의 과정 안에 인류를 향해 가르칠 모든 진리의 말씀 자료와 하나님의 뜻을 대언할 지혜 체제, 곧 말씀을 대언해서 가르칠 능력을 풍족하게 갖춤) 예수그리스도의 증거가 너희 중에 견고케 되어(하나님의 지상 강림 역사와 실존 상태를 증거할 기반이 견고함) 너희가 모든 은사에 부족함이 없이 우리 主 예수그리스도의 나타나심을 기다림이라(지상 강림 역사 이후의 때를 준비할 수 있게 됨)."

• 말씀의 증거 중 "성령의 은혜를 받고 내가 가만히 있을 수 없다." 이것은 하나님이 명확하게 인류 앞에 말씀을 대언할 "가르침의 사명"을 명령한 것이다. "주어야 한다"라고 명시하셨다. 또한, 그것은 본인이 한 것이 아니고, 하나님이 하신 것이다. 이런 성령, 능력, 은사, 축복, 권능을 받을지어다. 그리하면 말씀의 대언 가르침을 잘하고 못하고의 여부와 상관없이 만인이 은혜받고, 순종하고, 감동하고, 변하고, 복종하고, 자신이 가진 모든 것을 바치고, 내어놓을 것이라고 하셨다. 누가 예수그리스도를 가르치

겠는가? 바울이 말하길, 예수그리스도의 마음을 받았기 때문에 예수님을 대신하여 가르칠 수 있다. 하나님에 대하여 말할 수밖에 없다. 은사를 받으면 하나님을 증거하게 된다. 동일한 원리로 하나님의 말씀을 대언할 가르침의 역사로 인류를 하나님께로 인도하라고 命하셨다.

• 하나님이 부족한 이 자식을 가르치고 깨우쳐 인류 교사로 세우기 위해 길을 인도하셨다. 나는 그 하나님의 뜻과 사랑과 사명의 중대함을 알고 신명을 바치리라.

• 하나님의 말씀을 대언해서 교설할 가르침의 자격을 부여받은 것은 그렇게 부여받은 권능도 중요하지만, 그렇게 했을 때 주어질 변화, 곧 주어질 축복과 은사가 더 중요하다. 그로 인해 온 인류가 빠짐없이 하나님께로 인도되고 구원되리라.

• 본인이 일구었고 또 직접 간구한 뜻에 대해 하나님께서 응답한 말씀을 재차 요약하면, 분명하게 원해서 간구한바, 길의 완수 이후 하나님의 말씀을 전할 보다 확대된 **"인류 교사 자격"** 부여에 대해 "하나님의 은혜"란 설교 제목을 통해 즉답하셨다. 즉, 내가 원한 간구에 대해 한량없는 은혜를 베풀겠다 하심이다. 그 이유는 "모든 구변과 모든 지식이 풍족하므로……" 그러니까 길의 완수 과정과 말씀을 증거할 집필의 준비 조건이 충족되었으므로, 지상 강림 역사로 인해 드러난 하나님의 존재 본체가 명확해질 것이다. 하나님의 뜻에 합당한 뜻을 이루고자 하는 이 자식의 간구(소원)를 들어 주심에 있어서 하나님이 베푸신 은혜는 헤아릴 수 없고, 측량할 수 없다. 그래서 간구한 자격 부여에 대해 힘차게 능력 받아라. 성령을 받으라고 하셨다. 또한, 그렇게 성령을 받은 자는 가만히 있으면 안 된다. 곧, 권능을 실행해 옮길 것을 촉구하셨다. 가르침의 권능은 하나님이 준 은사이고 축복이다. 왜냐하면 모든 행함은 나 자신의 주관 의지를 벗어나 하나님

이 행하실 역사이기 때문이다. 그래서 이 성업 역사에는 하나님의 교화 권능이 따른다. 내가 애써 말씀을 전하고 가르치고 이해시키려고 한다고 해서 인류가 은혜받고, 감동하고…… 하는 것이 아니다. 말씀을 대언하면 내가 아닌 하나님이 성령으로 역사하여 변화시키고 순종하게 한다. "누가 예수그리스도를 가르치겠는가?" 즉, 누가 인류 영혼을 가르침의 역사로 교화할 대언 권능을 수행할 수 있는가? 이 길이 말씀을 받들지 않을 수 없는 **"인류 교사 자격"** 부여의 당위성을 지적하셨다. 복음의 나팔=말씀의 나팔이다. 그렇게 해서 전할 말씀의 지혜와 진리는 고스란히 하나님과 예수그리스도에 관한 앎이다. 길을 통해 하나님이 부여한 말씀을, 길을 통해 받든(경험한) 말씀을 가르치라. 그렇게 능력과 성품과 자격을 갖춘 인류 교사가 돼라. 가르침의 역사를 능히 수행할 권능을 받으라 하심이다.

그러므로 말씀으로 부여된 인류 교사 자격은 간구한 이 자식의 기도에 응답하신 하나님의 한량 없는 축복이고 은혜이다. 베푸신 능력이고, 은사이며, 命하신 준엄한 권능이다.

• 하나님의 뜻을 확인한 만큼, 이제 "세계교육론"의 머리말부터 첫 집필을 시작하리라. - 2020. 6. 5.

# 제6장 **사명 선지**

현재 세상에는 수많은 사람이 살아가고 있고, 역사상으로는 수많은 종교가 명멸했다. 그들은 각자 부여받은 사명과 맡겨진 직분을 다했지만, 진정 이 시대에도 살아계신 하나님의 뜻을 깨달은 선지자적 사명을 수행하는 자는 얼마나 되는가? 있다고 한다면 이 시대가 지닌 문제와 현 세태의 종말성에 대해 얼마나 심각하게 인식하는가? 하나님께서도 이 같은 문제를 해결하기 위해 고민하고 계실 텐데, 어떻게 동감한 자가 있을까? 만약 구약 시대에 활동한 선지자가 이 시대에 다시 나타나면 해결할 수 있는가? 성인의 가르침을 받든 이른바 세계적인 종교들이 앞장서야 할 것인가? 문제는 산적한 상태인데 해결할 만한 주체가 어디에도 없다. 그 이유가 어디에 있는가? 기성 종교인들은 오늘날에도 살아 역사하는 하나님의 뜻을 받들지 못했고, 전통적인 종교들은 이 시대가 필요로 하는 선지자가 활동할 길을 막아버렸다. 역사상 내로라한 선지자를 배출한 유대교는 일명 "예언자들의 시대"를 꽃피웠다. 그들이 그런 전통을 세워서 지속했을 때는 하나님의 부름을 받은 선지자가 여기저기서 나타나 "가난한 이들과 억압받은 이들을 위한 정의를 선포했고, 이스라엘 백성의 우상 숭배를 고발하며, 하나님의 심판을 경고했다. 이스라엘의 하나님이 온 세상을 당신의 자비로운 통치로 이끄실 날이 올 것을 예언했다."[1]

---

1) 『그리스도교 역사를 만나다』, 데이비드 벤틀리 하트 저, 양세규 · 윤혜림 역, 비아, 2020, p.21.

하지만 과연 당시의 시대에만 그런 문제가 발생했고, 이것을 경고해서 백성을 일깨우는 선지자 활동이 필요했을까? 시대를 불문하고 선지자가 부름을 받아 세워져야 했지만, 그들 시대에만 한정된 역사로서 끝나고 말았다. 그것이 유대교가 세대와 국경을 넘어 하나님의 인류 구원 역사를 주도하지 못한 이유이다. 그리고 그 같은 경계 틀을 깨어 구원 역사의 보편화 기틀을 마련했다고 자부한 기독교는 그렇다면 어떠한가? 기독교 신앙을 정착시키는 과정에서 교회의 권위로 성경을 정경화한 작업은 기독교의 정체성을 세우는 데 이바지했지만, 세월이 흐름에 따라 하나님과의 교감로를 제한한 결과를 낳고 말아, 시대를 불문하고 끊임없이 요구되는 선지자적 역할의 배출로를 가로막았다. 그리고 유대교, 기독교와 뿌리를 같이한 이슬람교에서는 알라의 영감을 받은 자를 일컬어 선지자라고 하였다. 『코란』에 따르면, 알라의 축복을 받은 개개의 민족에게는 대부분 축복을 알려주는 예언자가 배출되고, 그 수가 무려 12만 4천 명이라고 했다. 『코란』에는 28명의 선지자가 나오고, 그 가운데 아담, 노아, 아브라함, 모세, 예수, 무함마드 6명을 가장 중요한 선지자로 여겼다. 통 큰 선지자 문화를 수용한 신앙 체제인 것처럼 자랑하였지만, 알고 보면 그렇게 인정한 선지자도 사실은 그들의 교주인 무함마드를 마지막 선지자요, 가장 큰 선지자요, 완성자로 드높이기 위해 인정한 들러리 역할을 위해서였다.[2] 그를 위해 더할 나위 없는 믿음으로 단언했고, 굳은 신앙을 강요한 것뿐이다. "무함마드는 오로지 다른 지역에서 훼손되고 곡해된 일신교를 부활시킨 자로서, 그는 神의 마지막 계시이다. 그래서 그의 죽음(632년 6월 8일로 전함)으로 인간에게 전하는 계시는 끝났다. 무함마드 이후에는 더는 예언자도,

---

2) 『세 종교 이야기』, 홍익희 저, 행성비, 2015, pp.321~322.

계시도 없다."[3] 문제는 그렇게 믿고 신앙을 지킨 것이 이슬람교란 종교를 일으켜 세워 발전시키는 데 있어 통일된 신앙심은 유발했지만, 동시에 이슬람교의 세계관은 한정되어 버렸다. 그러니까 무함마드의 계시 받듦 역사와 선지자의 계승 역사가 이슬람교의 종교적 전통과 코란의 역사 안에서는 마지막이고 끝일 수 있지만, 생성하는 우주 안에서는 어디에도 마지막과 끝이 없다. 하나님은 살아계신 神이라, 시대에 따라 언제든지 새롭게 역사할 수 있고, 창조 목적을 실현하기 위해 끊임없이 계시하고 계시다. 이것이 오늘날에도 살아계신 하나님의 본질적 모습이고 참뜻이다.

다시 말해, 하나님은 현시대의 필요에 따라 현시대의 문제를 해결하기 위하여 품은 뜻을 새롭게 선포할 수 있고, 그 뜻을 대행할 수 있는 선지자를 새롭게 세울 수 있다. 그런데 이 같은 세움 역사를 단절시키고 계시 역사를 한정한 것은 하나님의 뜻이 아니다. 자신들이 획득하고 세운 교회의 권위와 기득권을 지키기 위해 자의적으로 판단해서 하나님의 뜻을 한정했다. 흐르는 물을 가두어 두면 결국 썩어버리는 것처럼, 그들의 진리적, 종교적 세계관 역시 그러하다. 급기야 오늘날에 이르러서는 그들 종교가 모두 총체적인 종말을 맞이했나니, 이때야말로 정말 선지자가 다시 세워져야 할 시기라, 그 역사를 하나님이 길의 사명을 선지함으로써 부활시키고자 하신다.[4]

---

3)  『생각의 역사(1)』, 피터 왓슨 저, 남경태 저, 들녘, 2018, p.389.
4)  인류 역사를 주재하는 하나님의 성령께서는 무소부재하고 자유로우며, 그런 하나님과 교감하고 소통하는 인류의 영혼 또한 세계 안에서 제한 없이 자유롭다. 그런데 기존 종교들은 여태껏 세계적 조건에 걸맞은 신인 간 교감 체제를 구축할 생각은 하지 않고, 다양한 이유를 들어 오히려 그 길을 옥죄어 버렸다. 마치 동물을 우리 안에 가두어 두듯이…… 그렇게 해서 폐쇄된 하나님과 인류와의 교감 소통로를 **"선지 세움론"**이 활짝 트고자 함.

나는 일찍이 『길을 위하여』란 생애 첫 책 속에서 밝힌 것처럼, 길을 잃고 버린 바 되었을 때 하나님의 전에 나아가 간절하게 기도하였나니, 이에 하나님께서 계시하길, "나 여호와가 이렇게 말하노라. ~ 내가 무궁한 사랑으로 너를 사랑하는고로 인자함으로 너를 인도하였다. ~ 처녀 이스라엘아, 내가 다시 너를 세우리니 네가 세움을 입을 것이요 ~(렘, 31: 2~6)"[5] 란 약속을 주셨다(1983. 11. 12.). 이로부터 나는 스스로 인지했건 하지 못했건 하나님이 말씀하신 세움을 위한 구속 의지 안에 있게 되었다. 그렇게 해서 오랜 세월을 거쳐 추진된 세움 과정의 결정체가 곧 앞에서 증거한 인류 교사 자격이란 **"사명 선지"** 역사이다.

그러므로 이 연구는 하나님이 이루신 말씀의 역사를 증거하고 대언함에 있어 왜 이 같은 사명을 받든 선지 역할자로 세워졌는지에 대한 시대적 상황과 하나님의 뜻에 근거한 필연적인 이유를 기승전결 원칙에 따라 밝혀야 한다. 이 시대는 왜 끊어진 선지자적 전통을 다시 이어야 하고, 선지자가 나타나 외쳐야 하는가? 세상은 지금 삶 전체가 피를 보면서 살아가고 있는 전쟁터이다. 인간의 죽음, 그 처절한 광경을 너무 자주 보고 듣고 경험하면서 살아간다. 현대사회는 인간 생명을 경시하는 풍조로 만연해 있다. 누군가는 반드시 일어서 제반 가치관과 제도와 기득권적 권위에 대해 잘못을 지적하고 정신을 일깨울 수 있는 준엄한 경고가 있어야 한다. 목 놓아 외쳐야 할 때인데, 사명을 각성한 선지자는 언제 나타날 것인가? 세상이 온통 불의에 동조되고, 옳고 그른 것을 판가름하지 못하는 때, 인류 전체의 동반 타락 상태를 신랄하게 지적할 수 있는 선지자적 지성이 등단해야 한다. 대다수 인류가 무엇이 바른길인지 몰라 갈팡질팡할 때, 홀로

---

5) 『길을 위하여 1』, 졸저, 아가페, 1985, p.406.

깨어 사태의 중심을 꿰뚫고, 용기 있게 일어서 현시대의 절실한 요구에 부응할 수 있는 각성인은 과연 누구인가? 바로 오늘날에도 살아 역사한 하나님으로부터 부름을 받아 천명을 수행하는 선지자다. 그런데 정작 모든 역할이 필요한 긴박한 지금, 命을 받들 자가 사전에 예비되어 있지 못하다면? 그래서 일찍이 하나님이 인도한 이 연구의 **"사명 선지"**에 이은 제반 세움 역사 과정이 있게 된다.

# 제7장 사명 상구

## 1. 완수 상구

부처님이 피눈물 난 정진과 수행을 쌓은 구도 과정 끝에 무상정각을 성취한 것처럼, 이 연구도 추구한 길의 과정은 하루아침에 완수한 것이 아니다. 오늘날 인류를 향해 말씀을 전하고자 하는 선지자적 사명 세움과 가르침의 역사를 펼칠 자격 갖춤 조건이 그러하다. **"완수 상구"**에서 상구(上求)란 본래 대승불교의 흥기와 함께 "위로 보리(지혜, 깨달음, 道)를 추구하고, 아래로 중생을 교화한다는 뜻으로, 보살의 수행을 목표로 해서 자리(自利)와 이타(利他)의 측면으로 표현한 불교 교리에서 따온 개념이다."[1] 즉, 보살(보리 살타)은 위로는 불교의 지혜(보리)를 추구하고, 아래로는 고통받는 다양한 중생을 교화하는 것을(자비) 수행하는 목적으로 삼는다. 길의 상구 과정이 길의 추구 과정을 완수하게 한 결과를 가져왔고, 길의 과정을 완수한 결과가 또다시 더 확대된 사명 상구인 인류를 가르칠 교사로, 또는 하나님의 말씀을 전하는 선지자로 세워질 수 있게 했다. 지적한 대로, 부처님은 6년간의 고행 끝에 깨달음을 얻은 覺者로 일컬어지지만, 본인은 가시적인 흔적을 남긴 길의 추구 이래 40년이 넘는 세월 동안 진리 세계를 탐구하여 하나님이 태초에 어떻게 천지 만물을 창조하였는가

---

1) "上求菩提 下化衆生."-한국민족문화대백과사전.

에 대한 본의를 밝힌 **"길의 완수자"**가 되었다. 각 시대에서 하나님의 命을 받든 성현들은 각자에게 부여된 命을 수행함으로써 인류에게 위대한 本이 되었나니, 본인도 길을 추구하고 믿음을 상구한 일체의 노력과 정진한 과정을 통해 인류 앞에서 한 정형화된 本을 이루리라. 뜻한 바대로 진리를 구하고자 한 인생 목적 설정으로 소정의 과정을 마친 길의 완수자, 그것이 궁극적인 도달 목적지는 아니지만, 추구한 단계 과정을 매듭지은 기반 위에서 대 인류를 향해 새로운 추구 과제와 사명을 부여받게 되었다.

부처님이 정각 후 45년 동안 설법의 길에 나서 중생을 교화한 행각처럼, 본인도 길을 추구해서 구한 성업을 바탕으로 제2라운드 완수 목표인 하나님으로부터 부여받은 말씀을 인류 앞에 펼치는 것이다. 곧, 퇴직 전의 인생 전반이 위로 하나님의 뜻(사명)을 구한 과정이라면, 퇴직과 함께 길을 완수한 지금부터는 그렇게 해서 구한 하나님의 말씀을 바탕으로 인류를 구원하는 하화의 길을 여는 것이다. 길을 추구해서 지혜를 일구고 사명을 각성한 것과(추구 원리를 추출하고 증거함), 그렇게 해서 구한 뜻과 진리를 구원을 목적으로 가르치는 것은 삶의 목적과 추구 형태가 전혀 다르다. 진리와 뜻을 구하는 것과, 그렇게 해서 구한 진리와 뜻을 펼침과의 차이랄까? 진리와 말씀을 구함에도 어떻게 구할 것인가 하는 과제가 따랐듯, 구한 진리와 말씀을 어떻게 전하고 가르칠 것인가 하는 것도 과제이다. 그래서 길의 일체 과정과 받든 뜻을 단락 짓고 정형화하여 인류의 보편적 구원 목적을 달성하는 방향으로 재해석해서 구축해야 한다. 상구한 길의 진리와 받든 말씀을 만인에게 전하는 데 집중해서 창의적인 방법을 강구해야 한다. 왜 나는 길을 완수한 자로서 받든 말씀을 가르치고 지혜를 완성해야 하는 의무가 있는가? 흔히, 불교를 신앙하는 신자들은 부처님이 "보리수 아래서 무상의 깨달음을 얻은 걸림 없는 지혜로 생로병사의 고통을 물리치고 모든 고를 해결한 覺者라고 믿는다. 즉, 일체 지를 증득한, 생사를 초월하여 해탈에 든 부처로서 중생에게 지혜의 길을 열어준 유일무이한 분이다."[2] 여기서 모든 고를 해결했다는 것은 바로 모든 진리를 있게 한 우주 생성의 실 가닥을 휘어잡았다는 말인데, 과연 부처님은 하나님이 태초에 천지를 창조한 본의를 깨달았을까? 정말 일체 지를 증득한 覺者로서 설파한 연기법을 통하면 모든 고와 진리의 문제를 해결할 수 있는가? 길이 구하여 얻은 본의 지혜와는 무엇이 다른가? 단언컨대, 이 연구가 받든 말씀의 지혜는 정말 얽히고설킨 진리의 실 가닥을 휘어잡은 탓에, 근원된 본질 세계를 파고들어 인생과 진리와 우주의 근본 문제에 대해 답할 수 있다. 인류를 향해 창조된 본의를 가르칠 수 있는 완성된 지혜이다.

따라서 선지자의 정확한 뜻은 '먼저 안 사람'이다. 무엇을 먼저 안 것인가? 기독교 전통에서는 "예수 이전에 나타나 예수의 강림과 하나님의 뜻을 예언한 사람이다."[3] 길의 완수 사역이 오늘날에 이르러 왜 선지자적 사명을 받든 세움 과정으로 이해하는가 하면, 여기에도 분명 하나님의 뜻을 받든 믿음의 상구 과정이 있었고, 사명을 간구한 전적을 거친 탓이다. 그같은 상구 노력이 지금과 같은 판단 결과를 예비하고 인지하게 했다. 그야말로 선지한 것이라고 말할 수 있다. 또한, 무엇보다도 중요한 것은 밝힌바 그렇게 상구한 과정에 대해, 마치 "섬광로를 예언자같이 기록함"[4]에 있

---

2)  「대승불교의 불신관에 관한 연구」, 김경수 저, 원광대학교 동양학 대학원, 불교학, 석사, 2012, p.35, 61.

3)  선지자.-다음 사전.

4)  『기독교 명저 60선』, 편집부 편, 종로서적, 1996, p.191.

어 추호도 소홀하지 않았다. 하나님이 역사한 뜻이 때가 이르면 증거하고 자 한 사전 대비 작업이다. 그것이 곧 믿음 상구를 통한 길의 독백 메시지 이다.

- 나는 하나님의 말씀으로 존재한다(1976년).
- 나는 영원히 神의 고뇌와 의지를 시험받다(1980년).
- 하나님, 저들을 인도할 길을 주소서!
- 지난날은 어둠이었지만 이제는 밝나니 하나님, 저에게 길을 갈 영의 계시를 주옵소서(1981년).
- 더없는 고난의 과정은 역사 위에서 시험되었다. 이제 남은 것은 길을 가는 것이다.
- 아버지는 나에게 일신을 풍미할 부귀와 영화를 금하사, 진정 이 자식이 지녀야 할 확신의 영과 믿음을 주시고, 영원의 길을 예비 해 주셨다(1982년).
- 살아계신 하나님의 은혜가 영혼 위에 머무는 한, 두 손 모아 올 린 기도를 인생의 길 위에 수놓으리라. 끝까지 참고 견디면서 가 슴의 포부를 세계를 향해 열어 언젠가는 살아계신 하나님의 생 생한 실존 모습을, 무궁한 지혜 모습을 세상 위에 드러내리라 (1991년).

이 같은 믿음을 상구함으로써 지금의 사명을 받들기 위한 길을 예비하 였다. 당시에는 확인할 수 있는 근거가 아무것도 없었지만, 의식 속에 잠 재한 심원한 선지자적 본성을 감지한 상태랄까? 그 같은 믿음 어린 기도 가 결과를 두고 보니 하나도 헛됨이 없이 하나님에게 상달되었고, 하나님 도 기억하고 계셨다. 이런 추구 기반 위에서 하늘을 향해 직접 소망했던 것은 바로 하나님이 부여하실 사명에 대한 기도였다.

- 세계는 그것을 행하고 말할 수 있는 인격으로부터 창조된다 (1981년).
- 아바, 저에게 이 세상에 임할 귀한 사명을 주옵소서!(1982년).
- 나에게 길이 주어짐은 새로운 사명이 부여됨이다.
- 하나님은 나에게 어떤 사명을 주실 것인가?
- 나는 장차 올 그 무엇을 위해 길을 준비하는가?
- 나는 神이 바라 마지않는 완성의 인간이 되는 것이다.
- 나는 하나님이 이 자식에게 주신 영을 복되게 증거해야 하나니, 그것은 하나의 귀한 소명으로 인세에 드러나리라.
- 회망을 품고 약속된 소망을 믿자. 하나님은 결코 이 자식을 쓸데 없이 버려두지 않았을 것이니, 위대한 정신을 이룸으로 그의 삶 은 만인의 등불이 되리라(1983년).
- 나는 분명 나의 의지대로 살고 나의 세계 속에서 살았지만, 믿음 을 통한 뜻과 행동은 나도 모르게 하나님의 뜻을 따르고 있었다 (1984년).
- 하나님, 제게 능력을 주소서! 이생을 기도하는 마음으로 수행하 고 정진할 수 있게 하소서! 저에게 아버지의 능력을 대행할 수 있는 사명자가 되게 하소서!(1985년).

　길은 그렇게 추구한 전적인 본질이 그대로 사명이었고, 하늘로부터 길 을 구한 것은 사명을 구한 것과 진배없다. 물론 길을 추구하는 과정에서는 사명 상구에 대한 응답으로서 "길의 얻음", 곧 단계적인 사명 과제를 부여 받았지만, 그렇게 상구한 최종적인 결과에 말씀의 가르침으로 인류를 남 김없이 구원하는 사명이 있다. 부족한 이 자식 하나를 그렇게 인류 앞에 세우는 데 60년이 넘는 세월이 걸렸다. 그만큼 본인 역시 영혼을 다해 하 나님이 주신 사명을 은혜로 새기고, 뜻을 받들어 인류를 향해 존엄한 말씀의 역사를 증거하리라. 하나님이 삶을 구속해서 길을 인도하지 않았다면 이룰 수 없는 성업이다. 듣고, 깨닫고, 경험한 일체 역사를 기록으로 새겼나니, 이것이 하나님이 진리의 성령으로서 본체를 드러낸 "지상 강림 역사"이다.

이처럼 추구한 믿음의 상구 과정을 밝히는 것은 하나님이 본인을 세우고자 한 사전 역사를 증거하는 절차이다. 동시에 그렇게 역사한 하나님 자체의 실존적 본질을 증거하는 절차이기도 하다. 이래저래 길을 추구하여 일깨운 사명 본질은 피할 수 없는 선지자적 본성 위에 있다. 살필진대, 지성인과 성현과 覺者 중에는 천의를 엿보거나 부분적으로 통찰한 자는 있지만, 우주의 대 생성 역사를 종합적으로 통찰한 자는 없다. 수행으로 쌓은 놀라운 도력 탓에 우주의 운행 본질을 직시할 수는 있었더라도, 우주의 전체 생성 과정을 집약해서 꿰뚫은 자는 어디에도 없다. 하지만 길의 **"사명 상구"**는 모든 한계 벽을 넘어 하나님이 진리의 성령으로서 주재한 우주 운행의 섭리성, 의지성, 주관성, 생명성, 진리성을 일관해서 통찰할 수 있다. 하나님이 선지한 인도와 길의 전 추구 과정을 지배한 섭리 뜻이 없었다면 불가능한 성업이었으리라.


## 2. 교직 상구

나는 국립의 사범대학을 졸업하고 군복무를 마친 다음 1984년 3월 1일, 경남 진해에 있는 중학교에 발령받아 교직에 첫발을 내디뎠다. 그리고 정확하게 36년 6개월 동안 성장하는 학생들을 가르치다가 2020년 8월 31

일, 정년을 맞아 퇴임하였다. 이때를 즈음하여 나는 걸어온 교사로서의 길을 되돌아보고, 교육에 관해 일구었던 생각들을 정리한 교육수상집 『길을 가며 가르치며 생각하며』를 출판해서 동료 교사에게 증정했다.[5] 여기서 나는 근무한 학교를 기준으로 10막에 걸쳐 인생과 젊음을 바친 길을 회고하였다. 그것은 이 시대에 선생님으로서 걸은 길인 동시에 직접 겪은 인생의 길이다. 이런 길을 걸으면서 나는 과연 무슨 생각을 했고, 무엇을 위해 정열을 바쳤는가? 가르침에 몸 바친 삶이었고, 그러면서도 한편으로는 진리 세계도 탐구한 **"교직 상구"**였다고 할 수 있다. 제자를 가르치면서도 나는 퇴임 때까지 39권의 책을 저술하였나니, 그것은 온전히 진리 세계를 일군 인생길이기도 하다. 무엇을 준비했고, 무엇을 구했고, 무엇을 이룬 것인가? 그렇게 물은 데 대한 답을 끌어낸 탓에 이 시점에서는 모종의 의미를 일깨울 수 있다. 그것은 결코 의도하지 않은 길이다. 오직 성심을 다해 순리를 따른 상구 길이다. 그렇게 걸은 과거를 돌이켜 보고, 나는 지금 무슨 의미를 확인할 수 있는가? 직접 걸어온 길인데도 그때는 미처 알지 못한 섭리의 손길은 없었는가? 제자를 가르치는 데 전념하였지만, 그러면서도 동시에 교육에 관한 생각을 일구었고, 뭇 삶의 방향을 지침으로 할 선도적 지혜도 함께 쌓았다. 길은 추구하였지만 일련의 의미를 모두 예측할 수는 없었는데, 돌이켜 보니까 제반 의미가 축적되어 있었다. 그래도 본인으로서는 어떤 의미도 판단할 수 없는 처지인데, 하나님이 부여한 **"인류 교사 자격"**과 관련해서 보면 일목요연하게 확인할 수 있다. 즉, 본인이 평생 봉직한 교직 역정은 바로 하나님이 섭리한 사전 길의 상구 과정으로서 더한 교육적 사명을 부여하기 위해 소정의 길을 걷게 한 역사였다. 그렇

---

5)  『길을 가며 가르치며 생각하며』, 졸저, 한국학술정보(주), 2020년 8월 31일 발행.

게 의도한 하나님의 구체적인 뜻은 과연 무엇인가? 대 인류를 향해 말씀을 대언할 가르침의 역사를 펼치는 것이다. 그러기 위해서 걸은 **"교직 상구"**란 사전 역정이 없었다면, 퇴임과 함께 교사란 직분도, 가르침에 대한 사명도, 모두 내려놓아야 했으리라. 그런데 그렇지 않다는 사실을 확인한 탓에 일체 과정이 하나님이 인류 교사로 세우기 위해 길을 예비한 교직 상구 역사로 승화된다. 하나님이 때가 된 오늘날 모종의 사명자로 세우기 위해 먼 앞길을 내다보고 길을 구속한 섭리 역정이다. 그 의미를 재차 정리하면, 전반기 교직 역정은 인류 교사로 세우기 위한 상구 과정이 되고, 이제부터 펼칠 길의 역사는 그 무대를 넓혀 인류를 대상으로 한 가르침의 역정이다(하화). 참으로 하나님의 뜻과 말씀과 사랑을 전하는 가르침의 직분을 마다할 수 없다. 이것이 하나님이 일깨우신 말씀에 근거한 교직 상구 의미이다. 교직에 몸담고 있으면서 쉼 없이 길을 추구한 것은 하나님이 부족한 이 자식을 자격을 갖춘 교사로 세워 가르침으로 인류를 교화할 권능을 부여하기 위해서였다. 그렇게 연단하고 인도해서 세우는 데 실로 한평생이 걸렸다.

그렇다면 이 같은 판단과 믿음에 근거할 때, 본인은 정말 인류를 하나님께로 인도할 합당한 역량과 지혜를 갖추었는가? 막상 뜻은 받들었지만, 본인도 여기에 관해 정당한 근거와 이유를 지난 과정을 통해 다시 확인하지 않을 수 없다. 대책 없이 인류 앞에 나서라고 한 것이 아닐진대, 본인은 정말 도래할 때를 위하여 어떤 상구 과정을 거친 것인가? 돌이켜 보면 본인이 걸은, 혹은 겪은 짧지 않은 교직 생활은 부족한 이 자식을 인류 교사로서 세우기 위해 하나님이 인도한 성스러운 길이다. 도대체 인류 교사 직분을 수행하기 위해서는 어떤 인격과 정신과 역량을 갖추어야 하기에 한 인간을 이토록 오랜 세월 동안 연단하신 것인가? 여기에 답하기 위해서는 "철학자 플라톤이 이상 국가론을 펼치면서, 그 같은 국가를 건설하기 위한 필수 조건으로서 왜 철인 통치자를 내세운 것인지를 알아야 한다. 즉, 여기서 철인 통치자(왕)란 오늘날 우리가 알고 있는 행정부를 총괄하는 수반(대통령, 수상 등)이기 이전에, 위대한 교육자이자 존경받는 스승으로서 국민의 영혼을 관리하고 교육하는 역할자의 책임까지 요구했다. 또한, 현상계에 묻혀 있는 동굴 안의 사람들을 동굴 밖 빛과 존재의 세계로 인도하기 위한 목자 역할자이기도 했다."[6] 철인 통치자를 조건으로 내세운 플라톤의 이 이상 국가론은 수십 세기에 걸쳐서도 현실화하지 못한, 그야말로 이상론에 그치고 말았지만, 오늘날은 하나님이 부여한 인류 교사 자격으로 인해 구체화할 수 있는 길이 열렸다. 인류의 이상을 실현할 주도적인 조건을 갖춘 인간상은 세속적인 권력을 가진 왕이 아니고 스승상이 되어야 하며, 스승이 무지한 백성을 선도하고 계도해서 그곳 빛의 세계로 안내하는 역할을 담당해야 한다. 그 이상적인 나라, 곧 동굴 밖 하나님의 나라로 백성을 인도하기 위해서는 철저한 경험과 지혜를 가진 자의 안내가 필요함에, 그런 역할자는 결코 하루아침에 등단할 수 없다. 특히, 하나님에게 이르는 길을 안내하는 자는 자격 갖춤이 필수 조건이다.

그런 측면에서 본다면, 구약 시대의 어떤 선지자도, 중세 시대 때의 천년 신앙을 지킨 교부도, 지금 직분을 수행 중인 교역자도 감히 완수하지 못한 인류를 한 영혼도 빠짐없이 하나님에게로 이끌 진리적 기반을 이 연구는 **"교직 상구"** 과정을 통해 터 닦았다. 상식적인 조건으로서도 직분을 수행하지 못할 자에게 하나님이 자격을 부여하실 리 만무하다. 가능성 있

6) 『윤리 질서의 융합』, 황경식 저, 철학과 현실사, 1996, p.139.

는 길은 무엇보다 만백성을 차원 밖에 계신 하나님에게로 인도할 수 있는 경륜과 지혜를 쌓았다는 데 있다. 이 같은 조건을 갖추기까지 본인은 교직을 천직으로 알고 직분을 수행했나니, 하나님이 교사로서의 길을 걷게 한 진의는 분명하기만 하다. 하나님은 무엇보다도 일깨운 말씀의 지혜를 가르칠 교사로서의 근본 된 바탕을 마련해 주셨다. 인격성, 인간성, 진리성으로 하나님과 인간이 교감할 의사소통 루트를 트기 위해서이다. 그래서 교사다운 인격의 한 本을 세워 죄악에 찌든 인류의 도덕성을 회복시켜 천국 백성을 육성하고, 그 나라로 이끌고자 하셨다.

그러므로 길의 **"완수 상구"** 과정이 진리 일굼으로 만 인류를 하나님에게로 이끌기 위한 섭리 역정이었다면, 본 **"교직 상구"** 과정은 말씀의 지혜로 뭇 영혼을 깨우치기 위한 자격 세움 과정이다. 이를 위해 하나님이 지극한 뜻으로 말씀의 진리를 계시하셨다. 그 참 이유란? 말씀으로 무지를 깨우쳐 인류를 구원하기 위해서이다. 하나님이 역사한 이 참뜻을 거부할 수 없다. 나는 하나님의 뜻을 받들 "길의 완수자"라, 가르침의 직분은 앞으로의 인생길에서 더욱 고귀하게 승화시켜야 할 천직이다. 이를 통해 나는 인간의 본성을 규정하고 판단한 자로서 교육 현실의 참담함과 인간성의 상실 속에서도 인류를 빠짐없이 선도할 수 있다고 믿은 교육적 이상을 실현하리라. 그만큼 교직의 길은 하나님의 뜻을 구하면서 교육자로서의 정신 자세를 견지한 삶이었고, 인류를 하나님의 품 안으로 인도하기 위한 장구한 섭리 수행 역사였다. 이런 뜻을 위해 하나님은 이 자식이 상구한 것 이상으로 가르침의 자격과 권능을 넘치게 부어 주셨다. 퇴임했다고 해서 교사로서의 직분이 끝난 것이 아니었으니, 진지하게 추구한 사전 상구 과정이 있었기에 하나님이 이 자식에게 감당하기 벅찬 인류 교사 자격을 부여해 주셨다. 그러므로 나는 성장하는 청소년을 가르친 **"교직 상구"** 과정을 바탕으로, 더 나아가서는 인류를 향해 진리를 설하고 하나님의 인류 구원 뜻을 전하리라. 말씀의 命을 받들어 가르침의 역사를 펼치리라. 인류 앞에 나설 교사로서의 본분과 사명을 견지하리라.

## 3. 저술 상구

무언가 생각하는 데 있어서 범상찮음이 있다는 사실을 느끼고 그냥 놓쳐버리기에는 아깝다는 생각이 들어 기록하는 습관을 지니게 된 것이 감수성이 예민한 청소년 시절(고 3)부터 길의 추구로 진리 세계를 탐구한 동기이다. 그로부터 지금까지 진리를 일구는 삶을 견지하였고, 또 앞으로의 인생길에서도 그러하리라는 것은 "길"을 생명으로 의식화한 사실을 통해 알 수 있다. 그렇게 해서 쌓은 진리 인식을 근거로 주제화시켜 나간 것이 언급한바 세계통합론→세계본질론→세계창조론→세계유신론→세계섭리론→세계수행론→세계도덕론→세계교육론으로의 저술 역정이다. 첫 발걸음을 뗀 10대 후반부터 지금까지 길을 추구한 패턴 측면에서는 변함이 없다. 즉, 길을 통해 일군 제반 진리 인식을 주제별로 나누어 구조화시킨 것이 세계론 저술이다. 그리고 이것을 다시 단행본화한 과정은 각 주제를 세분해서 각론화한 상태이다. 이런 역정을 통해 나는 세계의 핵심 된 본질을 밝혀 선천의 진리 세계를 결실 지은 대장정에 걸친 역사였다고 자부한다. 그리고 밝힌바 "세계교육론"의 결론인 "말씀"의 집필에 즈음하여 하나님이 命하신 새로운 사명을 받들게 됨으로써 세계론 저술 과정에서도 새로운 국면을 맞이하였다. 인류를 가르침으로 구원할 대명이 부여됨에 따라 지금까지 길을 통해 이룬 저술을 어떻게 하면 강림하신 하나님의 본체를 증거하고 인류를 구원할 말씀의 교화 자산으로 전환할 것인가? 즉, 이전까지 길을 추구하고 저술한 것이 세계에 가로놓인 진리 문제를 해결하는 데 있었다면, 이후부터는 그렇게 해서 일군 진리적 자산을 어떻게 인류를 하나님에게로 인도할 가르침의 지혜로 전환할 것인가? 방황하는 인류를 말씀으로 깨우쳐 구원할 것인가 하는 데 있다. 인도, 깨침, 교화를 목적으로 가르침을 펼친다는 것은 또 다른 측면에서의 추구 과제로서 합당한 방법론을 모색해야 할 지혜가 필요하다. 이런 이유로 지금까지 거친 저술 역정을 다시 **"저술 상구"**로 전환해야 한다. 길을 통한 진리 일굼과 저술을 통한 세계의 본질 규명 전적을 인류를 정신적 고뇌로부터 구원할 가르침의 지혜 자산이 되게 해야 한다.

이 단계에서 나 자신은 물론이고 모두가 궁금한 것은 길은 정말 어떻게 해서 하나님의 속 깊은 뜻을 판단할 수 있고, 하나님의 말씀을 대언할 수 있는지다. 물론 성경에 기록된 말씀을 믿는 것도 하나님의 계시로 간주할 수 있지만, 이 연구의 경우는 하나님이 인도한 길의 추구 과정을 판단함을 통해서이다. 정말 나에게는 하나님이 인도하신 길의 추구 전적이 있기에 그 발자취를 근거로 하나님의 준엄한 주재 뜻을 판단할 수 있다. 단언컨대, 저술 상구 과정은 하나님이 계시한 말씀의 지혜를 사상적으로 성숙시키고 세계관적인 기틀을 마련해서 인류 영혼을 구원하기 위해 사전에 예비된 대 섭리 역정이다. 하나님이 뜻한 인류의 보편적 구원 목적을 구체화, 현실화, 조직화해서 "어떻게"의 문제를 풀 수 있는 방법론을 수립하였다. 인류를 하나님에게로 인도할 세계관적 기반 마련이라고 할까?[7] 나아가 "세계교육론"은 향후 하나님이 인류를 어떻게 구원할 것인가란 문제에 대해 이전의 종교적, 신앙적 방법의 한계를 절감해서 더욱 통합적으로 구원할 수 있는 방법론의 구안 체제이다. 교육을 중심으로 해서 세계의 사상, 이념, 가치, 진리, 제도, 문화, 역사 등 일체 영역을 통합하고자 한다. 이것은 "세계교육론"을 구상하는 과정에서 일군 하나님의 뜻에 대한 결과 인식이기도 하다.[8]

- 하나님, 이 자식이 길의 과정을 완수한 이 시점에서 하나님의 영광된 창조 목적을 실현할 원대한 꿈과 이상을 "세계교육론"을 펼치면 가능하리란 사실을 자각하였습니다. 오늘날의 이 시점에서 인류를 하나님에게로 인도해서 구원할 가능성이 교육론이란 형식 속에 있다는 사실을 알았습니다. 일찍이 세계론의 저술 과정에서 "세계교육론"을 저술하고자 했을 때 하나님이 행로를 전환시킨 깊은 뜻을 이 순간 깨달았나니, 교육론을 통해 하나님의 온전한 실존성과 살아 역사한 말씀을 인류 앞에 증거할 수 있을 것 같습니다. 하나님의 깊은 인류 사랑 의지와 구원의 뜻을 말씀의 가르침 형식으로 전하고자 하나이다. 하나님, 저의 이 뜻을 길러 주시옵고 담대히 나아갈 수 있게 하여 주소서! 이 소중한 자각을 하나님의 품 안에 거두어 주소서! 제가 준비한 길이 부족하다면 더 가르쳐 주소서! 길을 준비하여 아버지의 전에 나아가 구하

---

7) "세계교육론"을 통해 인류를 가르치고, 말씀을 증거하고, 구원할 구체안을 마련함.
8) "세계교육론"은 지금까지 이룬 저술 역정을 기반으로 한 교육적인 진리 체계 구축으로써, 인도와 선도와 일깨움과 가르침이란 방법으로 인류를 한 영혼도 빠짐없이 구원하고자 마련한 세계관적 바탕임.

겠나이다. 저의 영혼이 아버지를 향해 깨어 있게 하여 주시옵고, 긍휼히 여겨 주소서! 아멘(2019. 12. 28.).

- 교육에 관한 논거는 경험과 통찰과 지혜가 필요하다. 그래서 하나님은 이 자식에게 평생 교직을 상구한 길을 걷게 하셨다. 그렇게 해서 맺은 결실이 곧 "세계교육론"이다. 그렇게 섭리한 목적은 바로 교육을 통해 인류를 구원하기 위해서이다. 그런 역사 과정을 통해 창조에 관한 일체의 뜻을 밝혀 구원의 길을 마련하셨다(2021. 3. 10.).

하지만 아무리 말씀을 증거하고 인류를 구원할 진리적 자산을 갖추었다고 해도 그 뜻을 이 땅에서 직접 수행할 자 누구인가? 이런 역할 때문에 때가 되어 하나님이 길의 역정 위에 합당한 자격자로 세워 주셨다. 그러고 보면, 세계는 인류를 구원할 하나님의 위대한 말씀만 필요한 것이 아니다. 하나님의 뜻을 수행할 교육적 생애와 사명자도 필요했다. 예수그리스도의 인격적 희생이 있은 탓에 십자가의 道가 인류를 구원하는 생명의 진리(복음)가 되었듯…… 하지만 교육적 생애만큼은 예수그리스도와 달리 일회적인 本으로 끝날 수 없다. 수많은 본뜸을 목적으로 공을 들인 그야말로 첫 本을 세운 것일 뿐이다. 그리해야 인류를 빠짐없이 구원할 수 있다. 이것이 인류가 맞이한 종말의 때에 하나님이 인류를 가르칠 사명과 자격을 부여하신 이유이다. **이 시대는 만인을 교화할 위대한 사상을 일으켜야 하고, 만인을 가르칠 위대한 조건을 설정해야 하며, 만인을 구원할 위대한 인격적 본을 세워야 한다.** 이 같은 시대적 요구에 부응하는 자가 인류를 말씀으로 가르칠 자격자이다. 하나님은 이런 자격을 가진 교사(스승)를 세계 각처에서 불러 일으켜 인류 영혼을 보편적으로 구원할 위대한 가르침의 역사를 펼치시리라. 옛 선지자가 하나님의 부름을 받고 命을 받들었듯, 사도들이 복음을 전파하기 위해 일어섰듯, 오늘날은 하나님의 命을 받은 인류 교사가 세워져 말씀의 가르침을 세계적 사명으로 수행해야 한다. 창조된 목적을 실현하고, 만 인류를 빠짐없이 구원하기 위해서 대명을 자각한 교사들이 앞장서야 하리라.

# 제8장 사명 자각

　동서양을 막론하고 하늘이 부여한 특별한 사명을 자각하고 道를 얻은 자들은 그 命과 道의 정통성과 보편성을 추적해서 확증하고자 하였다. 맹자는 자신이 세운 道의 근본이 우와 주공과 공자의 道에 있다고 함으로써 성인지도(聖人之道)를 계승했다는 사실을 분명히 하였다. 그리고 "기원전 4년경 팔레스타인의 나사렛이라는 시골 마을에서 태어난(추정) 예수는 일생을 떠돌이 목수로 살다가 30세가 되어 세례 요한의 회개 운동에 참여해 세례를 받은 후, 40일간 사막에서의 神과 인류, 그리고 자신에 대한 깊은 묵상을 통해 자신만의 유일무이한 天命을 받았다."[1] 그렇다면 예수가 命 받은 그리스도로서의 사명은 어떻게 자각한 것인가? 어떻게 각성한 사명을 객관적으로 증거할 수 있는가? 맹자와 예수란 성현은 부여받은 사명과 道를 어떻게 인식하였고, 세상과 역사는 그것을 또 어떻게 인준하였는가? 지난날은 석연찮은 문제가 있었다. 그래서 오늘날 命 받은 길의 선지자적 사명만큼은 자각된 근거를 확실히 밝히고자 한다.

　굳이 말한다면, 본인이 추구한 길은 오늘날 강림하신 하나님의 뜻과 의지와 본의를 진리화시킨 "말씀의 道"라고나 할까? 그래서 그렇게 일군 道를 체계 지어 밝히는 데 길의 선지자적 사명이 있다. 문제는 이 같은 사명 인식과 규정한 본성을 어떻게 해야 확증할 수 있는가? 이런 문제를 해결

---

1)　『인간의 위대한 질문』, 배철현 저, 21세기 북스, 2015, p.13.

하고자 하는 데 지금까지 추구한 길의 과정이 있다. 본인은 길을 통해 하나님의 뜻을 일군바, 그렇게 해서 구한 진리와 가치와 사명은 시공을 초월한 생명력을 지녔다. 세상을 살아가는 사람 중에서는 남다른 가치를 추구하고 이를 위해 헌신한 자들이 있다. 그러나 본인이 일군 가치와 부여받은 사명만큼은 그 대상이 무한하며, 시공을 초월하여 영원하다. 단지, 이같은 믿음과 신념으로 추구한 길 위에 얼마나 하나님의 영이 함께할 것인가? 또한, 길의 인식과 하나님의 뜻이 일치하는지가 문제일 뿐……. 하지만 재차에 걸친 역사로 확인하였듯, 견지한 믿음은 절대 헛되지 않고, 추구한 길의 판단은 고스란히 하나님의 뜻으로 확증되었다. 오히려 더욱 넘치는 은혜로 응답되었다. 이런 일련의 결과는 무엇을 의미하는가? 그것은 하나님이 말씀을 주신 것이기 이전에 아예 처음부터 하나님의 뜻과 일치할 수 있는 선지자적 본성을 부여한 것이다. 곧, 존재 자체가 하나님의 말씀에 적합한 자라(1980년), 하나님과 교감할 수 있는 영적 본성을 타고났다. 그래서 애써 길을 통해 사명을 일군 것은 사실상 천성적으로 부여된 선지자적 본성을 각성한 것이다. 존재한 본성도 하나님이 주신 것이고, 각성한 사명 인식도 하나님이 주신 것이다.

예수가 제자들에게 묻기를, "너희는 나를 누구라 하느냐?(마, 16: 15)" 예수는 자신의 타고난 神적 본질을 이미 인식하고 있었다는 사실을 알린 질문이다. 그래서 예수의 전 생애는 그대로 아버지를 증거하는 생애였다. 즉 "내 아버지께서 모든 것을 내게 주셨으니, 아버지 외에는 아들을 아는 자가 없고, 아들과 또 아들의 소원대로 계시를 받은 자 외에는 아버지를 아는 자가 없느니라(마, 11: 27)." "내게는 요한의 증거보다 더 큰 증거가 있으니, 아버지께서 내게 주사 이루게 하시는 역사, 곧 나의 하는 그 역사(役事)가 아버지께서 나를 보내신 것을 나를 위하여 증거하는 것이요, 또한 나를 보내신 아버지께서 친히 나를 위하여 증거하셨느니라(요, 5: 36~37)." 이것이 무슨 말인가? 예수가 하나님의 아들인 본질은 하나님이 부여한 타고난 神적 본질인 탓에, 예수의 생애를 통해 이룬 모든 역사는 그대로 아들을 위해 역사한 아버지를 증거한다.

길의 선지자적 본성 자각도 동일한 조건이다. 하나님이 부여한 하나님 자체의 神적 본질인 탓에, 그렇게 부여한(타고난) 본질을 일구면 일굴수록, 자각하면 자각할수록, 하나님 자체의 神적 본질인 섭리 의지를 드러낸다. 사도 바울이 말하길, 하나님께서는 내가 나기 전에 이미 은총으로 나를 택해서 불러주셨고, 당신의 아들을 이방인들에게 널리 알리게 하시려고 기꺼이 그 아들을 나에게 나타내 주셨습니다(갈, 1: 15~16).[2] 이것은 사도 바울이 하나님의 뜻을 자의적으로 판단해서 내린 사명 인식이 아니다. 고백한 대로, 자신이 태어나기 전부터 하나님이 은총으로 택하셨기 때문에 때가 되어 부름을 입은 이상, 이후로는 그가 어떻게 사명을 각성하든 하나님의 구속 의지 안에 있는 탓에, 그가 행하고 말하는 모든 것이 하나님의 뜻 안에 속해 있다. 곧, 바울이 인식한 사명 의식은 그대로 하나님이 命한 역사 의지 자체이다. 그처럼 본인 역시 하나님이 부여한 선지자적 본성을 길의 추구 과정에서 끊임없이 일구면서 독백하였다.

- 길 가는 자의 절대 혼은 만인 앞에 드러날 나의 최고의 인생 자세이다(1981년).
- 나는 때가 올 때까지 神意를 술한 행동적 과업으로 드러내어야

---

2) 『도올의 로마서 강해』, 김용옥 저, 통나무, 2017, p.297.

한다(1982년).

- 세상은 아직 길의 정체를 모르고 있지만, 나는 길을 통해 인류 앞에 밝혀야 할 준엄한 메시지가 있다. 나는 보다 높은 하나님의 뜻을 깨우친 자로서 잠자는 인류의 영혼을 일깨워야 할 사명이 있다(2010년).

내가 길을 추구한 도정 속에서는 자신을 향해 말한 독백에 불과하지만, 본성을 깨달은 지금은 누구라도 그렇게 독백한 사명 인식이 무엇을 예지한 것인지 판단할 수 있고, 믿음이 이룬 결실체란 사실을 확인할 수 있다.

그리하여 길을 추구한 과정 안에서는 일군 신념을 믿음으로 견지하는 것 이외는 달리 확인할 방법이 없었지만, 단계적인 추구 과제를 완수함에 따라 사명에 관한 인식의 폭도 심화, 확대되었다.

- 나는 길을 완수한 자로서 인류를 하나님께로 인도하고, 하나님을 알게 하고, 하나님을 뵐 수 있게 할 선지자적 사명을 수행해야 한다(2020년).
- 내가 선현들의 지혜를 살피고 해석하는 것은 마치 하나님이 깊이 숨겨 둔 창조의 비밀 코드들을 찾아내는 것과 같다. 그것을 오늘 날 풀 수 있는 안목을 틈으로써 천만년 베일에 가린 창조 비밀을 밝혀야 하리라.
- 내가 길의 사명을 수행함에 있어서는 수많은 진리적 과제가 가로 놓여 있다. 이 숲을 슬기롭게 헤쳐나가서 위대한 하나님의 계시 지혜를 밝혀내리라.
- 내가 교직에 있을 때는 가로놓인 많은 교육적 과제가 있었다. 하지만 퇴직하고 난 지금은 눈만 뜨면 해결해야 할 수많은 진리적 과제가 산적해 있다. 그것도 선천 세월이 다하도록 세계의 지성

들이 해결하지 못한 우주론적 과제들이……

- 나는 지금까지 이룬 길의 지혜를 바탕으로 지상에서 천상으로, 인간과 세상의 장애를 극복하고 인류가 하나님께로 도달할 수 있는 길을 터야 한다. 땅끝으로부터 하늘 끝까지 하나님의 길을 가리키리라(2021년).
- 이전의 제약된 조건을 불식하고 세상의 이치, 법칙, 원리를 통해 하나님께 이르는 길을 터야 한다.
- 나는 하나님이 부여한 계시 뜻으로 제 사상과 진리와 역사를 준엄하게 판단하는 것이 사명을 수행하는 것이다.
- 바울이 부활한 예수그리스도를 신앙하고, 증거하고, 선교하고, 역사적 의미를 정립하고자 한 사명자였다면, 길은 오늘날 이 땅에 강림하신 보혜사 하나님을 신앙하고, 증거하고, 역사한 사실을 선포할 사명을 지녔다.

그러나 아무리 선지자적 본성을 타고났고, 또 그런 사실을 인식했더라도, 제반 사실을 정립해서 증거하고자 하는 노력이 없다면 아무런 소용이 없다. 그래서 끊임없이 본성을 가다듬어 부여된 사명 과제를 수행하기 위해 노력하였다.

- 인생은 일회성이라 어차피 흐르는 세월은 막을 수 없지만, 하루하루 보내는 시간과 대하는 세월 중에서도 세계와 인류를 생각하면서 사색하고, 진리를 일구면서 글을 쓰는 이 순간은 나의 삶을 가장 가치 있게 창조하는 순간이고, 영원성을 향한 위대한 발걸음이다. 이런 삶과 시간을 위해서라면 나는 기꺼이 후반기 인생의 모든 것을 바칠 수 있다(2020년).
- 먹고사는 문제는 누구도 부인할 수 없는 삶의 근본적인 과제이

다. 하지만 나는 이런 현실적 조건을 넘어서 보다 심원한 문제들을 생각할 수 있는 시간과 여유를 가져야 하고, 사회와 민족을 넘어선 대 인류적인 문제들에 대해서도 걱정할 수 있어야 한다. 그것이 하나님이 이 자식에게 부여한 존재 이유이고 사명이다.

살필진대, 돈을 벌기 위해 생활 전선에서 땀 흘리는 사람들, 권력을 쥐고 나라를 위한다고 정치하는 사람들, 그렇게 노력해서 그들은 세상을 얼마나 변화시켰고, 또 공헌하였는가? 열심히 돈을 벌어 성공한 재벌가들, 그리고 권력을 가진 그들이 남긴 후일담은? 내로라한 재산가와 권력을 가진 자들이 자신의 미래에 대해서는 어떻게 장담하고 있는가? 그것을 알고 내다볼 수 있어야 비로소 자신이 걸은 삶의 길에 대해 현재 가진 재력과 권력으로 인한 후회를 낳지 않는다. 나는 비록 그 같은 조건을 가진 것이 없어서 걱정할 필요까지는 없겠지만, 아침에 눈 뜨고 일어나면 기다리고 있는 소중한 진리적 과제들이 있다. 유사 이래 지성들이 숙고해서 해결하고자 했던 바로 그런 정신적 과제들이다. 그만큼 직면한 이 순간과 대하는 이 시간만큼 세상의 인식을 변화시키고 새롭게 창조하는 성업은 다시 없다. 그래서 나는 이 길을 가야 하며, 이 사명을 위해 홀로 독려하면서 길을 추구하리라.

# 제9장 **사명 권능**

## 1. 대언 권능

  본인이 길을 통해 수행해야 할 사명 역할은 다양할 수 있지만, "말씀"을 대언하는 것은 가장 우선된 권능이다. 이것은 길 위에만 주어진 특별한 권능이 아니다. 구약 시대의 선지자 전통 안에서는 보편화된 역사이다. 단지 어떻게 말씀을 대언하는 역할이 가능한 것인지를 밝히지 못한 것이 문제로 남아 있을 따름이다. 이것을 이 연구가 하나님으로부터 부여받은 말씀의 대행 권능 역사를 통하여 선지자가 행한 권능 작용의 본질을 밝히고자 한다.

  언급한 대로 본인은 말씀을 대언함으로써 인류를 하나님에게로 인도하고 가르칠 선지자적 권능을 부여받았다. 길을 준비한 이 자식에게 하나님이 이 같은 권능을 이행시키지 않을 수 없는 이유는, 보혜사 하나님이 진리의 성령으로서 행한 역사의 일환으로서 인류를 구원하기 위해 오신 강림 목적 탓이다. 본인이 이룬 것이 아니고, 하나님이 이룬 성업 역사인 탓에 이행된 권능인데, 하나님과 길과의 관계에 있어서 세워 주신 분의 입(손)을 빌린 것이기 때문에 **"대언 권능"**이라고 한다. 동양에서도 이런 경우를 찾아볼 수 있으니, 하늘은 사람의 마음을 통해 하늘의 뜻을 드러낸다고 믿은 것이 그것이다. 하늘의 뜻이 바로 天命이라, 하늘은 입이 없는 탓에 사람의 입을 통해 표현된다는 것이다. 다시 말해, 하나님은 세상의 조건을 가진 형상과 실체가 없는 탓에 품은 뜻과 의지를 대신 전달할 지상의 대언자를 세웠다. 그런 권한 수행자가 역사상으로 흔하지 않으므로 특별한 권능인 것처럼 보이지만, 본질적인 작용 면에서는 큰 차이가 없다. 무슨 말인가 하면, 성현들이 이구동성으로 사람은 누구나 다 성불할 수 있는 불성을 겸비했고, 배우면 누구나 다 성인이 될 수 있다고 말한 것처럼, 대언 권능은 그처럼 누구나 다 부여받을 수 있다. "만물 중에서 天心을 부여받은 인간은 자연 질서의 일부에 그치는 것이 아니다. 이를 化育게 하는 天의 동역자 또는 협찬자이기도 하다."[1]

밝힌바 인간은 하나님의 몸 된 본체로부터 창조되었다. 그래서 인류는 너나 할 것 없이 하나님 뜻의 화육자로서 언제 어디서라도 하나님의 뜻과 의지를 대신해서 수행, 완수할 수 있는 바탕 본질과 조건을 지녔다. 단지, 사실성에 대한 믿음과 각성 여부에 따라 수행할 수 있는 가능성에 대해 차이가 있을 따름이다. 그 여부는 지난날 길이 이룬 추구 전적을 통해 확인할 수 있다.

- 하나님은 나에게 모든 기적을 행하셨다(1980년).
- 主의 종이 기도하니, 그 기도 속에는 일찍이 바라 마지않은 모든 길의 성취와 완성과 구도의 궁극이 충족되어 있었다(1983년).
- 하나님이 길을 인도한 것은 하나님의 권능을 부여하기 위해서였으며, 하나님 자체의 뜻을 이루기 위해서 길을 인도하셨다(1984년).

즉, 하나님은 권능을 부여하고자 해도 권능을 받들 선지자적 본성 그릇

---

1) 『인간의 본질』, 신오현 저, 형설출판사, 1989, p.65.

이 작으면 넘쳐서 소실되고 만다. 하나님의 창조, 주재, 심판, 구원 권능은 실로 무한하나니, 그런 절대 권능을 이 연구가 대신해서 수행할 수 있게 하려고 하나님이 한량없는 은혜로 선지자적 본성 그릇과 믿음의 그릇을 빚어놓으셨다. 그리하여 때가 된 오늘날 나는 하나님께 나아가 간구하였고, 하나님은 흔쾌히 길 위에 권능을 이행시켜 부여하셨다. 왜? 갑자기 맡긴 것이 아니고 숱한 세월에 걸쳐 권한을 대행시킬 것을 염두에 두고 길을 인도해서 준비시켰다. 그리고 때가 되어 완료하였다고 고하므로 하나님께서도 확인해 보고 곧바로 권능을 인가하였으며, 그것도 전격적으로 권한을 남김없이 이행시켜 주셨다.

이 같은 일련의 역사 결과 탓에 길을 추구하는 데도 새로운 사명 차원에 섰다. 하나님은 정말 무엇을 보고 무엇을 믿고 무엇에 근거해서 길 위에 말씀으로 인류를 가르치고 구원할 대행 권능(인류 교사 자격)을 부여한 것인가? 궁사는 과녁을 보면서 활시위를 당긴다. 목표를 끝까지 주시해서 활을 쏜다. 마찬가지로 인류를 하나님에게로 인도하고 하나님이 계신 하늘 문을 열 수 있게 하기 위해서는 그렇게 이끌 역할자가 먼저 하나님의 살아계신 뜻과 실존 상황을 실인해야 하는데, 그 같은 선험 조건을 지금까지 추구한 길의 역정을 통해 온몸으로 실감하였다. 그리해야 인류가 나아가야 할 역사의 방향을 지침으로 앞장서 안내할 수 있다. 이것이 바로 하나님이 연단하여 세운 길의 선지자적 사명 본질이며, 하나님이 믿고 맡길 그릇을 확실하게 준비해서 이행시킨 길의 **"대언 권능"**이다. 그리고 이것은 정말 길 위에만 부여된 특별한 권능이 아니다. 단언컨대, 성경에 기록된 말씀 역시 성령의 임재로 수놓아진 대언 역사의 결과체이다. 그러므로 길을 통해 이행된 대행 권능의 작용 본질을 간파하면, 성경 가운데 등장하는 선지자와 사도들이 어떻게 해서 하나님의 뜻을 받들어 대언할 수 있었는지에 대한 진의를 동일한 작용 원리로 이해하게 되리라.


## 2. 스승 권능

플라톤이 이상 국가론에서 말한 "동굴의 비유"는 시대를 초월해 시사하는 바가 크다. 그에게 가르침을 준 스승 소크라테스가 아테네 청년들을 타락시킨다는 얼토당토않은 죄명 탓에 독배를 마신 모습을 지켜보면서 불의에 굴하지 않는 의연한 스승의 모습을 상기한 것이리라. 이처럼 서양 역사에서는 인류의 성인으로 추앙된 한 분 스승이 몸 바쳐 보인 위대한 가르침이 있었기에 오늘날 세계 질서를 주도하는 서양 문명의 기틀을 이루었다. 스승이 무슨 권능까지 가진 것이냐고 반문할지 모르지만, 한 분 스승의 위대한 인격적 가르침과 신념이 세대를 초월해 인류의 나아갈 삶의 가치와 역사 방향의 지침을 마련했다. 인류를 가르치는 스승의 등단이 필요했다는 것은 인류의 영원한 스승이자 교사인 소크라테스가 역사적으로 실증하였다. 이런 요청과 역할은 동양 사회라고 해서 다를 바 없다. 신유학의 집대성자인 주자는 『대학 장구』 서문에서 말하였다.

> "하늘이 백성을 내시면서부터 이미 仁·義·禮·智의 性을 부여하지 않음이 없었다. 그러나 그 기질을 받은 것이 혹 같지 못하였으니, 이 때문에 모두 그 性이 있음을 알아서 그것을 온전히 하지 못하였다. 한 사람이라도 총명·예지하여 性을 다할 수 있는 자가 그 사이에서 나오면, 하늘이 반드시 그에게 억조 만백성의 군주와 스

승으로 삼을 것을 命하여, 그들(군주와 스승)에게 다스리고 가르쳐서 백성들의 性을 회복하게 하였다."[2]

주자의 인식과 세상의 요청도 그러하지만, 사실은 하늘이 원한 요청 탓에 한 인간의 총명·예지·性을 다할 수 있는 자, 곧 사명을 자각하여 뜻을 받들 수 있는 자가 나타나면 하늘이 그에게 억조 백성의 군주와 스승으로 삼을 것을 命하여 하늘이 원한 바대로 다스리고 가르쳐서 백성들의 性을 회복하게 하였다고 밝혔다. 이것은 플라톤이 말한 동굴에서 탈출해서 밝은 세상의 빛을 본 자가 다시 어둠 속에 갇힌 동료 죄수를 구하러 간 이야기와도 비슷하다. 하늘은 인간에게 仁·義·禮·智 등 하늘의 天性을 아낌없이 부여하였는데, 대다수 인류가 알아채지 못한 무지 상태에 있으므로, 이것을 깨우치기 위해 교육적인 방법, 곧 다스리고 가르칠 사람을 선지하고 세운 스승으로 삼아, 그에게 사명과 권한을 주어 하늘이 내린 본래의 天性을 되찾도록 하였다.

이런 사례는 시대와 장소를 달리하여 하나님이 오늘의 이 길 위에 부여한 인류 교사 자격 목적과도 같다. 선천 세월이 다하도록 백성들이 자신을 지은 창조 뜻과 본의를 모르고, 하나님이 존재한 사실을 극구 부정하므로, 이 땅에서 뜻을 일깨워 받든 길의 본성을 앞세워 인류 영혼을 깨우쳐 하나님께로 안내할 것을 命한 것이다. 하나님의 말씀을 대신하는 가르침이므로, 그것은 분명 권능인 것이 맞고, 그 대상도 전체 인류라 인류 교사이고, 가르침을 받을 제자들에 의해 스승으로 지칭된다. 하나님이 말씀으로 이 자식을 일깨우셨듯, 그렇게 가르침을 받든 본인은 이제 말씀으로 인류를

---

2) 『유교는 종교인가(2)』, 앞의 책, p.434.

구원할 스승다운 지혜와 인격을, 그리고 실질적인 진리적, 원리적, 세계관적 시스템을 갖추어야 한다. 말만으로 인류 앞에서 가르침을 펼칠 수는 없다. 스승다운 인격과 함께 합당한 교육 목적, 원리, 제도, 시스템, 체계화된 교과 목록과 내용까지 두루 겸비해야 한다.

플라톤이 제기한 이상적인 국가를 건설하기 위한 접근 방법 역시 크게 두 가지라고 할 수 있다. 하나는 철인 통치자(왕)에 의한 국가 통치 역할이고, 나머지는 교육이다. "플라톤이 국가론에서 논의한 거의 유일한 제도가 교육 제도이다. 그것도 교육 제도보다는 교육의 내용, 즉 교육 과정에 치중한 것이다. 그리고 교육 과정도 거의 통치자 집단을 위한 것이다. 그가 그린 이상 국가는 교육 개혁, 교육 과정의 개혁, 통치자 집단을 위한 교육 과정의 개혁을 통해 실현하고자 한 이상국이다. 그는 철학적 지성과 정치적 통치력의 결합만이 이상 국가를 실현할 수 있다고 믿었다."[3]

> "우리들의 국가에서 철인들이 군주가 되거나, 우리가 군주나 지도자라고 부르는 자들이 철학을 진지하고 적절하게 탐구하며, 그리하여 이 둘, 즉 정치적 능력과 철학 또는 인식의 사랑이 합쳐지는 한편으로 현재로서는 각자 서로 다른 방향으로 제 갈 길을 찾아가는 다양한 본성들이 그러지 못하게끔 강제로라도 저지되지 않는 한, 글라우콘이여, 우리의 나라에나 또는 인류에게나 악과 불행이 그치지 않을 것일세(『국가』, 473d)."

단지, 그 대상을 통치자 집단에 한정한 것은 선천 지성으로서의 한계라고 할 수 있지만, 플라톤이 철인이 군주가 되거나, 군주나 지도자라고 부

---

3) 『윤리 질서의 융합』, 앞의 책, p.138.

르는 자들이 철학을 진지하고 적절하게 탐구할 것을 요구한 것은, 그들에게 곧 백성을 가르칠 진리와 지혜를 갖춘 교사적 자격을 요청한 것이다. 철인이 군주가 되어야 한다고 내세운 것은 교사 또는 스승이 군주 못지않은 그 이상의 폭넓은 권한을 가져야 한다는 뜻이기도 하다. 그 영역이 어디까지인가? 군주만으로서도 부족한 지상 최대의 존엄한 인격체로서이다. 그런데도 탁월한 국가론이 역사적으로 채택되고 적용된 전례가 없는 것은 무슨 이유인가? "플라톤적 국가는 현대의 정치, 경제, 군사 지향적 국가와는 사뭇 다르게 인간 영혼의 관리를 지향한 데 있다."[4] 그 같은 관점에서 본다면, 플라톤의 국가관은 지극히 의아한 것이고, 돈키호테적 발상이다. 이해할 수 없는 탓에 아직도 손을 놓고 있다. 누가 잘못한 것이고, 무엇이 문제인가? 역사의 참 방향을 인지하지 못한 인류의 무지에 원인이 있다. 이런 상태를 누가 벗어날 수 있게 하고, 나서서 크게 깨우칠 것인가? 인류를 가르칠 자격을 가진 스승에 의해서이다. 그리해야 정치적 능력 배양에만 치중한 세속 통치 지배에서 벗어나 본성 교화를 겸비한 이상 국가를 건설할 수 있다. 그 가능성은 꿈에서도 깨닫지 못한, 이 땅에서 건설해야 할 하나님의 나라가 무엇인가를 알면 플라톤이 외롭게 외친 이상 국가론의 진의와 조건을 이해할 수 있다.

하나님은 과연 이 땅에 어떤 나라를 건설하길 원하셨는가? 그것도 창조 이래로 품은 깊은 뜻이기도 한데, 그 나라의 형태와 건설 목적을 누가 깨달아서 일깨우고 가르칠 수 있는가? 하나님의 뜻을 대언할 스승의 권능을 부여받은 자이다. 세속 나라를 정치적으로 원활하게 통치한다고 해서 하나님의 나라가 세워지는 것은 아니다. 주된 요인은 인류의 본성을 원활하

---

4)  위의 책, p.138.

게 지도, 통제, 교화, 안내해서 천국 백성화해야 그 나라가 이상적인 나라가 된다. 그래서 플라톤도 제도적인 완성과 함께 인류의 본성 완성을 이상 국가 건설 조건으로 내세웠다. 이 모든 조건을 충족시킬 자격자로서 하나님이 길의 선지자적 본성을 **"스승 권능"** 부여의 적합자로서 지목한 것이나니, 이런 뜻을 받들기 위해 본인은 60이 넘는 성상 세월을 길을 위해 바쳤다. 진리 탐구와 하나님의 뜻을 구하기 위해 만행(萬行)을 거친 나는 길의 단계적인 완수 성업을 통해 분파된 진리 세계를 통합한 관점을 확보하였고(세계통합론), 통합한 관점으로 세계의 핵심 된 본질을 밝혔으며(세계본질론), 본질은 창조 문제를(세계창조론), 창조는 神의 문제를(세계유신론), 神은 인류 역사를 주재한 섭리 문제를(세계섭리론), 섭리는 수행 원리로 진리를 구하는 방법론의 문제를 해결한 결과(세계수행론), 수행 원리는 다시 도덕, 가치, 본성, 우주적인 문제까지 논거할 수 있게 하였다(세계도덕론). 이것이 오늘날 세계와 창조와 역사와 神과 우주의 문제까지 풀어 헤쳐 뭇 인생의 방향과 궁극적 가치를 지침으로 삼을 수 있게 된, 만 인류를 제자로 둘 수 있는 스승다운 지혜 갖춤이다.[5] 하나님은 모든 자의 중심을 보는 분이라, 근거 없고 근본이 없는 자를 命해서 인류 앞에 세우실 리 만무하다.

하지만 거듭 강조해, 길을 통한 권능 역사는 결코 이 길 위에만 국한되고, 본인에게만 주어진 일회성 역사일 수 없다. 본래 목적은 오로지 모든 인류를 일깨우기 위해서이고, 사랑하는 자녀 백성을 빠짐없이 구원하기 위해서이다. 그 첫 지상의 교두보를 길의 인도 역사를 통해 확보시킨 것

---

5) 모든 진리에 그 의미를 일깨우기 위해서는 진정한 스승이 있어야 한다. 정성과 각성만으로서는 참 진리에 이를 수 없다. 하나님의 말씀은 이를 대언할 연단 된 사명자의 인격을 통해 드러남 (1982년).

뿐이다. 그동안 추구한 길은 홀로 외로운 길이었지만, 이제는 그렇게 해서 일군 일체를 "세계교육론"을 통해 객관화, 보편화시킬 길을 열었다. 길이 이룬 행적과 쌓은 경험과 일군 지혜는 하나라도 잊히거나 사라진 것이 없다. 고스란히 기록되었고, 저술화되었다. 그렇게 해서 이룬 체계 구성의 결정체가 "세계교육론"인바, 이를 통해 이 연구는 하나님께서 지침을 둔 인류의 보편적인 구원 목적을 달성하기 위해 만인의 성인화와 만인의 스승화를 표명하였고, 인류를 가르칠 제반 교육 시스템을 "세계교육론" 저술을 통해 함께 마련하였다. 밝힌바 하나님이 사랑한 자녀 백성을 한 영혼도 놓침 없이 하나님께로 인도할 현실적 방안은 인류가 지은 죄악 본성을 근본적으로 회복시킬 수 있는 만백성의 성인화를 통해서이며, 만백성의 성인화란 바로 만백성의 스승화를 통해 달성된다. 그래서 하나님이 이 길 위에 인류 교사 자격과 인류를 제자로 둘 스승의 권능을 부여한 진짜 이유는 길 하나로 일일이 인류를 직접 가르치고 일깨우라는 뜻이 아니다. 인류를 가르칠 수 있는 스승 육성 시스템을 구축해서 만백성의 구원 목적을 달성하고자 함이다. 한 톨의 씨앗은 땅에 뿌려야 열매를 맺고, 그 열매가 다시 수많은 씨를 뿌려 세상으로 퍼져 나가듯, 스승의 권능 부여 역사 또한 그러하다. 길이 이룬 일체의 경험과 쌓은 지혜를 정형화해서 인류를 가르칠 스승의 대량 육성 체제를 구축해야 한다. 이 연구는 이 같은 묵시 뜻을 구체화하기 위해 인류를 말씀으로 교화할 스승 권능 이양 시스템과 진리 체제와 제도 구축, 무엇을 어떻게 가르칠 것인가에 관한 교과과정 구성, 텍스트 목록 등을 앞선 교육론 저술에서 제시하였다.

이렇듯 "세계교육론"은 인류 영혼을 가르침으로 구원하고 하나님께로 인도할 전격적인 스승 육성 체제 구축 과정이나니, 거기에 스승다운 인격의 本까지 더함으로써 소프트웨어(본성, 가치, 신념 등)와 하드웨어(시스템, 제도, 교과서 등)적인 조건을 완비하고자 한다. 거듭 강조해, "세계교육론"의 세계관적 본질과 구성 체제는 하나님의 命을 받들어 인류를 차별 없이 한 영혼도 놓치지 않고 하나님에게로 인도하고, 하늘 문으로 안내할 사명 수행의 주체자인 인류 교사 양성과 스승 권능 인준 체제이고, 구원 권능 이양 시스템이다. 돌이켜 보면, 예수의 열두 제자와 사도 바울, 부처님의 제자, 공자님의 제자들처럼 인류 문명은 본래 스승과 제자 간에 구축된 天命과 진리 전승 시스템을 통해 창달되었고, 그것이 기틀을 이루어 오늘날까지 계승되었다. 인류를 가르칠 교사 육성 체제와 스승을 통한 인류 구원 권능 이양 시스템 구축은 결코 새삼스러운 주장이 아니다. 알고 보면, 때와 장소를 가리지 않고 누구에 의해서건 가르침의 상황 설정과 행위는 요구될 수 있다. 부모와 자식 간에, 경험자와 비경험자 간에, 선배와 후배 간에…… 단지, 필수적으로 요청되는 조건은 합당한 격식적 틀과 가르침의 입장에 선 자가 지녀야 할 자격성 여부이다. 여기에 대해 오직 한 가지, 이 연구가 지침을 둔 인류 영혼을 가르침으로 구원하고자 한 스승 권능 이양 본의만 받들 수 있다면, 그들이 처한 삶의 조건과 가진 직업이 무엇이든 상관없이 인류를 가르칠 수 있는 스승 육성 시스템과 권능 이양 체제 안으로 진입할 수 있다. 그것은 참으로 하나님이 원하는 바의 뜻이라, 예외 없이 하나님의 天命을 받들어 걸림 없는 스승의 자격 본성과 가르침의 역량을 갖추기 위해 매진해야 한다. 직업적 소명과 함께 본성적으로도 인류를 구원할 스승으로서의 소명을 마다하지 않아야 한다. 그리해야 너와 나 할 것이 없이 만백성을 하나님께로 인도하는 보편적인 구원 역사의 가도 대열에 설 수 있게 되리라.

# 제10장 사명 수행

## 1. 대언 역사 수행

 길이 예로부터 전승된 선지자의 세움 전통 관례를 따랐다는 사실은 나의 생애 첫 저작물인『길을 위하여 1』과[1]『세계통합론』제2편 섭리론에 이미 밝혔다.[2] 세움 약속과 부르심의 역사를 거쳐 길의 본질적 사명인 "나의 네게 이른 모든 말을 그것에 기록하라(렘, 36: 2)"란 말씀을 접하고, 전광석화와도 같은 길[道]을 얻었다. 본인이 먼저 이루길 소망했고, 평소에 간구한 뜻이기도 했으니, 사실상 길을 통해 일군 뜻을 제3의 의지체인 하나님의 말씀으로 확인받은 의식의 대전환 역사이다. 이런 역사를 기반으로 오늘날 다시 가르침의 사명을 부여받은 역사를 밝힘에서는 선지-상구-자각-권능-수행이란 일련의 논거 과정을 거쳐야 한다.

 그렇다면 본인은 일련의 과정을 통해 부여받은 하나님의 약속과 준엄한 권능을 바탕으로 세상을 향해 무엇을 알리고 어떻게 행할 것인가? 대언, 인도, 가르침이란 **"사명 수행"**이 있는바, 그중에서도 대언 권능을 부여받은 절차와 대언 권능을 수행하는 절차에서는 차이가 있다. 부여받은 권능을 실행에 옮기는 절차이기 때문에, 거기에는 이미 대언한 역사와 장차 이

---

1)  『길을 위하여 1』, 졸저, 아가페, 1985년 9월 1일 발행.

2)  『세계통합론』, 졸저, 다짐, 1995년 1월 5일 발행.

룰 대언 역사의 과제가 함께 작용한다. 이 연구는 일찍이 대언 역사의 일환으로서 인류 역사의 종말 맞이 도래 선언과[3] 성령의 시대 개막 선언과[4] 하나님이 이 땅에 강림하신 역사 사실을 선언한 바 있다.[5] 이 3대 선언은 하나님의 뜻을 받든 상구 과정과 부여받은 사명이 없었다면 단행될 수 없는 선지자로서의 준엄한 본분 수행이다. 이 같은 전적을 바탕으로 오늘날은 더욱 확대된 사명으로 길의 추구 후반을 지배할 새로운 대언 역사 수행 과제에 직면하였다.

기독교인의 믿음에 의하면, 하나님의 말씀은 이미 성경에 기록되어 있고, 인류의 미래에 대해서 모두 예언되어 있는 바인데, 무슨 말씀을 더 할 새로운 대언 역사가 필요하다는 것인가? 그 당위성에 관해 이 연구는 관망하는 입장과 직접 대면한 입장을 통해 설명할 수 있다. 예언자의 역사는 전자의 조건에 속하고, 길의 **"대언 사명 수행"**은 후자의 조건에 속한다. 천지 세상이 종말을 맞이하고, 새로운 시대가 개막되며, 하나님이 직접 강림하신 숨 막힌 우주 질서의 대전환기를 맞이한 이때 어찌 살아계신 하나님께서 인류를 향해 전할 새로운 메시지가 없겠는가? 그것도 하나님이 태초에 뜻한 창조 목적과 크게 어긋나 위기에 처한 상황이라, 세계의 극한 대립상과 타락상이 더 이상 방치될 수 없는 지상 천국 건설의 마지노선까지 이르고 말았다. 고만고만한 역사 과정에서는 하나님도 적극적으로 관여하지 않았지만, 사태가 심각해진 오늘날은 마냥 지켜보고 계실 수 없다. 도래한 종말 상황에서는 이전과 달리 긴급하게 대처하지 않을 수 없다. 이

---

3) 『세계의 종말 선언』, 졸저, 2010년 3월 31일 발행.

4) 『성령의 시대 개막』, 졸저, 2011년 9월 9일 발행.

5) 『지상 강림 역사』, 졸저, 2014년 2월 5일 발행.

연구의 저술 관점은 처음부터 끝까지 분명하거니와, 천지는 종말이 임박한 것이 아니라 이미 종말을 맞이한 상태이다. 그래서 이 연구도 대책을 세워 인류의 보편적인 구원 역사 명제를 적극 앞세웠다. 그런데도 지금 직분을 수행하고 있는 교역자 중 어느 누가 하나님이 이 땅에 강림하신 사실을 알고, 세상을 향해 공식적으로 소식을 전할 수 있는가? 그러니까 그동안 역사한 모든 사실을 알릴 길의 **"대언 역사 수행"**이 불가피하게 되었다. 그렇게 해서 드러난 지상 강림 본체가 바로 "보혜사 진리의 성령"이다. 이 하나님이 길의 역사를 통해 거의 전능에 가까운 지혜를 계시하므로, 이것을 하나님의 새 메시지로서 전하고자 한다.

하나님의 말씀을 받들고 도래한 때를 선포하기 위해 본인은 합당한 자격과 본성을 부여받은 선지자로서 예비되고 세워졌다.[6] 왜 이 시점에서 나 자신조차 꺼려지는 사명 본질을 애써 밝혀서 증거해야만 하는가? 분명한 이유는 주어진 사명 본질을 설명하는 것만으로서는 대언 수행의 정당성을 확보할 수 없기 때문이다. 어떤 경우든 말씀을 대언함에 있어서는 무엇보다도 하나님의 준엄한 권위가 뒷받침되어야 한다. 그리해야 대언한 말씀이 권능을 발휘하여 사명을 수행할 수 있다. 하나님과의 관계성과 주어진 권능의 출처를 확실하게 밝혀야 만인 앞에서 거리낌 없이 실행할 수 있다. 하나님께서 이르신 말씀에 추호도 아낌이 있었다면 나는 의문을 가질 구석이 있겠지만, 길 위에 천지를 창조한 본의 뜻을 남김없이 계시한 탓에 천지간에 가장 근원 된 진리의 말씀을 인류 앞에 전할 수 있게 되었다.

---

6) 정당 제도를 가진 민주 국가에서는 그 정당을 정책과 사안에 대한 의견을 대표해서 밝히는 대변인이 있듯, 모든 때가 당도한 오늘날은 하나님이 알리고자 하는 뜻을 인류 앞에서 실시간으로 선포할 공식적인 대언 창구가 필요했음.

이 연구는 그동안 쌓아 올린 길의 역사가 있는 탓에 담대히 증거할 수 있지만, 문제는 길을 통해 선언한 메시지를 접하는 인류의 믿음에 있다. 구약 시대에 하나님은 사무엘의 입을 통해 사울이 회개할 기회를 주었지만, 사울은 하나님의 말씀을 하나님의 말씀으로 듣지 않고 사무엘이 한 개인적인 말로 들은 탓에 처참한 파국을 맞이하였다(삼상, 15: 17~23). 반면에 성 아우구스티누스는 삶의 긴 방황으로 번민하고 있을 때, 거리에서 아이들이 "펴 보아라 펴 보아라"라고 부르는 노랫소리가 마치 하나님의 말씀처럼 들려 성경을 펼친 결과 "빛의 갑옷을 입으라(롬, 13: 11)"라는 구절을 접하고 크게 회개해 위대한 삶으로서 거듭난 업적을 남겼다.

그래서 시대를 불문하고 믿는 것이 신앙의 역사에서 큰 변화를 일으키지만, 또한 어떻게 해서 말씀이 하나님의 실존 상황과 의지와 뜻을 증거할 수 있었는가 하는 문제도 이 시기에 확실하게 밝힐 필요가 있다. 대언한 메시지는 결코 본인이 주관적으로 판단한 뜻이 아니다. 인류의 지성들이 추구하고 궁구했지만, 미처 깨닫지 못한 정신적 과제를 오늘날 강림하신 하나님이 보혜사 진리의 성령으로서 밝힌 것이다. 그래서 인간적인 생각과는 차원이 다른 것이 **"대언 역사 수행"**의 본질이다. 하나님의 뜻을 전하는 역할은 예사로운 일이 아니다. 그만큼 이 연구는 지금까지 갈고 닦은 저술 역량을 모두 쏟아 광범한 분야에 걸쳐 말씀 자체의 권능성을 증언하고자 한다. 바울은 당신의 아들을 이방인들에게 널리 알리게 하려고 부활한 예수가 자신 앞에 모습을 나타내 준 것이다(갈, 1: 15~16)라고 이해했듯, 바울은 이전에도 반복해서 경험한 바에 따라 하나님이 이루고자 한 성령 역사의 패턴을 사전에 간파하고, 하나님이 직접 말씀하지 않아도 의도한 뜻을 꿰뚫었다. 이성적인 판단과 따짐 절차가 불필요했다. 이심전심(以

心傳心)이자 직지인심(直指人心) 경지이다. 결코 자의적인 해석이 아니다. 예수가 성육신한 것은 하나님의 뜻을 대신했다. 하나님이 존재함과 달리 현상화되었고, 역사되었고, 묘사되었지만, "그것이 곧 그것"인 불이(不二) 차원이다. 이 같은 정신 작용의 초월적 직시가 가능한 것은 "사람과 우주가 동일체라는 선가에서의 만물 일체 사상"과도 무관할 수 없다. 인간은 정녕 "내 마음이 곧 우주고 우주가 곧 내 마음"[7]이라는 말인데, 더 나아가서는 나의 마음이 곧 하나님의 마음이고, 하나님의 마음이 곧 나의 마음이기도 하다. 만물 일체 사상은 기독교의 신앙과 전혀 동떨어진 동양인만의 전통 사상이 아니다. 그런데도 기독교의 전통 안에서 중점적으로 행해진 말씀의 대언 역사를 세계 작용적인 원리성으로 뒷받침하지 못한 사실은 결국 기독교 신앙의 세계관적 한계성으로 작용했다. 결론적으로 동양에서 뿌리내린 만물 일체 사상 계보는 옛 선지자가 행한 **"대언 사명 수행"**을 본체 바탕 차원에서 각성한 인식으로서 이후에 밝힐 "본체로부터의 창조"를 통해 구체적으로 증거할 것이다. 선지자의 입을 빌린 대언 작용이 곧 하나님의 말씀 자체란 사실을 확인하려면 당연히 의식적으로 교감되고 본질적으로 동조된 정신 작용 메커니즘을 밝혀야 한다. 그리해야 대언 수행 원리가 성립되어 작동할 수 있다. 그렇게 연관된 고리를 추적할 수 있다면 하나님의 말씀이 사명자의 입을 통해 전달되는 것은 지극히 원리적인 작용이란 것을 이해하게 된다(주관성 극복). 그것뿐만이 아니다. 대언 역사를 통하면 하나님의 살아계신 실존 의지와 모습까지도 생생하게 나타낼 수 있다. 대언 작용의 원리성을 꿰뚫으면 부르는 이름이 다르다고 해서 전혀 다른 전통문화이고 대상이라고 본 무지를 깨닫게 된다. "심즉시불(心卽是

7) 『정통선의 향훈』, 청화선사 법어집(1), 성륜불서 간행회 편, 성륜각, 2003, p.125.

佛)"이라, 우리의 본질은 그대로 하나님의 본질 범주 안에 있다. 그래서 성경에서는 하나님이 완전하심같이 완전하라고 하였고, 불교에서는 수행을 쌓으면 성불할 수 있다고 하였다. 그 궁극적인 본체와의 합일성 지향에 있어서 기독교와 불교가 지침을 둔 도달 경지는 다를 수 없다. 그만큼 대언 역사는 하나님과 사명자와의 뜻이 일치되었을 때(신인합일) 발휘되는 객관적인 정신 작용 메커니즘이다.

이런 측면에서 본다면, 유교에서 말한 "성즉리(性卽理)" 명제도 동일한 작용 원리 안에 있다. 인간의 뜻은 하나님의 뜻과 합일할 수 있고, 그 같은 정신 경지에 도달한 자는 하나님의 말씀을 대언하는 선지자적 사명을 능히 수행할 수 있다. 이런 대언 작용 원리를 성경에서도 다양한 사례로 예시하였다.

> "아버지께서 거룩하게 하사 세상에 보내신 자가, 나는 하나님 아들이라 하는 것으로 너희가 어찌 참람하다 하느냐. 만일 내가 내 아버지의 일을 행치 아니하거든 나를 믿지 말려니와, 내가 행하거든 나를 믿지 아니할지라도 그 일은 믿으라. 그러면 너희가 아버지께서 내 안에 계시고, 내가 아버지 안에 있음을 깨달아 알리라(요, 10: 36~38)."[8]

다시 말해, "성자 예수를 믿는 것이 성부를 믿는 것이고, 성자 예수를 보는 것이 성부 하나님을 보는 것이다."[9] 마찬가지로 길의 **"대언 역사 수행"**

---

8) 참람: 분수에 맞지 않게 너무 지나치다.-다음 사전.

9) 「동양 종교와 기독교의 하나 신관에 대한 목회신학적 연구」, 조춘호 저, 삼육대학교 신학전문대학원, 목회학, 석사, 2010, p.48.

은 하나님의 말씀을 전하는 것이고, 하나님의 뜻을 대신 전하는 준엄한 권능 수행 일환이다. 어찌 이 모든 것이 간구한 기도에 대해 하나님께서 하늘 문을 열어 응답한 역사 없이 가능했겠는가? 그럴 수밖에 없는 이유는 대언 사명 수행의 중차대함을 거듭 확인하는 데 있나니,[10] 하나님이 오늘날 새로운 모습으로 강림하신 이상, 새로운 뜻을 밝히고 새로운 역사를 도모하지 않을 수 없기 때문이다. 그렇게 메시지를 선포할 말씀 창구기능을 이 연구가 대신하고자 하니, 이것은 이미 기록된 성경 말씀과는 차이가 있다. 강림하신 하나님이 이룬 전혀 새로운 역사이고, 세움 역사이며, 진리의 성령으로 밝히는 인류 구원의 대 프로젝트 메시지이리라.

## 2. 인도 역사 수행

본인이 걸어온 길의 추구 과정을 살펴보면, "하나님, 저의 길을 아버지께서 인도해 주소서"라고 한 기도가 있다. 그것은 장래에 이루고자 하는 길의 결과가 불확실한 현실 속에서 하나님이 손잡아 주심과 함께해 주심과 판단을 의뢰한 심정의 토로이겠지만, 결과적으로는 바란 바대로 길 안내자 역할을 톡톡히 해 주셨다. 길을 인도한다는 것은 다양한 조건과 관계

---

10) 하나님의 말씀을 대신 전하는 대언 작용 원리는 결코 특정인에게만 적용되는 특별한 원리가 아니다. 만인과 만사에 적용되는 보편적인 현상이다. 그 말은 만인과 만사가 하나님의 말씀을 전하는 창구기능을 할 수 있다는 말이다. 즉, 우리는 천지 만물과 만 현상과 만인의 입을 통해 하나님의 말씀 메시지를 접할 수 있다. 천도교에서 말한 사람이 곧 하늘이라[人乃天], 하나님은 너와 나의 입을 통해 하나님 자체의 말씀과 뜻과 메시지를 전함. 사인여천(事人如天)→시천주(侍天主).

에서 이루어진다. 경험자가 비경험자를, 깨친 자가 무지자를, 자격자가 무
자격자를…… 그것은 인생의 길일 수도 있고, 오지에서의 여행길일 수도
있고, 교사와 학생 간의 배움에 관한 길일 수도 있다. 이처럼 인도는 삶의
현장에서 다양하게 행해지는데, 하나님으로부터 命 받은 선지자적 권능을
수행하는 길에 있어서는 무엇을, 왜, 어떻게, 어디로 인도할 것인가에 관한
이유를 밝힐 필요가 있다. 괄호 안의 정답을 채운다면 무엇을=인류를, 왜
=구원하기 위해, 어떻게=본의 밝힘을 통해, 어디로=하나님에게로가 된다.
쉬운 정답인 것 같지만, 역사상 활동한 어떤 선지자, 覺者, 지성인, 교역자
도 인류를 하나님에게로 인도하는 방법과 지혜와 조건을 두루 갖추고 사
명으로 수행한 자는 일찍이 없었다. 그렇게 해서 거둔 성과를 두고 보아
도 그러하다. 인도하기는 했지만, 인류를 빠짐없이 인도한다는 것은 엄두
도 내지 못했다. 세계가 분열을 완료하지 못한 탓에 조건이 갖추어지지 못
한 것이다. 먼저 인도 역사의 목표인 하나님부터 본체를 드러내지 못한 상
태인데, 세상의 어떤 자가 이끌 길을 정확하게 가닥 잡았겠는가? 天命을
받든 성현의 말씀에 귀 기울여 보아도 그 길은 모호하기만 하다. 부처님
이 깨달은 수행의 道는 어렵고 험난하다. 맹자는 본성을 알면 天命을 안다
고 하므로 이곳저곳 수소문하는 수고는 들었지만, 왜 본성을 알면 天命을
아는 것인지 이유는 거두절미되었다. 바울은 "主 예수를 믿어라. 그리하면
너와 네 집이 구원을 얻으리라(행, 16: 31)"라고 했지만, 용이한 길이 아니
다. 믿음만을 전제해 어떻게 해서 구원되는지에 대한 이유는 설명이 생략
되었다. 모세는 난관에 부딪혔을 때 홍해를 가른 기적을 일으켜 이스라엘
백성을 선도했지만, 그것은 가나안 땅으로의 인도였지 하나님에게로 직접
안내한 여정이 아니다.

그래서 만백성을 하나님께로 인도하여 빠짐없이 구원할 수 있는 전제조건은 먼저 하나님이 어떤 분이고, 어디에 계시며, 전 역사를 통해 주관한 참뜻이 무엇인지를 확실하게 밝히는 것이다. 성현을 포함해서 **"인도 수행 역사"**에 참여한 모든 이에게 되물어 본다. 주재한 뜻은 차치하더라도 하나님은 정말 어떤 분이고, 어디서 어떻게 실존하시는가? 하나님이 오늘날 이 땅에 강림해 계시는데 그런 사실을 전혀 알지 못하는 사역자는 모두 지닌 직분을 내려놓아야 할 형편이다. 그만큼 소재와 존재한 형태를 정확하게 파악하고 있는 길의 인도 수행 역할이 중요할진대, 그 책임감은 참으로 절체절명 한 것이다. 그 사명이 막중한 탓에 하나님도 권능을 집중시켜 합당한 역량을 길러주었고, 직접 길을 예비한 역사를 마다하지 않으셨다. 그래서 본인은 인도 사명을 감당할 수 있는 때를 기다렸다.

- 내가 끝까지 참고 인내하므로 하나님은 나에게 언젠가는 반드시 이 세상을 구원할 위대한 소명을 일으키시리라(1983년).

나는 길을 추구하는 과정에서 하나님이 길을 위해 역사하고 계신 사실을 직감하였고, 언젠가는 합당한 뜻을 밝혀 줄 때가 있을 것을 믿어 의심치 않았다. 그렇게 해서 命 받은 준엄한 사명이 곧 인류를 하나님께로 인도하는 구원 역사 수행이다. 사명이 사명인 만큼 헤쳐 나갈 인생길 앞에는 장애물이 산적해 있을 것을 인지했다. 전혀 새로운 길인 만큼, 아무도 알지 못한 길을 개척해 나가기 위해서는 그만한 역량을 기르고, 세계적인 난제를 해결해 나가야 했다. 자문했나니, "나는 과연 지금까지 이룬 길의 지혜를 바탕으로 지상에서 천상으로, 하나님에게로 이르는 길을 터서 지침으로 삼을 수 있을 것인가?(2020년)" **"인도 역사 수행"** 사명을 감당하고자 진력하였다. 하나님이 구원하고자 하는 대상은 만백성 모두이다. 다양한 개성과 수많은 실존 상황과 오랜 세월 동안 문화 관습에 젖어 있는 영혼들을 구원하고자 하므로, 이 연구도 다양한 전통을 가진 삶의 유형과 경험과 생각을 살펴서 인도할 수 있도록 역량 폭을 넓혀야 했다. 길을 인도함에 있어서 경험과 지혜를 두루 갖추어야 하는 것은 세상의 일이든 하나님의 일이든 조건이 같다.

2020년 1월 1일, 나는 아내와 같이 새해맞이로 합천에 있는 사찰인 해인사를 들렀다. 대적광전을 둘러보다가 아내에게 화장실에 다녀오겠다고 했다. 어디로 가야 하는가? 한 방향을 정하고 내려가는데 사람이 있어 물어보았다. 자세한 설명도 없이 내려가는 길의 왼쪽에 있었던 것 같다고 했다. 지나쳤는지 말았는지 방향은 맞는 것인지? 조금 더 내려가니까 말한 그곳이 보였다. 그것은 조금 전, 다른 길로 접어들려다가 만 길과도 연결되어 있었다. 그래서 돌아올 때는 연결된 길로 가 보니까 노약자 참배 길이라 더 편하였다. 잠시 후, 이번에는 아내가 화장실에 가고 싶다고 했다. 이미 다녀왔으니까 잘 알고 있으리라고 생각했으리라. 그래서 설명하기보다는 직접 일어섰다. 헤맴 없이 지름길로, 또 제일 편한 길로 안내하였다. 그리고 생각하였다. 나는 지금까지 진리 세계를 탐문한 길의 완수자라, 하나님의 길도 그러하다. 나는 이 길을 통해 하나님을 뵈었고, 하나님의 살아계신 말씀을 들었으며, 은혜스러운 구원과 영광된 진리의 빛을 보았다. 그래서 누가 하나님에게 이르는 길을 묻는다면 추호도 거리낌 없이 자신 있게 안내할 수 있다. 이것이 하나님이 이 자식을 인준해서 부여한 인도 수행 사명이다.

밝힌바 본인은 2019년, 『창조증거론 1, 2』를 저술하고 나서 일깨운 본분이 제 영역에 걸쳐 인류를 하나님께로 인도하는 사명 수행 역사 과제였다. 이전의 어떤 선지자도 수행할 수 있는 여건이 부족했는데, 때가 이른 오늘날 비로소 가능하게 된 권능 수행 역사이다. 이에, 이 연구는 담대히 일어서 외치나니 "인류여, 진정 참된 선과 의와 영원한 생명을 얻고자 한다면 하나님의 命을 따르라. 그것이 인류를 참된 행복과 소망과 영생의 길로 인도하리라(1986년)."

> "보라! 에브라임 산 위에서 파수꾼이 외치는 날이 이를 것이라. 이르기를, 너희는 일어나라. 우리가 시온에 올라가서 우리 하나님 여호와께로 나아가자 하리라(렘, 31: 6)."

옛 선지자가 예언한 파수꾼이 외치는 날을 오늘날 이 연구가 **"인도 역사 수행"**으로 성취시킴이다. 그 요지는 길로서 외치는바 인류여, 오늘날 이 땅에 강림하신 우리 하나님께로 나아가자 함이다. 이를 위해 선도적인 가이드 역할을 이 연구가 담당하고자 한다. 크게 외치면서 전할 것이나니 지구상 곳곳, 어디서도 말씀을 듣지 못해 인도받지 못하는 영혼이 없도록……

## 3. 가르침 역사 수행

길이 만 인류를 제자로 삼는 스승의 자격을 갖춘 것은 부여받은 선지자적 권능, 즉 하나님의 말씀을 대언하고 인류를 하나님께로 인도하는 목적을 실현하기 위한 현실적 방법을 마련하기 위해서이다. 세계 종교를 일으킨 교주들은 한결같이 道, 命, 法을 구한 상구 과정과 그것을 전파하고자한 설법, 설교, 가르침의 역사를 병행한 삶을 추구했다. 사도 바울은 예수의 복음을 이방인에게 전파하기 위해 선교 활동을 주된 사명으로 삼았듯, 길의 **"가르침 역사 수행"**도 인류의 보편적 구원 목적을 어떻게 달성할 것인가 하는 과제를 풀기 위한 방법적 수단이다. 이를 위해 본인은 끊임없이 역량을 상구한 길의 과정, 즉 교직 역정과 가치 일굼 역정을 거쳤다.

- 나는 인류의 위대한 스승들과 인격적으로 교감하고, 그들이 펼친 지혜의 메시지를 수용하여 인류 영혼을 아버지께로 인도할 가르침의 역사를 펼치리라(2019년).
- 나는 자아를 의식한 청소년 시절, 길을 추구함으로써 진리를 일구고자 하였고, 청년이 되어서는 진리를 깨닫고자 하였으며, 이런 과정을 거친 오늘날은 그렇게 해서 깨우친 진리를 가르치고자 한다. 왜 나는 길을 통하여 진리를 추구하였고, 깨달았고, 가르치고자 하는가?(2020년).
- 나는 만인을 가르침을 통해 하나님에게로 인도할 교육적 사명과 구원의 자격을 갖추리라.
- 내가 장차 하나님의 계시를 받들고 말씀을 통해 가르침의 역사를 펼치기 위해서는 그만큼 말씀을 받들 영성을 일깨워야 할 필요성을 인식하였다. 차원적인 세계의 개척과 도래가 아무 예비된 과정 없이 이루어질 수는 결코 없다.

**道를 구했으면 道를 펼쳐야 하고, 命을 받았으면 命을 수행해야 한다.** 내가 인류를 대상으로 가르침의 역사를 펼칠 길을 상구한 것은 하나님의 창조 본의를 밝힌 길의 추구 과정을 완수함으로써이다. 언급한 대로 때맞추어 아내와 나는 2019년 1월 6~18일, 13일간에 걸쳐 부처님의 고향인 인도를 여행하면서 불교 성지를 순례한 기회를 얻었다. 부처님의 숨결이 살아 숨 쉬는 위대한 8대 성지와[11] 불탑 발원지인 산치 대탑, 불교 미술사의 보고지인 아잔타 석굴, 세계 7대 불가사의 중 하나인 타지마할, 갠지스강 등등. 부처님이 걸은 위대한 생애의 발자취를 따라가면서 나는 많은 것을 생각하였고, 큰 영감을 얻었다. 그리하여 길을 완수한 나의 인생 후반 단계에서도 전격적인 가르침의 역사가 펼쳐질 수 있으리란 가능성을 인지했다. 순례 기간 직접 보고 얻은 결론은 부처님이 정각 후 펼친 본격적인 역사는 바로 깨달은 法을 알린 설법을 통해서였다는 사실이다(초전 법륜). 6년간 道를 구한 수행 역정을 제한다면 부처님의 생애는 지체 없이 설법하는 데 모두 바쳤다(팔만대장경전을 이룸). 마찬가지로 본인도 여태껏 "길을 통하여 진리를 구하고 하나님의 뜻을 상구한 만큼, 이제 소정의 과정을 완수한 지금부터 걸어야 할 길은 바로 하화의 길, 곧 인류 영혼을 가르침으로 인도해서 구원하는 것이다. 과연 길의 앞날에도 부처님과 같은 설법 역사, 곧 교화 역사가 펼쳐질 수 있을 것인가?(2019년)"

- 하나님은 이 자식에게 길을 추구한 상구의 길을 걷게 함으로써 그 과정을 완수한 지금은 인류를 구원하고 선도할 하화의 길, 곧 위대한 가르침의 혼을 부여하시리라(2019년).

---

11) 불교 8대 성지: 1. 룸비니(불기 2563년 전 싯다르타 태자의 탄생지-네팔) 2. 부다가야(끝없는 무상정각을 이룬 성도지) 3. 사르나트(법의 수레바퀴를 굴린 초전 법륜지) 4. 쿠시나가르(피안의 언덕에 이른 열반지) 5. 쉬라바스티(24년의 하안거를 난 기원정사) 6. 라지기르(영산회상, 법화경의 설법지 영취산) 7. 대림 정사(화엄경 입법계품 설법지) 8. 상카시아(부처님께서 삼계보도 한 성지).

- 물은 본래 위에서 아래로 흐르듯, 가르침도 필시 그만한 자격과 조건과 인격을 갖춘 스승이 제자를 목적 있는 길로 인도하는 것이다. 부처님은 6년의 고행 끝에 깨달음을 얻었기 때문에 45년 동안 심오한 설법의 세계를 펼쳤나니, 나도 40년이 넘도록 추구한 길의 완수자로서 대 인류를 향해 가르침의 세계를 펼치리라. 그렇다면 과연 추구한 과정에서 나는 무엇을 이루었고, 그런 기반 위에서 펼치고자 하는 가르침의 목적은 무엇인가?
- 내가 길의 완수자가 된 것은 이제 만인을 가르칠 자격이다. 그러므로 이후에는 가르침을 구하는 자들의 요청에 따라 스승과 제자 간의 관계가 맺어질 것이다. 그런 관계 설정과 상황 설정으로 가르침의 역사를 펼치기 위하여…… 만인을 대상으로 만인을 가르칠 조건 설정에 관하여…….

길을 추구한 상구 과정을 완수한 단계에서 인류를 보편적으로 구원할 구체적인 방법인 가르침의 역사를 펼칠 수 있도록 채비를 차린 2020년 6월 3일, 하나님은 정말 이 자식에게 인류 교사의 자격과 권능을 부여해 주셨다.

인류가 맞이한 종말의 때에 하나님이 길을 세워 선지자적 사명을 천명케 한 뜻은 분명하다. 결과적으로 "하나님은 말씀의 가르침으로 타락한 인류 영혼을 교화하고자 하며, 무지를 일깨워 인류를 구원의 길로 인도하고자 하신다. 전혀 차원이 다른 나라로 인도하는 것이기 때문에 말씀을 통한 가르침의 역사가 필요한 것이고, 그것은 결국 하나님이 권능으로 주도하는 역사일 수밖에 없다. 이 모든 성업을 통해 하나님은 오직 하나님 자체를 증거할 뿐이며, 그렇게 하는 목적은 이 땅에 하나님과 인류가 함께한 지상 천국을 건설하기 위해서이다(2021년)." 이 같은 목적 역사는 이미 만세 전부터 선지 된 계획을 따른 것이다.

> "만군의 여호와가 이르노라. 보라, 내가 내 사자를 보내리니 그가
> 내 앞에서 길을 예비할 것이요, 또 너희의 구하는바 主가 홀연히
> 그 전에 임하리니, 곧 너희의 사모하는바 언약의 사자가 임할 것
> 이라. 그의 임하는 날을 누가 능히 당하며, 그의 나타나는 때에 누
> 가 능히 서리요. 그는 금을 연단하는 자의 불과 표백하는 자의 재
> 물과 같을 것이다(말, 3: 1~2)."
> "그들이 나의 정한 날에 너희 발바닥 밑에 재와 같으리라(말, 4: 3)."
> "보라, 여호와의 크고 두려운 날이 이르기 전에 내가 선지 엘리야
> 를 너희에게 보내리니, 그가 아비의 마음을 자녀에게로 돌이키게
> 하고, 자녀들의 마음을 그들의 아비에게로 돌이키게 하리라(말,
> 4: 5)."[12]
> "선지자 이사야로 말씀하신 자라. 일렀으되, 광야에 외치는 자의
> 소리가 있어 가로되, 너희는 主의 길을 예비하라. 그의 첩경(捷徑)
> 을 평탄케 하라 하였느니라(마, 3: 3)."[13]

언약의 사자, 선지 엘리야, 그 첩경 역사가 지금 임하였고, 모든 때가 당
도했으며, 광야에서 외친 자의 임무는 완수되었다(강림을 예고함). 남은
이후의 역사는 크고 두려운 날을 직접 주관할 여호와 하나님, 곧 만세 전
부터 예비되었고, 시대를 초월해 인류가 대망한 창조주 하나님이 바야흐
로 보혜사 진리의 성령으로서 인류 역사 위에 임할 지상 강림 역사 시대를
맞이하는 것이다.

---

12)  가르침의 역사로 인류 영혼을 돌이키게 함(교화를 통한 구원 역사).

13)  첩경: 가깝게 질러서 가는 빠른 길.-다음 사전.

제3편

# 지상 강림론

기도: 하나님은 하나님 자체를 어떻게 증거할 수 있는가? 이런 과제에 대해 하나님이 직접 말씀하고 지혜로 계시해 주소서! 즉, 강림하신 하나님은 지금까지 인류가 믿어온 하나님과 무엇이 다르고, 어떻게 다른가? 그리고 강림하신 목적이 무엇인지 계시해 주소서?

말씀: "여러 해 후에 애굽 왕은 죽었고, 이스라엘 자손은 고역으로 인하여 탄식하며 부르짖으니, 그 고역으로 인하여 부르짖는 소리가 하나님께 상달한지라, 하나님이 그 고통 소리를 들으시고, 아브라함과 이삭과 야곱에게 세운 그 언약을 기억하사, 이스라엘 자손을 권념하셨더라(출, 2: 23~25)."

증거: "여호와께서 오늘날 너희를 위하여 행하시는 구원을 보라. 너희가 오늘 본 애굽 사람을 또다시는 영원히 보지 못하리라(출, 14: 13)." "여호와께서 너희를 위하여 싸우시리니, 너희는 가만히 있을지니라(출, 14: 14)." 고통과 부르짖음이 없으면 하나님께 기도하지 않는다. 이스라엘 백성이 고통 중에 하나님께 기도함.

# 제11장 개관(이전 신 대 강림 신)

## 1. 길을 엶

창조 이래 인류가 신앙한 기존 하나님과 오늘날 이 땅에 새로운 모습으로 강림하신 하나님과의 동일성과 차이성에 대하여, 지상 강림 본체는 이전까지 역사한 하나님과 무엇이 다른가? 강림하신 하나님을 증거하고자 함에 있어 하나님은 하나님 자체의 입장에서 진리의 성령답게 하나님 스스로를 증거해서 밝힐 수 있다. 진리를 증거하는 것은 바로 성령이시다. "나는 나다. 나는 스스로 있는 자이다." 그렇다면 인류가 모두 궁금하게 여길, 지상 강림 본체에 관해 이 연구는 그동안의 노력으로 증거하였고, 또 증거하려고 하고 있지만, 그것만으로는 부족한 한계가 있는바, **하나님은 하나님 자체를 어떻게 증거할 수 있는가? 이런 과제에 대해 하나님이 직접 말씀하고 지혜로 계시해 주소서!** 이전에는 뜻을 받들 만큼 교감 체제가 완비되지 못한 탓에 어려웠지만, 길을 완수한 지금은 말씀과 계시로 하나님이 스스로를 증거할 수 있다. 그 역사 이룸은 아주 간단하다. 이 순간 길의 간구에 대해 응답해 주시면 된다. 그런 역사 이룸이 가능하도록 길이 마련한 바탕 본질이 하나님이 진리의 성령으로서 역사할 수 있는 교감 체제를 확고하게 다져 놓았다.

이 연구가 그동안 길을 통해 애써 증거했지만, 지상 강림 본체가 인류 앞에서는 여전히 생소한 하나님일 뿐이다. 하지만 하나님은 자체를 말하고, 자체를 밝히고, 자체를 증거할 수 있는 권능자이시다. 하늘에 거하셨던 하나님이 인류 역사 앞에 직접 등단한 만큼, 하나님은 인류를 향해 밝히고자 하는 확고한 메시지가 있을 것이다. 일찍이 선지자가 인류의 미래 역사와 종말 상황에 대해 메시지를 남겼지만(예언), 오늘날의 이 시대에 등단한 하나님이 선포할 말씀의 메시지는 전혀 새로운 것이다. 과거 역사와 미래 역사를 통틀어 이 땅에 강림하신 목적과 이유를 밝히시리라. 이 연구는 그 같은 말씀의 메시지를 받들어서 전할 지상의 무대를 마련하고자 한다. 그 메시지가 강림하신 하나님의 말씀이요, 하나님만이 할 수 있는 계시 역사라는 사실을 미리 전제한다. 그렇게 밝힌 초점은 과연 무엇인가? 우리는 원인 없이는 존재할 수 없지만, 하나님은 원인 없이 존재하며, 원인의 유무를 초월해서 스스로 존재하신다. 즉, 우리는 창조된 탓에 누구도 그렇게 피조된 조건을 피할 수 없지만, 하나님은 창조주로서 그 같은 조건으로부터 완벽하게 자유로우시다(주체적 조건). 이 같은 조건의 차이에 관한 합당한 말씀을 확인할 수 있다면, 하나님은 "나는 나이고 스스로 존재하는 자이다"란 하나님 자체의 초월적인 존재성에 대해 해명을 이룬다. 그런 전제 조건을 판단할 수 있는 간구 명제가 곧 **강림하신 하나님은 지금까지 인류가 믿어온 하나님과 무엇이 다르고, 어떻게 다른가** 하는 점이다. 다시 한번 확인하거니와, 하나님은 스스로를 증거하고 스스로를 밝힐 수 있는 분이니, 이 같은 길의 확신과 믿음에 대하여 하나님이 이 땅에 오신 강림 역사 사실을 증거하기 앞서 하나님께서 확답해 줄 수 있길 기도하나이다. 아멘(2022. 1. 19. 08:30).

## 2. 간구

하나님, 이 자식이 이 순간, 이전과는 전혀 다른 새로운 모습으로 오신 하나님의 지상 강림 역사를 증거하기 위해 지금까지 하나님께서 인도하고 세운 길의 선지자적 본질과 부여받은 사명을 애써 밝혀서 증거하였나이다. 하나님이 여태껏 진리의 성령으로서 이룬 역사에 대해서는 증거할 수 있었지만, 이제는 그처럼 인도하고 말씀하고 역사한 지상 강림 역사의 주관자인 하나님이 직접 역사한 뜻과 본체를 밝혀 주소서! 하나님이 진실로 이 땅에 강림하심으로써 이전에 역사한 하나님과는 무엇이 다르고, **강림하신 목적이 무엇인지 계시해 주소서?** 뜻을 받들어 한량없이 부족한 제가 하나님의 지상 강림 본체를 확증할 수 있게 해 주소서!

## 3. 성경 말씀

"여러 해 후에 애굽 왕은 죽었고, 이스라엘 자손은 고역으로 인하여 탄식하며 부르짖으니, 그 고역으로 인하여 부르짖는 소리가 하나님께 상달한지라, 하나님이 그 고통 소리를 들으시고, 아브라함과 이삭과 야곱에게 세운 그 언약을 기억하사, 이스라엘 자손을 권념하셨더라(출, 2: 23~25)."[1]

---

1)  권념(眷念): 돌아보다. 돌이켜 보고 생각함.-다음 사전.

## 4. 말씀 증거

2022년 1월 20일, CTS 기독교 TV, 새벽 6시 30분, 생명의 말씀.

제목: "인생 수업"

말씀: 이렇게 외칩니다. 뒤에는 애굽 병사, 앞에는 홍해, 이러지도 저러지도 못하는 위기의 순간, "너희는 두려워 말고 가만히 서서 여호와께서 오늘날 너희를 위하여 행하시는 구원을 보라. 너희가 오늘 본 애굽 사람을 또다시는 영원히 보지 못하리라(출, 14: 13)." 모세는 어떻게 이런 선포를 할 수 있었을까? "여호와께서 너희를 위하여 싸우시리니, 너희는 가만히 있을지니라(출, 14: 14)." 하나님이 어떻게 하시는지 보라. 가장 큰 문제는 자기 문제인데, 두려워하지 말라. 인간의 힘으로 할 수 있는 것이 아무것도 없다. 하나님이 주시지 않으면 이런 선포를 할 수 없다. 구원의 길을 열어 주신다고 믿음. 우리는 본질상 진노의 자녀이다. 사람에게는 별 차이가 없다. 본질은 죄인이다. 예수그리스도의 은혜는 하나님이 이루신 역사. 실패와 파탄에서 절망할 것이 아니다. 하나님께 나아가 기도함. 하나님이 지금까지 인도한 은혜였음을 고백. 남은 생애도 인도해 주소서! 실패를 통해 하나님을 봄. 구원은 우리에게 있는 것이 아니라 하나님께 있음. 자신이 대단하다고 생각했다가 실패 후 하나님을 봄. 절망의 현장에서 무엇을 배우길 원하실까? 광야에 던지길 원함. 인간의 가능성을 무력화시킴. 광야에서는 자기 혼자서 살아갈 수 없다. 길이 없다. 낮에는 뜨거운 태양, 밤에는 혹독한 추위. "모세가 바로의 낯을 피하여 미디안 땅에 머물며 하루는 우물 곁에 앉았더라(출, 2: 15)." 광야의 시간은 의미가 없다. 인생의 갈급한 모습. 해결되지 않는 인생 모습. 미래가 보이지 않는다. 하나님의 광야

체험=하나님의 은혜 체험. 모세의 일생을 준비시킴. 즉, 양 떼를 치면서 어떻게 수많은 이스라엘 백성을 인도할지 배우게 함. 광야의 특성과 생리를 익히게 함. 이스라엘 백성을 이끌 역량을 기르게 함. 요셉이 일국의 국무총리가 될 수 있도록 준비시킴. 모세가 이스라엘 백성을 구원할 수 있도록 훈련함. 광야가 없었다면 오늘 이 자리까지 왔을까요? 더 깊은 은혜를 체험하게 하려고 광야를 경험하게 함. 진주조개는 어떻게 만들어지는가? 상처를 이기고 싸맨 결과임. 이것이 인생 수업의 주제이다. 새로운 삶을 준비케 하신 하나님.

세 번째, 하나님을 향해 부르짖게 하심. 부르짖다. 통곡하고 하나님을 찾다. 요나의 울부짖음. 출애굽 이유-좌절, 절망에서 하나님의 인도를 맡기는 것임. 고통과 부르짖음이 없으면 하나님께 기도하지 않는다. 이스라엘 백성이 고통 중에 하나님께 기도, 하나님의 비전과 은혜로 이스라엘 백성을 만듦. 하나님은 우리가 배울 것을 배우게 하고, 배우지 말 것을 배우지 않게 하심. 고통 중에서 만들어 가심. 주님이 인도하시는 여행에 서로를 도움. 말씀 속에 역사하심과 권능을 증거함. 인생의 수업, 여행을 마치고 하나님 나라로 돌아갈 수 있길 주의 이름으로 축복합니다.

## 5. 길을 받듦

말씀이 임하셨고, 길로써 간구한 두 가지 명제에 대해 하나님께서 확실하게 응답하셨다. 먼저 하나님은 모세를 광야에 내치고 양 떼를 치게 하여 어떻게 하면 수많은 이스라엘 백성을 인도할지 배우게 하고, 역량을 길러 구원할 수 있도록 훈련했듯(일생을 준비시킴), 하나님은 때가 이른 오늘날 지상 강림 역사를 선포하고 증거할 수 있도록 길을 연단하였다고 하는 목적 의지를 표명하셨다. 지나온 길의 추구 역사가 모두 하나님의 구속 의지 안에 있는 사실에 대한 확언이다. 그렇다면 먼저 본인이 구한 이전 하나님과 지상 강림 본체와는 무엇이 같고 무엇이 다른가? 예나 지금이나 앞으로에 있어서도 한 하나님이 역사를 주관한다는 점은 같다. 그러나 이전 하나님은 인간이 고통당하지 않고, 위기에 처하지 않고, 기도하면서 울부짖지 않았기 때문에 지켜보기만 한 하나님이고(종말이 도래하지 않은 때), 이 땅에 강림하신 하나님은 오늘날 세상이 처한 종말 상황과 여기저기서 들리는 백성의 울부짖는 통곡의 소리를 듣고 본격적으로 구원 역사를 펼칠 것을 결단한 하나님이다. 그것이 길로써 표명한 세계의 종말 상황에 대한 뜻이 하나님에게 상달된 지상 강림 역사의 주된 목적이다. 이전까지는 본체를 드러내지 않은 간접적인 구원 역사였지만, 강림 이후는 직접 구원 역사를 주관하겠다 하심이다. 지상 강림 사실에 대해 강력하게 의지를 뒷받침한 표명이다. 이전까지는 관망한 하나님이었다면, 이후로는 인류 역사에 모습을 나타내어 직접 행할 하나님, 실존 사실에서도 이전에는 하늘에 계신 하나님이고, 지금은 이 땅에 강림하신 하나님, 이것이 이전 하나님과 확실하게 구분된 지상 강림 본체이다.

그렇다면 또 한 가지, 하나님이 강림하신 자증(自證) 근거는 무엇을 통해 확인할 수 있는가? 답하기 전에 하나님께서 먼저 우리에게 질문하셨다. "모세는 어떻게 이런 선포를 할 수 있었을까?" 다시 말해 길은 어떻게 이 땅에 오신 하나님의 지상 강림 본체를 선포하고 증거할 수 있는가? 여기에 대해 인간의 힘으로 할 수 있는 것이 아무것도 없다고 단언되었다. 그렇다면 가능성은 오직 하나, 하나님이 역사하지 않았는데 모세가 선포할 수 없다. 선언하고 증거한 지상 강림 역사가 어찌 인간적인 생각과 판단으로 이룬 행위이고 논거라고 생각하는가? 그렇게 생각하면 얼토당토않다. 가능한 길은 오직 하나, 하나님이 이룬 역사라, 그럴 수밖에 없는 필연적인 조건이 하나님 자체를 증거한다. 이성적인 판단을 통해서도 부인할 수 없는 증거 조건을 확증해 주셨다. 더는 물러설 길이 없다. 지난날 기록하였고, 역사하였고, 판단한 것만큼은 분명한 사실이다. 그렇게 해서 이루기는 하였는데 누가, 어떻게, 왜, 무슨 목적으로 이룬 것인가? 이것이냐 저것이냐, 막다른 선택의 갈림길에 선 배수진 논리이다. 하나님의 실존 사실은 인류가 가장 급박한 상황에 부딪혔을 때(종말 국면) 비로소 체험되고 은혜를 확인할 수 있다. 실족하여 낭떠러지로 떨어져 의식을 잃었는데, 눈을 뜨고 보니 몸이 공중에 매달려 있었다면? 나뭇가지에 걸려서 목숨을 건진 사실을 알게 된다. 일찍이 지성들은 하나님을 다양한 방법으로 증거하였지만, 논리적 증명 방식은 하나님이 이 땅에 강림하신 사실을 확인하는 데 있어 현실감이 없다. 그래서 하나님이 어떻게 말씀하셨는가? 너희는 가만히 서서 여호와께서 오늘날 너희를 위하여 행하시는 구원을 보라. "여호와께서 너희를 위하여 싸우시리니 너희는 가만히 있을지니라(출, 14: 14)." 인간 된 의지를 한 치도 보태지 말고 가만히 있으면서 앞으로 하나님이 이루실 장대한 구원 역사를 지켜보라고 명령하셨다.[2] 그리하면 그날 그때 100퍼센트 하나님이 이 땅에 강림하신 사실이 완전하게 자증된다. 행하고 이룰 바를 앞서 밝히는 것은 앞으로 이룰 모든 역사가 순전히 하나님이 인

---

2) 인간이 가만히 있어야 하나님이 이루실 보편적인 인류 구원 역사가 완전하게 드러남. 그리고 그렇게 살아 역사한 사실이 완전하게 자증됨.

류를 사랑으로 구원하고자 한 뜻을 확증하기 위해서이다. 하나님만이 할 수 있는 선포와 공지 약속 역사, 이것이 하나님 자체를 증거한다. 하나님이 오늘날 인류가 처한 고역으로 인하여 부르짖는 고통 소리를 들으시고, 아브라함과 이삭과 야곱에게 세운 언약을 기억하사 권념하셨나니, 지금까지 한 모든 약속을 돌이켜 기억해서 언약을 본격적으로 이룰 인류 구원 역사를 단행하겠다고 하심이다. 이것이 하나님이 인류 역사에 직접 등단한 지상 강림 역사 뜻이다. 모세에게 광야가 없었다면, 이 길 위에 하나님의 역사 과정이 없었다면, 지금 이 순간 "길을 받듦" 순간까지 왔을까?

다시 말씀을 요약하면, 길이 간구한 기도와 기대한 뜻에 대해 하나님이 준 말씀과 상호 비교하면서 뜻을 해석하고 이해하는 것인데, 요약이란 그 초점을 보다 더 정확히 한다는 말이다. 즉, "여호와께서 오늘날 너희를 위하여 행하시는 구원을 보라(간구한 뜻대로 역사할 것이니, 하나님이 길을 위하여 행할 역사를 보라)."

"너희가 오늘 본 애굽 사람을 또다시는 영원히 보지 못하리라(이전 하나님과 존재하고 역사하신 목적이 다른 사실을 분명히 함. 그리고 왜 오늘 본 하나님을 이후부터는 영원히 보지 못하는가? 새로 강림하였기 때문에 이전 하나님은 영원히 볼 수 없게 됨. 새로운 모습과 형태로 강림하였기 때문에 그야말로 지상 강림 역사를 기준으로 이전 하나님은 과거의 하나님이 됨. 하나님이 스스로 역사적인 하나님 자체의 본체를 그렇게 규정하심)."

"너희는 가만히 있을지니라(하나님의 지상 강림 역사를 증거하고자 함에, 이 자식은 가만히 있으라고 하심. 그렇다면? 하나님이 모두 알아서 역사하실 것임. 이것이 곧 하나님의 자증 역사 방식이다. 무슨 뜻인가 하면, 내가 가만히 있어 나의 의도와 의지를 하나도 더하지 않았을 때, 일체의 증거 역사, 구원 역사, 은혜의 역사가 완전하게 하나님이 이룬 사실로 확인됨. 가만히 있으면 하나님이 역사한 그 분명한 근거를 통해 하나님이 존재한 사실이 자증됨).”

두려워하지 말라. 인간의 힘으로 할 수 있는 것이 아무것도 없다. 하나님이 주지 않으시면 이런 선포를 할 수 없다(하나님이 이 땅에 강림하신 역사를 증거하는 것은 인간이 할 수 있는 일이 아님. 하나님이 주셨기 때문에 이 연구가 지상 강림 역사를 인류 앞에 선포할 수 있었다).

예수그리스도의 은혜는 하나님이 이룬 역사(지상 강림 역사는 하나님이 이룬 역사, 하나님이 이루고 하나님이 증거한 역사임. 이 연구가 아님).

모세의 일생을 준비시킴. 즉, 양 떼를 치면서 어떻게 수많은 이스라엘 백성을 인도할지 배우게 함. 광야의 특성과 생리를 익히게 함. 이스라엘 백성을 이끌 역량을 기르게 함(지상 강림 역사를 증거할 수 있도록 부족한 이 자식을 평생 구속하고, 길을 추구하게 함. 이 순간 하나님의 말씀을 받들 수 있도록 준비시킴. 어떻게? 의도적으로 광야로 몰아내 광야의 특성과 생리를 익히게 함. 곧, 하나님의 말씀을 구하고 받들고 해석하고 판단할 수 있도록 훈련해 소통 체제를 갖추게 함).

광야의 시간은 의미가 없다. 하나님의 은혜를 체험하지 못하면 인생과 역사에 의미가 없다. 미래가 없다. 지상 강림 역사를 체험하지 못하면 인류와 문명에 의미가 없다. 미래가 없다.

하나님을 향해 부르짖게 하심. 부르짖다. 통곡하고 하나님을 찾다. 요나의 울부짖음. 출애굽 이유-좌절, 절망에서 하나님의 인도를 맡기는 것임. 고통과 부르짖음이 없으면 하나님께 기도하지 않는다. 이스라엘 백성이 고통 중에 하나님께 기도함(이 말씀이 길의 간구에 대한 결론적인 하나님의 응답 말씀이다). 짝을 이루어 대비할진대, 하나님이 진실로 이 땅에 강림하심으로써 이전에 역사한 하나님과는 무엇이 다르고, 강림하신 목적이 무엇인지 계시해 주소서? 이 같은 기도에 대해 한 치도 어긋남이 없는 완전한 뜻을 밝히셨나니, 이전 하나님과 달리 하나님이 오늘날 이 땅에 강림하신 이유는 하나님의 사랑하는 백성들이 고역으로 인하여 통곡하고 울부짖는 소리가 상달된 탓이다. 그래서 하나님께서 그 고통의 소리를 들으시고 지상 강림 역사를 준비하고, 단행하셨다. 이것이 길이 간구한 이전 신과 강림 신에 대하여 하나님이 말씀으로 밝힌 분명한 뜻이다.

이전에는 그처럼 고통과 울부짖음이 없었기 때문에 인류 역사를 관망한 하나님이고, 강림하신 하나님은 고통으로 인한 부르짖음과 하나님에게 호소한 기도 소리가 커 사랑하는 자녀 백성의 구원 역사를 본격화하기 위해 이 땅에 강림하심. 그것이 하나님이 이 땅에 강림하신 분명한 목적, 곧 고통받고 핍박받는 인류 영혼을 빠짐없이 구원하기 위해서이다. 그런데도 이전 하나님과 강림하신 하나님을 구분하지 못하겠는가? 이전 하나님은 인류 역사가 종말을 맞이하지 않았기 때문에 하늘에서 지켜본 하나님이고, 강림하신 하나님은 도래한 종말 국면으로부터 만백성을 구원하기 위해 인류 역사에 직접 등단한 하나님이다. 아멘.

# 제12장 강림 본체

## 1. 성령 본체

하나님이 이 땅에 오신 "지상 강림 역사"를 공식적으로 선언하고, "지상 강림 본체"를 구체적으로 증거한 것은 2014년 2월 5일에 발행한 『지상 강림 역사』란 책을 통해서이다. 그렇지만 공식적, 구체적이란 것은 이전에 이를 위해 거친 사전 서술 과정이 있었다는 뜻이다. 즉, 2004년 6월 21일, 인쇄본으로 출간한 "세계섭리론" 안에서 주제로 삼은 "지상 강림 역사"를 보완해서 단행본화한 것이다. 그리고 『지상 강림 역사』보다 앞서 출판한 『미륵탄강론』(2010년 9월 24일 발행)도 "세계수행론"을 단행본화한 책 중 하나인데, 이 책은 지상 강림 역사를 불교적 관점에서 서술한 것으로서 결국 미륵불의 지상 탄강과 하나님의 지상 강림은 일치한다는 결론이다. 이름하여 "미륵불 보혜사"이다. 표지에서도 규정하길, "미륵불 보혜사는 무엇인가? 탄강한 미륵불은 불교 섭리를 기반으로 하나님의 창조 본체를 드러낸, 불교의 한계를 넘어 인류의 역량을 집약시킬 사명을 띤 구원불(救援佛)이다. 부처님이 반드시 말세 중생을 구원하기 위해 오리라고 했던 그 분이다. 기독교와 불교를 하나 되게 할 수 있는 터전을 마련하고, 불법(佛法)으로 하나님께 이르는 길을 트며, 동서의 문명 본질을 통합할 실질적인 가교 구실을 담당하리라."

미륵불 보혜사는 오늘날 강림하신 하나님과 목적, 때, 진리 등 모든 면에서 상통하고 의기투합한, 이전과 전혀 다른 새 부처님이다. 사실은 그분[佛]이 곧 그분[神]이다. 어쩌면 단행본화된 순서와 무관하게 『미륵탄강론』은 사실상 하나님의 지상 강림 본체 맞이 역사를 예비한 책이다. 지금도 궁금한 것은 불교의 부처님과 기독교의 하나님이 어떻게 연관되고, 일치하는가인데, 바로 그런 문제를 풀어나가는 데 본 **"지상 강림론"**이 논거할 "성령 본체"의 범상찮음이 있다.

하나님이 지상에 강림하였다는 사실은 이미 저술한 『길을 위하여 1, 2, 3』과 통합, 본질, 창조, 유신론의 저술에서 지속해 언급한 바 있다. 그리고 연이은 섭리, 수행, 도덕론에서는 더욱 강조하였다. 그리고 "세계도덕론"을 저술한 2008년 이후부터는 저술 방향에 변화가 있었다고 했다. 인쇄본으로 소개한 저술물을 단행본화해 출판하였는데, 이때부터는 하나님이 강림한 사실을 기정사실로 하였다.[1] 하지만 2014년, 기대를 가지고 출판한 『지상 강림 역사』는 다른 저술물이 그러하듯, 세상의 상식과 역사 밖에 머물러 각인되지 못했고, 세월의 저편 언덕으로 깊이 파묻혀 버렸다. 기억 속에 어필되지 못한 탓에 망각이라고 할 것조차 없지만, 쉼 없는 길의 추구 역정에서만큼은 역사적인 선언이 전혀 무산되지 않았다. 더욱 연면하게 강림한 사실을 증거하는 방향으로 치달았다. 그것은 비단 본인에게만 한정된 노력이겠는가? 성령으로서 주관된 역사인 한, 인류 역사 위에서도 연면한 것이고, 창조 목적 실현과도 연결되어 있어 한순간도 소홀함이 없었다. 한마디로 **인류 역사는 지상 강림 본체를 드러내기 위해 하나님께서**

---

1) 단행본화로 접어든 시점부터 "지상 강림 역사"는 일관된 저술의 주제였고, 그 증거 역사는 지금도 진행 중이며, 앞으로도 그러할 것임.

**창조 이래로 일관시킨 성령의 주관 역사이다.** 나 자신은 나라고 말하지 않았다고 해서 나로서 존재하고 있지 않은 것이 아니다. 그런데도 자신이 정말 무엇이라고 말해야 한다면, 그것은 그렇게 말해야 할 때가 있는 법, 인류 역사에 등단한 하나님의 지상 강림 역사 사실도 그러하다. 화산이 폭발하지 않았다고 해서 바위 밑에서 용암이 들끓고 있지 않은 것은 아니듯, 하나님도 지상 강림 본체를 드러낼 모든 때를 위해 이면에서 역사를 주재하셨다. 길의 역사 또한 그러하다. 하나님이 강림하였다고 선언해도 세상은 어떤 반응도 없고, 변화도 일어나지 않았지만, 길 자체는 하나님께서 주관한 섭리 계획에 따라 태초의 천지가 어떻게 창조된 것인가에 관한 본의를 드러내었고, 길을 완수했으며, 인류를 가르침으로 이끌 새로운 사명 차원에 섰다.

이처럼 일련의 절차를 거친 길의 완수자로서 이 연구는 더욱 완비된 추구 결과를 바탕으로 **"지상 강림론"**을 펼치고자 하는 것은 하나님이 이 땅에 오신 지상 강림 역사를 실질적으로 확증 짓기 위해서이다. 어쩌면 이때를 위해 선언 이후 지금까지 중단 없이 매진한 것인지도 모른다. 어찌 번민이 없었을까만, 지금은 그렇게 주재된 하나님의 강림 역사를 꿰뚫을 수 있는 판단 초점이 명확하다. 거듭 강조해, 길의 역사가 그러했듯 **인류 역사는 오늘날 모든 때가 당도한 지상 강림 본체를 드러내기 위해 섭리 된 역사이고, 그 주관 의지에 성령의 본체가 자리한다.** 지상 강림 역사를 주관한 주체 의지는 성령이나니, 성령께서 하나님의 본체를 드러내기 위해 길을 통해 역사하셨다. 그리고 길은 하나님이 성령으로서 강림 본체를 드러낼 수 있는 세상적인 인식 기반을 마련하였다. 즉, 만인이 만유를 통해 하나님의 창조 손길을 실감할 수 있는 진리적 바탕과 섭리 손길을 확인할 수 있는 역사적 바탕과 현재의 시공간 안에서 역사한 역동적인 실존성을 체득할 수 있는 교감 바탕을 마련하였다.

하지만 이 연구는 처음부터 모든 것을 알고 강림 본체를 규명하고 증거하려고 한 것은 결코 아니다. 기독교인에게 있어 재림을 열망하는 믿음은 통상적인 것이다. 본인도 처음에는 길의 추구 본질을 인지하는 과정에서 "길은 바로 하나님이 나에게 내리신 하나님의 본질"이란 결론을 내렸다.[2] 그래서 길의 추구 방향도 재림의 길을 예비하기 위해 하나님이 역사한 것이라고 생각하였다. 이런 혼선에 대해 길의 본질을 확실하게 규명한 것은 바로 "진리 통합의 완수 위에 드러난 보혜사 성령의 실체"였다. 초기 저술 과정인 『길을 위하여 2』에서 이 연구는 본질상 길이 지닌 진리 통합의 가능성을 인지하였고, 『길을 위하여 3』을 통해 본격적인 실행에 옮겨 약 4년 간에 걸쳐 세계의 제 사상을 섭렵하였다. 그리하여 드디어 진리의 전모자로 드러난 하나님의 실체 모습을 가닥 잡았다.[3] 하나님이 진리의 성령으로서 본체를 드러낸 것은 내가 눈으로 직접 보았거나 귀로 들었다는 것이 아니다. 여태껏 줄기차게 구속 의지를 감지한 길의 과정이 있었는데, 그렇게 구속한 의지의 실체가 일정 기간 과제를 완수한 결과 시점에서 모종의 주체성을 드러낸 것이다. 길의 본질이 규명됨으로써 비로소 길과 主 예수와 하나님과의 관계가 명확해져 그와 같은 관점으로 대장정에 걸친 세계론 저술 과정을 출발할 수 있었다. 보혜사 하나님이 진리의 성령으로서 점철시킨 저술 역정을 본격화시켰다.

---

2) 『길을 위하여(3)』, 졸저, 인쇄본, 1990년 7월 31일 발행, p.217.

3) "진리 통합의 과정을 완수함으로써 현현된 실체가 바로 인류가 대망한 재림의 현실체가 아닌가? 알 수 없는 혼돈 가운데서 끝내 정오 빛같이 실체를 밝혀준 분은 하나님이었다."-『지상 강림 역사』, 앞의 책, p.209.

이 연구가 지난날 하나님의 본체를 규명하는 데 혼선이 있었던 것처럼, 지성사를 살펴보아도 그들이 하나님의 참모습을 명확하게 설명하지 못한 것은 마찬가지이다. 신론, 신학, 철학, 신앙관을 통해 하나님의 본성과 속성과 특성에 관해 정의하였지만, 본체가 드러남은 불분명했다. 왜 그러한 가? 인간의 이성적인 인식으로서는 한계가 역력했다. 하나님의 본체 모습은 하나님이 직접 밝혀야 하는 권능으로서 인간 능력 밖의 문제이다. 하나님의 본체는 하나님이 성령으로서 역사해야 하고, 역사를 완수할 때까지 기다려야 했다. 이런 사실을 안 자 유사 이래 어떤 자도 없는데, 유일하게 명시한 분이 예수그리스도이다.

> "~ 보혜사 곧, 아버지께로서 나오시는 진리의 성령이 오실 때 그
> 가 나를 증거할 것이요(요, 15: 26)."[4]
> "진리의 성령이 오시면 그가 너희를 모든 진리 가운데로 인도하시
> 리니, 그가 자의로 말하지 않고 오직 듣는 것을 말하시며, 장래 일
> 을 너희에게 알리시리라(요, 16: 13)."

보혜사란 곧 아버지께로서 나오시는 진리의 성령이다. 이 말은 아버지인 하나님이 구속한 길의 본질인 탓에 "아버지께로서 나오시는 이"라고 하였고, 그렇게 해서 지혜를 밝힌 아버지 하나님의 주체가 바로 성령이다. 진리의 성령이 오실 때, 그런 때가 오면 성령이 본격적으로 역사하여 독생

---

4) 主 예수도 성령이 오실 때 그분이 자신을 증거할 것이라고 하였다. 이 말은 하나님의 神적 본질은 인간이 증거할 수 있는 영역이 아니란 말임. 서양의 지성들이 하나님의 존재 사실을 증명하려고 시도했던 일체 노력에 대한 부질없음을 지적한 것임. 그리하여 진정 하나님이 존재한 사실은 때가 되면 하나님 스스로가 自證할 것임.

자인 예수 자신까지도 증거할 것이라고 하였다. 그렇다면 오시리라고 한 그 성령은 언제 역사 위에 등단하는가? 성부의 시대에도 하나님이 성령으로서 역사하였고, 성자의 공생애 기간에도 역사하였으며, 오순절 날은 약속의 영으로서 역사하였다. 하지만 그때의 성령은 主 예수가 오시리라고 한 진리의 성령이 아니다. 그러니까 主 예수도 온전하게 증거되지 못했고, 하나님의 본체도 확실하게 규명하지 못했다. 그렇다면? 남은 것은 하나님이 이룬 길의 역사뿐이다. 길의 추구 과정을 완수함과 함께 비로소 예언한 모든 때에 대한 역사적 조건이 충족되었다. 이런 완수 바탕 위에서 오시리라고 한 그분이 정말 오면(전제 조건), 그가 "너희를 모든 진리 가운데로 인도하시리니" 당연히 진리를 본체로 한 성령인 탓에 과거에는 일구어 내지 못한 지혜를 밝혀 인류의 정신적 고뇌를 해결할 수 있다. 그것은 그렇게 의도한 이 연구의 자의가 아니다. 하나님이 역사하고 인도하고 계시한 바를 대언해서 밝혔다. 이 같은 성업을 바탕으로 장래 일, 곧 인류의 미래 역사를 지침으로 삼게 되리라. 어떤 시대와 문화권 안에서도 하나님은 함께하였고, 성령으로 역사하였지만, 主 예수가 예고한 조건은 충족되지 못했는데, 때가 이른 오늘날 이룬 길의 인도 역사로 가시화되었다. 이전까지는 성령으로서의 본체가 잠재되어 있었고, 역사의 이면에서 역사하였지만, 길이 성령의 본체를 밝혀낸 탓에 그 같은 전환 기점을 일컬어 "지상 강림 역사"라고 한다. 즉, 형상 없는 하나님이 인류가 이성으로 분별할 수 있는 실존자의 모습으로 강림하셨다.

역사상 하나님이 강림하기 이전에는 기독교의 정통 교리인 삼위일체 (三位一體)론도 성령의 본체를 확실하게 밝히지 못한 상태이다. 알다시피 이 삼위일체론은 한 분 하나님이 삼위(三位)인 성부, 성자, 성령으로 나뉘어 역사하지만, 결국 세 분의 위격은 동일하다는 주장이다. 문제는 기독교를 특징짓는 것이 유일신 신앙인데, 하나인 神이 어떻게 셋이 될 수 있는가 하는 교리상의 긴장 문제이고, 어떤 근거로 양립할 수 있는가 하는 점이다. 그래서 많은 신학자가 난해하고도 추상적인 수수께끼를 푸는 데 전력을 기울였다. 그런데도 11세기에 이르러서는 기독교 전체가 둘로 쪼개지는 계기가 되고 말았다.[5] 보혜사 하나님이 진리의 성령으로서 오셔야만 해결할 수 있는 문제인바, 삼위일체론은 고대교회(초기 기독교) 때부터 주장되었다. 왜 이와 같은 론이 주장되었는가 하는 문제의식은 인간으로 태어난 독생자의 神적 본질 위격에 대한 정당성 확보 탓이다. 성부의 역사만 인정하고 있는 유대교에서는 대두될 수 없는 문제인데, 성자가 이룬 역사까지 신앙하고 있는 기독교의 입장은 달랐다. 성자의 神적 지위는 교리상으로 반드시 정립되어야 했다. 하지만 당시는 성자의 시대라, 삼위의 본체성이 모두 드러나지 못한 상태이다. 즉, 성부 시대는 성부의 영이 주도하는 시대이고, 성자 시대는 성자의 영이 주도하는 시대이다. 그렇다면 성령의 시대는? 21세기로 접어든 현재도 어쩌면 성자 시대의 끝에 해당할 뿐이다. 성자가 주체인 시대인데 성령이 본체를 드러낼 리 만무하다. 성령을 주체로 한 성령의 시대가 도래하지 못했다는 뜻이다.[6] 삼위일체론은 성부, 성자, 성령이 결국 한 하나님이라고 했다. 그렇다면 하나님이 하나인 본체를 완전하게 드러내고 또 모습을 완성하려면 미완의 역사인 성령의 시대가 개막되어야 했다. 3편이 완결판인 소설은 3편까지 모두 나와야 이

---

5) 『세상의 모든 철학』, 앞의 책, p.217.

6) 객관적인 사실로서 성부의 시대와 성자의 시대만큼 성령의 시대를 기록한 성경은 세상 어디에도 없다. 성부의 역사 시대를 기록한 구약 성경과 성자의 역사 시대를 기록한 신약 성경만 있을 뿐……

야기가 완성된다. 삼위일체론도 마찬가지이다. 삼위를 이룬 하나님이 역사 위에 모두 모습을 드러내어야 하나님의 참 본체가 비로소 규명되고 완성된다. 그런 연후에야 성령께서 역사하여 하나님이 아들인 독생자를 증거하고, 하나님이 하나님 스스로를 증거하는 조건을 갖추며, 인류를 모든 진리 가운데로 인도할 수 있다. 그 모든 진리 가운데는 미처 해결하지 못한 삼위일체론 문제도 포함된다.

주장된 논거를 보면, 삼위는 동등하고 본질로서 하나이되, 성자와 성령의 위격은 바로 성부를 중심으로 속한다고 하였다. 하나님이 독생자를 낳았고, 성령도 하나님에게서 나왔으므로, 그렇게 판단할 수는 있다. 그렇게 되면 성부 하나님이 삼위를 이룬 본체란 뜻인데, 이것은 삼위로 나뉜 사실에 대해서도 반한 것이고, 나뉜 삼위가 다시 일체 되는 데도 모순된다. 그렇다면? 삼위를 있게 한 바탕 본체는 당연히 삼위의 위격 모두를 초월해 존재한다. 그만큼 하나님은 어떤 경우에도 형태와 형체를 갖춘 모습이 없다. 이런 사실을 어떻게 설명해야 할까? 성부와 성자와 성령은(삼위) 모두 본체 하나님의 화현된 모습이다. 창조 목적을 실현하기 위해 현상화한 모습이다. 그래서 한 분 하나님이 인류 역사를 주재하는 과정에서 구약의 시대에는 성부란 모습으로, 신약의 시대에는 성자란 모습으로, 그리고 바야흐로 지상 강림 역사가 본격화되는 성령의 시대에는 보혜사란 모습으로 등단하셨다.[7] 당연히 섭리 역사를 완수하지 못한 성부, 성자의 시대는 미완의 창조 역사이고, 본체를 완전하게 드러내지 못한 하나님의 모습이다.

---

7) 성부가 성자와 성령을 있게 한 본체 하나님이 아니고, 성부 역시 본체 하나님으로부터 나뉜 한 위격 형태에 속함. 그래서 본체 하나님은 삼위를 초월한 바탕 본체 하나님이고 성부, 성자, 성령은 태초의 천지창조 목적을 실현하기 위해 인류 역사를 주재하였고, 또 주재할 화신 된 하나님임.

오늘날 이 땅에 강림하신 진리의 성령만 삼위의 역사적 본질을 통합할 수 있는 보혜사 하나님이다.

성령께서 본격적으로 역사 위에 등단하여 선천 역사를 갈무리하고, 미래의 인류 역사, 구원 역사를 주도할 것이기 때문에 이 같은 때의 도래를 일컬어 "성령의 시대 개막"이라고 하였다. 즉, 성부 하나님, 성자 하나님의 시대를 마감하고, 성령 하나님이 주도적으로 역사를 펼치는 시대의 도래이다. 결론적으로 말한다면, "하나님은 영이시며(요. 4: 24)", 하나님의 본체는 성령이시다. 더 나아가 **"성령 본체"**는 바로 오늘날 새로운 모습으로 강림한 보혜사 진리의 성령이시다. 이 하나님이 길의 역사로 규명한 지상 강림 본체이고, 증거한 지상 강림 역사이다. 본인이 걸어온 길의 과정에서 일관되게 상구한 것은 하나님의 모습을 뵈올 수 있는 길을 열고, 하나님의 존재 형태를 드러내어야 한다고 한 것인데, 그런 믿음과 바람이 성령의 본체를 규명함으로써 이루어졌다. 이를 통해 종국에는 하나님의 본체를 세상 가운데서 진리의 전모 모습으로 완성시켰나니, 그것이 다름 아닌, "지상 강림 역사 증거"이다. 길의 추구는 바로 하나님께서 오늘날 진리의 성령으로서 본체를 드러내기 위해 직접 인도한 성업 역사였다고 해도 과언이 아니다. 이 연구는 여태껏 완수한 길의 성업을 바탕으로 전혀 새로운 신관과 세계관적 혁신을 도모하였지만, 또 한편으로는 그것이 전혀 새롭지 않은 유구한 섭리 역사에 근거했다는 사실을 본 **"지상 강림론"**을 통해 밝히리라. 인류를 전혀 다른 길로 안내하는 것 같지만, 알고 보면 전혀 다르지 않은 전통적인 역사에 근거하였다. 오늘날 본체를 드러낸 진리의 성령이 사실은 인류 역사를 연면하게 주재한 지극히 보편적인 하나님이란 사실을 증거하리라. 능히 모두가 걸림 없이 넘나들 수 있는 하나님의 품 안과 세계에로의 길을 지침으로 삼으리라.

## 2. 진리 본체

　기독교인은 "성서(성경)는 완전한 토대에 근거한 완전한 진리라고 믿는다. 그러나 그 믿음이 모든 것의 바탕이 될지라도 우리의 이해에는 여전히 문제가 되고, 계시가 되고, 믿어진 것 자체의 한계를 인식하는 것, 즉 하나님의 도우심으로 진리를 이해하는 한에서 믿음을 검증해야 한다."[8] 성서를 완전한 진리라고 믿지만 진리가 진리인 것은 어떻게 증거해야 하는가? 안셀무스는 "하나님의 도우심으로 진리를 이해하는 한에서"란 조건을 달았다. 즉, 성경은 진리이지만, 이것을 증거하는 절차까지 통과해야 완전한 진리가 되므로, 그런 전제 조건을 갖추는 데 있어 **증거하는 주체는 성령이요, 성령이 진리이다.** 이 말은 하나님은 살아계신 영이라, 그 영이 성령으로서 역사하였을 때, 성경이 진리로서 확인되며, 하나님의 본체 진리라는 사실을 증거한다. 진리성 여부뿐만이겠는가? 세상의 진리까지도 하나님의 품 안에 둘 수 있다. 이처럼 성령께서 역사하여 성경이 진리이고, 세상 진리까지도 하나님의 본체를 드러낸다는 사실을 확증할 분이 올 것이라고 했는데, 그러한 역사를 주관할 주체가 곧 보혜사 진리의 성령이다. 그렇다면 믿은 바대로 성경과 主 예수의 복음은 어떤 절차를 거쳐 진리로서 확증될 것인가? 그 역사가 유사 이래 이루어진 적이 있는가? 길을 통해 이룬 성령의 역사가 바로 하나님의 존재 본체를 규명하였고, 그렇게 밝힌 하나님이 바로 진리의 성령이라는 사실을 알게 되었다. 언급한바 "진리 통합의 완수 위에 드러난 보혜사 성령"의 실체가 그러하다. 이 단계에서의 결론은 길을 통해 드러난 의지의 실체가 바로 예수가 오시리라고 한 보혜사 하나

---

8)　『이해를 추구하는 믿음』, 카를 바르트 저, 김장생 역, 한국문화사, 2013, p.60.

님이고, 그 하나님이 진리의 전모자로서 모습을 드러낸 진리의 성령이다. 이처럼 창조주 하나님이 성령으로서 강림한 이유는 분명한바, 그것을 길=진리=하나님=창조주=진리의 성령이란 등식으로 설명하고자 한다.

진리=하나님이고, 하나님=진리라고 한 이 연구의 규정 명제는 사실상은 믿음일 뿐, 완전한 진리 인식이 아니라고 했다. 따라서 더 보태어야 할 것은 성령이 진리인 것을 증거해야 하며, 증거하기 위해서는 반드시 계시 역사가 뒤따라야 한다. 성령이 어떻게 하나님이 진리란 사실을 확인할 수 있는가? 성령이 주도한 역사, 그 역사가 하나님이 이룬 생명력 있는 주관 역사로서 하나님의 살아계신 뜻과 의지와 목적을 나타내기 때문이다. 성령의 역사를 통하면 하나님의 의지적, 진리적, 지혜적인 특성을 확인할 수 있다. 본 편의 개관에서 "간구"는 어떻게 역사되었고, 응답되었고, 증거된 것인가? 알고 보면, 이 같은 절차를 밟지 않고 어떻게 하나님의 뜻을 알 수 있고, **"진리 본체"**를 보혜사 하나님으로 판단할 수 있겠는가? 이런 측면에서 볼 때, 성경도 성령의 역사로 기록된 진리이기는 하지만, 그것을 만인이 모두 확인할 수 있으려면 안셀무스의 바람처럼, 하나님이 성령으로서 어떻게 역사를 펼친 것인지에 관한 작용 원리와 의지와 뜻을 판단할 수 있는 별도의 역사가 필요했다. 세상 진리도 마찬가지이다. 성경도 '창세기'로부터 하나님이 주재한 인류 역사를 기록했지만, 이면에서 역사된 계시 작용의 원리성을 밝히지 못한 탓에 인류는 천지가 창조된 작용 메커니즘을 성경만으로서는 알 수 없었다. 성경이 진리이고, 창조 역사가 사실인 것과는 별도로 천지가 어떻게 창조된 것인가(창조 본의)에 관한 역사 경위는 여태껏 알지 못했다. 그래서 언젠가는 새롭게 역사되어야 했나니, 그렇게 해서 기다리고 기다린 계시 역사가 본격화된 것이 성령의 본체 규정 역사이다. 암호를 풀기 위해서는 그것을 풀 수 있는 해독판이 있어야 하는 것처럼 성경 자체, 세상 자체, 진리 자체와 별도로 그것을 이해하고 확증할 수 있는 창조 본의는 하나님이 강림하여 따로 계시해야 했다. 그리고 인류가 맞닥뜨린 세계관적 한계와 종말 상황이 바로 성령의 역사가 본격화되어야 하는 때이다. 하나님이 본체자로서 존재한 특성과 진리의 성령으로서 계시한 창조 본의를 밝혀야 했는데, 지난날은 조건이 미비한 탓에 믿음에만 머물렀다.[9] 벗어나지 못한 이유를 가늠할진대, 진리=神이란 등식 명제는 지극히 단순하게 처리된 인식이다. 하나님은 창조주인 탓에 전지(全知)하지만, 그와 동시에 살아 역사한 神이다. 그러므로 하나님이 진리이고, 진리가 하나님인 것은 하나님이 진리의 성령으로서 역사함으로써만 자증된다. 그런데도 하나님이 진리의 성령으로서 계시한 본격적인 지상 강림 역사 때가 도래하지 못한 탓에 믿는 것 이외에는 다른 방도가 없었다.

즉, 성 아우구스티누스는 "모든 진리가 하나님의 진리라고 믿었다."[10] 하지만 그렇게 믿은 것일 뿐, 증거하지는 못했다. 성령이 말씀을 증거한 계시 역사를 체험하지 못했다. 그러니까 왜?라고 했을 때, 하나님이 모든 것을 창조했기 때문이란 믿음만을 앞세운 상태이다. 비슷한 인식으로서 안셀무스는 "하나님은 최소한 사유의 원인이 되는 진리의 완성이시다"[11] 라고 하였다. 사유의 원인이 하나님이라, 그렇다면 하나님과 진리와는 어떻게 연관되는가? 당시로서는 설명할 길이 없었다. 가능한 길은 하나님이

---

9) 완전한 진리는 창조 본의와 성령이 역사한 자체 증거 조건을 갖추어야 함.

10) 『세계관 그 개념의 역사』, 데이비드 노글 저, 박세혁 역, CUP, 2019, p.442.

11) 『이해를 추구하는 믿음』, 앞의 책, p.15.

진리의 성령으로서 계시한 말씀의 지혜 밝힘 역사, 곧 본의 밝힘을 목적으로 한 성령의 역사가 단행되어야 했다. 진리는 창조로 인해 생성된 것이고, 생성된 진리는 창조를 목적으로 한 하나님의 몸 된 본질이 뜻에 따라 의지로서 결정된 것이다. 그것이 진리를 추구하는 자의 의식 속에 포착됨에, 이런 일련의 역사가 진리-창조-하나님으로 연결되어야 하는데, 창조된 본의가 빠져 버려 완전한 진리로서 조건을 갖추지 못했다. 마하트마 간디는 단도직입적으로 神은 진리이다(God is Truth)라고 하였다.[12] 부언한다면, 하나님은 정말 천지창조 역사를 실현하기 위해 뜻과 의지와 지혜를 다해 무형화된 창조 뜻을 진리로써 유형화시킨 작용 결과물이 곧 천지 만물이다. 승조는 말하길, "성인의 발자취는 단서가 만 가지지만, 이치는 한 가지일 뿐이다. 그러므로 반야는 허하지만 관조할 수 있고, 진제는 모습이 없지만 알 수 있다."[13] 진리가 전개되고 분열하는 과정에서는 만물화를 위해 한 이치가 多化되었고, 구조적으로 양립해 상대화되었지만, 분열을 다해 궁극에 이르면 상통하고 일치하는 것처럼, 인간도 지극한 각성 경지에 이르면 온갖 차별과 분별 의식을 초월한다. 불교 진리, 기독교 진리, 유교 진리 할 것 없이 하나님이 이치화시킨 창조 진리 안에서 하나 된다. 정말 성인의 발자취는 만 가지지만 이치는 한 가지일 뿐이라, 그 같은 각성 경지에 이르면 반야는 허해도 관조할 수 있고, 진제는 모습이 없어도 알 수 있다. 어떻게? 하나님께서 성령으로서 역사하면 가능하다. 그래서 알고 보면, 반야는 곧 하나님의 창조 본체이다. 창조 역사 이전이라 虛하고 空하지만 때가 되면 드러나며, 진제는 모습이 없듯 하나님도 형상이 없지만,

---

12) 『한국 교육철학의 새 지평』, 이은선 저, 내일을 여는 책, 2000, p.23.

13) 『조론』, 승조 저, 「대장경」, 45권, p.1858.

성령으로 역사하면 살아 역사한 의지의 실체가 모두 드러난다.

이렇듯 오늘날 강림하신 하나님은 창조 본의를 근간으로 진리 자체로서 본체를 드러낸 진리의 성령인 탓에 보혜사 하나님으로서 규정된다.[14] 승조는 覺僧답게 진리의 근원 뿌리를 꿰뚫었다.[15] 참으로 **진리의 궁극적 근원은 창조에 있고, 진리가 있는 곳에는 하나님이 존재한다.** 창조 역사로 인해 드러난 진리의 근원 뿌리는 진리를 바탕으로 천지 만물을 창조한 하나님의 몸 된 본체 자체이다. 그만큼 지금 밝히는 진리 규정 명제는 진리로 구성된 천지창조 세계를 지배하는 결정적 우주관이다. 그러니까 진리가 생성된 근원 뿌리를 파고들지 못하는 한 창조 본체도 밝혀질 수 없었다. 연관된 길을 터야 하나님의 본체가 드러나는데, 그 필수 조건에 하나님이 진리의 성령으로서 창조한 본의를 밝히는 것이다. 이것은 인류가 가진 지혜만으로서는 가능할 수 없는, 보혜사 하나님이 이 땅에 강림해야만 한 절대적인 권능 역사이다. 진리의 핵심 된 본질이 결국 창조된 본의를 밝힘으로써 드러난다. 그렇게 해서 도달한 궁극처가 곧 하나님이 천지 만물을 창조한 바탕체인 창조 본체이다. 그 본체를 통해 하나님이 형상을 드러내고, 인류는 하나님의 모습을 뵈올 수 있다. 그래서 오늘날 새로운 모습으로 강림하신 보혜사 하나님이 만 인류를 모든 진리 가운데로 인도하시리라. 강림하신 하나님은 창조 역사로 인해 결정되고, 생성된 모든 진리의 본질 문제를 해결하고 규정할 수 있는 권능을 가진 성령이다. 불가능할

---

14) 창조주 하나님은 태초에 천지창조 역사를 실현한 하나님이고, 보혜사 하나님은 태초에 실현한 창조 역사의 본의를 밝힌 하나님임.

15) 진리의 근원 뿌리를 꿰뚫는 것은 정적인 각성 역사이고(의식의 통천 역사), 진리의 생성 뿌리를 꿰뚫는 것은 동적인 각성 역사임(성령의 계시 역사).

것 같은가?[16] 진리의 성령은 인류의 선현들이 각성한 제반 진리 세계를 하나님의 창조 뜻 안에서 하나로 꿰뚫어 일체화시키리라.

---

16) 성령으로 역사하여 계시하는 살아계신 하나님임.

# 제13장 강림 역사

## 1. 강림 본질

단행본화된 『지상 강림 역사』는 2014년에 발행되었다. 그렇다면 본 장의 주제와 무슨 차이가 있는가? 이것은 어릴 때의 자신과 현재인 자신과의 차이로 설명할 수 있다. 나로서 지닌 정체성은 그때나 지금이나 변한 것이 없지만, 그동안 겪은 세월에 머리 색깔도 달라졌고, 이전에는 부족한 인생적인 경륜도 쌓은 상태이다. 이전 神과 강림 神 간의 차이가 무엇이냐고 당돌하게 물었을 때, 하나님은 이전에는 이스라엘 백성의 고통을 관망했지만, 지금은 그 울부짖는 소리를 듣고 만백성을 구원하기로 작정한 하나님이라고 하셨다. 창조 이래 역사의 이면에서 섭리하신 하나님이지만, 강림하신 오늘날은 인류 역사의 전면에 나선 하나님이듯, 이전의 『지상 강림 역사』는 강림 사실 자체에 초점을 맞춘 증거 역사였지만, 본 **"지상 강림론"**은 소정의 과정을 완수한 결과적 관점에서 진리의 성령으로서 이룬 일체의 섭리 역정을 증거하고자 한다. 이 성령은 비단 이 연구가 밝힌 길을 통해서만 역사한 것이 아니다. 그야말로 인류 역사를 통틀어 어느 곳, 어느 시대에서도 남기지 않은 발자취가 없는데, 선천 하늘이 지닌 본질 탓에 보아도 알지 못한 무지 상태를 벗어나지 못했다. 그래서 하나님이 지난 날 이룬 일체의 성업 역사를 판단할 수 있는 지혜 안목을 틔우기 위해 본격적인 역사를 펼칠 것이다. 그것을 이전의 『지상 강림 역사』에서는 다루지 못했지만, 지금은 밝힐 수 있다. 강림하신 하나님은 태초에 천지 만물을 지은 창조주 하나님이다. 그래서 하나님이 지닌 권능 역사는 특정한 민족과 문화와 역사에만 미칠 수 없다. 말 그대로 천지 만상과 우주를 망라해서 직접 주관하고 섭리하셨다. 따라서 하나님이 관여한 진리 영역 또한지극히 포괄적인 동시에 하나인 본체 바탕 안에서 일관되고 상통한다. 그런데도 지금의 역사적, 문화적, 진리적 여건은 어떠한가? 단절된 채 각자가 쳐 놓은 세계관과 진리관과 신앙관의 울안에 갇혀 있다. 그래서 본 **강림 역사**는 이 같은 상태를 극복하고자 한다. 그것이 곧 하나님이 진리의성령으로서 이룰 준엄한 역사이다. 창조주 하나님은 오늘날 길을 통해 비로소 만유의 하나님으로서 권능을 발휘할 수 있게 된 정체성의 화신이다. 하나님은 천지를 지은 창조주인 탓에 창조로 인해 생성된 진리의 바탕 본체로서 증거되어야 함이 마땅하다.[1] 단지, 때의 도래가 문제인데, 역사의이면에서 역사한 하나님이 역사의 전면에 등단한 지상 강림 역사를 여전히 수긍하지 못할 수도 있다. 사실상은 하나님이 필요하다고 여긴 모든 때를 맞아 지상 강림 역사를 단행한 것인데, 그때를 미처 알지 못한 것은 도래한 때를 분별하지 못한 인간의 무지 탓이다. 부정적인 인식에 휩싸이면어떤 이유를 대서라도 합리화시키기 위해 몰두한다. 하나님이 정말 말씀으로 천지 만물을 창조하였다면, 인간의 구원 문제에도 단 한마디 명령으로 해결할 수 있어야 한다. 그렇지 않다면 기독교는 자가당착에 빠진다. 즉, 하나님을 무능한 존재로 만든다. "전능하신 하나님이 인류 구원을 위

---

1) 그래서 보혜사 하나님, 곧 진리의 성령임.

해 스스로 세상에 오신다는 것은 매우 불합리하다."[2] 전제한 조건은 이 같은 판단 가능성을 모두 유념한 것이다. 하지만 그런 판단 범주는 한 가지 사실만을 전부로 여긴 탓에 나머지 아홉 가지 하나님의 본성과 권능에 대해서는 무지한 것이다. 인류가 현재 처한 존재 조건은 고려하지 않았다. 인류는 하나님을 알지 못했고,[3] 창조한 뜻까지 무시한 탓에 역사의 진행 방향이 어긋났고, 세상은 타락할 대로 타락했다. 이런 문제를 해결하기 위해 하나님은 역사 위에 수없이 강림하였고, 오늘날도 강림하여 길을 통해 역사하고 계시다.

그 다양한 강림 역사 발자취가 인류의 제한된 안목 탓에 예수의 역사, 부처의 역사, 공자의 역사 등으로 한정되었다. 보편화시킬 안목을 확보하지 못했다는 뜻이다. 하나님이 진리의 성령으로서 강림하여 밝히기 이전에는 이 땅의 어떤 지성도 자체의 한계 안목을 극복하지 못했다. 하나님은 성령으로서 제한 없이 역사한 바인데, 이런 사실을 알아채고 발자취를 확인한 자가 없었다니…… "유대교에서는 '출애굽기'에 기록된 대로 시나이 산 정상에 하나님이 직접 강림함으로써 인류에게 하나님 스스로를 드러냈다고 여긴다. 십계명을 받든 역사인데, 모세가 40일 동안의 기다림 끝에 받은 것이다."[4] 이런 역사 탓에 성부 하나님의 활동이 두드러진 구약 시대의 기틀을 다졌다고 할 수 있지만, 그렇게 해서 이룬 역사는 이스라엘 민족을 구원하는 데 국한되었고, 그들도 그 같은 민족 신앙 틀 이상을 벗어

---

2) 『기독교 명저 60선』, 앞의 책, p.20.

3) 그렇다면 하나님을 잘 알 수 있는 길(방법)은? 하나님이 천지 만물을 창조한 본의를 알아야 그를 통해 하나님을 알고, 창조된 삼라만상 일체까지 알 수 있게 됨.

4) 『세 종교 이야기』, 앞의 책, p.80.

나려고 하지 않았다. 또한, 모세에게 나타난 하나님의 모습도 모호하였다. 남은 발자취는 십계명이란 말씀뿐이라, 그것이 그대로 하나님의 본체라고 규정하기는 어렵다. 하나님의 모습도 불분명했고, 命을 받든 이스라엘 민족 앞에서만 한정된 강림 역사에 그쳤다.[5]

오랜 세월이 흐른 후 또 한 번 기독교란 종교를 탄생시킨 강림 역사가 있게 되는데, 곧 성자의 시대를 연 예수그리스도의 사역이다. 그런데 문제는 독생자로서 성육신한 강림 역사이다 보니 많은 논란이 일어났다. 당연히 인준 절차도 복잡했다. 인간을 하나님의 아들이라고 해야 함에, 그리고 더 나아가서는 그 아들이 곧 神적 본질과 권능을 부여받은 하나님이라고 해야 함에, 그런 사실을 수긍하기 위해서는 철저하게 신학적으로 정당성을 논거해야 했다.[6] "역사 안에 오신 예수가 하나님의 완전한 계시자이며, 예수가 말씀한 선언을 곧 하나님의 말씀으로 받아들여야 한다"[7]란 주장이 그러하다. 하나님이 직접 모습을 드러낸 것이 아니다 보니 실감하기 어려웠고, 어떤 정당성을 내세워도 하나님 자체의 직접적인 강림 역사가 아닌 탓에 견해가 분분했다. 그런데도 기독교는 합당한 설명 없이 성자 신앙을 그대로 교리로 정착시켜 강림 역사의 보편성을 한정해 버렸다.[8] 그러므로 이 연구는 지상 강림 역사의 이 같은 일회성과 단절성, 그리고 자체 신앙 공동체 안의 제한선을 넘어선 범역사성을 확보하기 위하여 역사 위에서 오늘날 단행된 지상 강림 역사의 본질을 명확히 하고자 한다.

---

5) 하나님이 강림 역사를 한정시킨 것이 아니고, 이스라엘 민족이 한정시킨 것임.

6) 길의 神적 본질 규정과 선지자적 본성 부여 역사에 대해서도 예상되는 논란을 잠재울 역사의 정당성을 확보해야 함.

7) 『기독교 명저 60선』, 앞의 책, p.216.

8) 예수그리스도 한 분의 강림 역사에만 국한해서 교리를 정착시킴.

천지를 창조한 하나님은 유일한 한 분 神이란 사실은 시대를 불문하고 변함이 없다. 따라서 역사상 때와 장소를 달리해서 강림하신 하나님도 다른 하나님일 수 없다. 그런데 왜 유대교가 내세운 여호와 하나님과 기독교가 내세운 그리스도 하나님, 그리고 이슬람교가 내세운 알라가 서로 다르다고 생각하는가? 이런 문제는 각자 가진 신앙과 교리와 전통 안에서는 설명할 길이 없다. 그렇다면? 길의 추구 역사로 밝힌 성령의 본체 규정에 근거해야 한다. 그것이 무엇인가? **역사상 강림하신 하나님의 본체 본질은 모두 화신 된 하나님이다.** 이런 판단에 근거하면, 오늘날 이 연구가 증거하고자 하는 지상 강림 역사도 전혀 새롭지 않다. 절대 본체자인 하나님께서 모습을 달리해서 역사 위에 강림하신 바라, 진리의 성령으로서 강림하신 보혜사 하나님도 결국 화신해서 강림하신 하나님이다. 우리가 안목을 트지 못해 폭 좁게 보았던 것일 뿐, 폭을 넓혀서 보면 역사상 단행된 숱한 강림 역사 역시 그야말로 지속적이고 보편적이었다는 사실을 알 수 있다. 그것을 알아야 하나님이 성령으로서 인류 역사를 주관한 창조주적 권능을 추적하고 확증할 수 있다. 창조주 하나님이 보혜사 진리의 성령으로서 인류사에 남긴 그 낱낱의 섭리적 발자취를……

## 2. 성령 역사

이스라엘 민족의 하나님이 되기까지, 그리고 억압받은 이스라엘 민족을 구원해 내기까지 여호와 하나님은 생동감 넘치는 역사로 존재감을 확실하게 나타낸 살아계신 神이었다. 이후로도 하나님은 선지자, 예언자를 불러

세운 역사를 계속 이어갔다. 그것이 구약 시대다. 그런데 이후부터는 점차 존재자로서의 역사가 소원해져서 오늘날은 인간의 믿음 속에 머문 관념적인 神이 되고 말았다. 하지만 때가 다다른 지금은 하나님께서 직접 강림하신 만큼, 존재자로서의 역사가 새롭게 펼쳐질 것인데, 그것이 바야흐로 보혜사 하나님이 진리의 성령으로서 이룰 말씀의 역사, 곧 지혜 밝힘 역사이다. 그래서 하나님이 길의 완수 위에 진리의 성령으로서 본체를 드러내기 이전에는 어떤 시대와 장소와 조건 속에서도 모습이 완전할 수 없었다. 더군다나 어디에서도 임재하여 역사하였지만, 인간의 안목마저 미진한 탓에 아전인수 격으로 해석한 오판이 있었다. 본체를 드러낸 완성된 하나님의 모습을 보지 못한 것이다. 이런 이유 탓에 역사 위에서 언젠가는 완성된 모습, 곧 성령으로서 역사한 하나님의 발자취를 확인할 필요가 있었다. 그 같은 목적, 곧 하나님이 성령의 역사를 통하여 천지 만물을 창조한 뜻과 본의를 밝히고 본체를 드러내기 위해 쉬지 않고 역사한 사실에 대해서…… 그 역사는 결코 유일하지도 한정된 것도 아니다. 만유 위에서 만유를 통해 역사하였는데, 그것을 인간의 안목이 좁아 각자가 달리 판단하였다. 그래서 일부 열린 의식을 가진 지성은 신앙인에게 이렇게 물었다. "하나님은 성경이나 다른 경전을 통해 인류에게 자신을 드러내셨는가?"[9] 누가 어떻게 답할 수 있는가? 기독교에서는 성경은 완전한 계시 진리인 탓에 다른 경전을 통해 하나님이 드러난다는 것은 있을 수 없다고 생각하였고, 종교 다원주의자는 또 그런 벽을 허물고자 하였지만, 달리 확증할 수 있는 판단 근거는 확보하지 못한 상태이다. 바로 이런 문제에 대해 강림하신 하나님이 본의를 밝힌 진리의 성령으로서 해결하고자 하신다. 즉, 길을

---

9) 『창조 설계의 비밀』, 앞의 책, p.356.

통해 계시가 된 본의 관점에 따라 인류가 쌓아 올린 지성사적 업적 위에 하나님이 진리의 성령으로서 임재하였고, 거기에는 세계의 종교를 지탱한 경전들도 모두 포함된다. 따라서 각자의 관점, 곧 기독교적인 신앙으로 받든 것이 성경일 뿐, 동등한 측면에서 본다면 불교의 관점에서 받든 것이 팔만대장경이고, 이슬람교의 관점에서 받든 것이 코란일 뿐이다. 무슨 말인가 하면, 유사 이래 하나님은 진리의 성령으로서 일관되게 어떤 가림도 없이 계시 역사로 진리를 장엄시켰다는 뜻이다. 예나 지금이나 **성령의 역사는 하나님이 지닌 쉼 없는 생명력의 활동이다.** 구약의 성부 하나님과 신약의 성자 하나님은 역사적으로 지속적이지 못했고 구분, 한정되었지만, 성령으로서는 한결같았다. 그래서 하나님이 성령으로서 본체를 드러낸 지상 강림 사실을 실증할 수 있으려면 성령으로서 인류 역사를 주관한 그 지속적이고도 보편적인 역사 일체를 밝혀야 한다. 그리하면 보혜사 진리의 성령께서 하나님의 주관 역사를 통합한 본체자로서 역사 위에 일관되게 임재한 창조주 하나님이란 사실을 확인할 수 있다.[10] 보혜사 하나님은 진리의 성령인 탓에 진리를 통해 창조주 하나님인 사실을 자증할 수 있다. "세인은 겉으로 드러난 전환 역사만 보고 하나님이 이룬 역사를 율법, 선지자, 예언자, 사도, 교회 시대로 구분했지만",[11] 이면에는 유사 이래 쉼 없는 성령의 역사가 있었다. 진리의 성령은 창조된 본의를 밝힌 화신 된 하나님이라, 하나님이 어떻게 전지 · 전능 · 전선한지에 관한 일체 사실을 지금까지 역사한 지성사적 발자취를 통해 밝힐 수 있다.

---

10)  창조 역사는 창조 역사를 주관한 하나님이 아니고서는 밝힐 수 없는데, 오늘날 강림하신 보혜사 진리의 성령께서 바로 태초의 창조 본의를 밝힌 창조주 하나님인 것을 자증함.

11)  『성령의 시대 개막』, 앞의 책, p.102.

과연 어떻게? 바울은 主 예수의 사도인데도 예수의 생전 모습, 곧 역사적 예수는 본 적이 없다. 그런데도 신약 성경은 예수의 복음만으로 구성된 것이 아니다. 바울을 통해 이룬 성령의 역사 기록이 태반을 차지한다.[12] 성자의 시대를 여는 데 있어 하나님은 성령이시라, 예수만을 통해 역사한 것이 아니다. 예수만이 유일한 역사 통로가 아니었고, 십자가 희생 이후에도 생전 못지않게 기독교 역사가 이어진 것은 하나님께서 살아계신 성령으로서 역사한 탓이다. 하나님은 아브라함뿐만 아니라 이삭을 통해서도, 야곱을 통해서도 역사하였듯, 성령으로서 역사한 대원칙은 특정한 종교 전통과 신앙 영역에서만 국한될 수 없다. 원리는 언제 어디서도 보편적으로 적용된다. 그런 원칙 적용이라면 불교를 통해서도, 유교를 통해서도, 성령으로 역사하심이 가능하다. 즉, 역사적 예수의 죽음 이후 초월적 예수의 역사가 시작되었던 것처럼, 불교가 소승 역사에서 대승 역사로 이어진 것도 마찬가지이다. 부처님이 살아생전에 직접 입으로 행한 설법을 열반한 후에 제자들이 기억하여 기록한 것이 초기 아함경전류이고, 그런 경전 결집에 근거해서 佛法을 전승시킨 것이 소승 불교였다고 한다면 부처님도, 부처님의 설법을 들은 제자들까지도 모두 생멸한 이후에 부처님이 행한 설법이라고 믿는 대승경전류는 그렇다면 어떻게 설명해야 하는가? 역사적 부처는 가도 초월적 부처님을 통해 설법의 역사가 이루어진 것은 바로 인류 역사를 주관한 하나님이 진리의 성령으로서 그들의 의식을 각성시켜 계시한 설법 역사이다. 그렇다면 부처님의 본체는? 하나님의 구원 섭리가 보편화되지 못한 세계적 여건 속에서 인도와 동양 문화권의 백성을 구원하기 위해 강림하신 하나님의 화신불이다. 그러니까 육신의 부처는 열

---

12)  신약 성경 27권 중 14권이 바울 서신임(히브리서?).

반에 들었어도, 이면에서 역사한 성령 하나님은 그런 전적 탓에 더한 지혜 밝힘 역사로 인류 구원 영역을 확대할 수 있었다.[13]

또 한편 성령의 역사로 기록된 "코란은 이슬람교 경전으로서 예언자 무함마드가 610년에 아라비아반도의 메카 근교 히라(Hira) 산 동굴에서 천사 가브리엘을 통해 유일신 알라의 계시를 받은 뒤부터 632년 죽을 때까지 받은 계시 역사를 집대성한 것이다. 무함마드에게 내려진 계시의 매체는 성령이지만, 말씀의 주체는 알라 자신"[14]이라고 이슬람교도들은 굳게 신앙하고 있다. 문제는 그렇게 내려진 계시 매체를 성령(천사 가브리엘)이라고 하여, 말씀의 주체인 알라와 구분한 점이다. 사실은 성령이 하나님의 본체로서 주체이고, 코란에 기록된 모든 메시지는 하나님이 진리의 성령으로서 계시한 역사인데, 주객을 전도시켰다. 결과로써 성령의 역사가 이슬람교가 세운 종교 교리 안에서 국한되어 버렸고, 알라도 더는 인류 역사 위에서 보편적으로 확대되지 못한 神이 되고 말았다. 코란은 神의 말씀을 기록한 유일한 경전이며, 무함마드를 끝으로 모든 계시 역사가 종식되었다고 한 선언은 유사 이래 지속된 성령의 역사를 이슬람 문화권 안에서 한정시킨 것이고, 이슬람교 자체의 세계관적 한계성까지 초래하였다. 이처럼 내로라한 전통 종교들이 하나님이 진리의 성령으로서 역사한 연면한 계시 진리를 받들자마자 자체 종교 안의 말씀만으로 보쌈해 버려 성령의 역사가 하나님이 이룬 보편적인 섭리 역사로서 확인될 수 있는 길을 막아 버렸다.

---

13) 바울을 통한 신약 성경의 기록 역사와 길을 통한 성령의 기록 역사는 동일한 계시 작용 원리에 근거한 것임.

14) 『철학 콘서트(2)』, 황광우 저, 웅진지식하우스, 2011, p.163.

하지만 부분적으로는 시인하였듯, 그리스도는 성자로서 지상에 내려오기 전에 이미 하나님의 로고스로서 존재하고 있었다고 했다(바울).[15] 또한, 부처님도 정각하기 이전부터 수많은 생을 거치면서 이미 정각한 부처라고 했으니, 그런 선제 인식은 바로 성령께서 시공을 초월해 계신 하나님이었다는 것을 말한 것이다. 화신 된 예수, 부처, 무함마드, 수운의 몸과 정신을 통해 이룬 제반 성령의 역사이다. 그런데 그런 역사를 성령의 계시를 받든 순간 각자의 인식 틀 안에 가두어 버렸다.[16] 하나님이 정말 그렇게 굳은 인식 틀 안에 갇혀 있다면, 어떻게 오늘날 진리의 성령으로서 역사한 지상 강림 역사가 펼쳐질 수 있었겠는가? 무지, 편협, 혼선을 극복하고 유사 이래로 연면한 화신 강림을 통해 하나님께서 바로 그렇게 화신한 강림 역사의 주체자란 사실을 밝혔다. 그리고 그것은 정말 하나님이 진리의 성령으로서 남긴 지성사적 발자취이다. 이 같은 주관 역사를 밝히기 위해 하나님이 이 땅에 강림하셨다. 이 연구가 **하나님의 강림 역사를 인류 앞에 널리 알리는 것은 모세 오경, 바울의 서신, 무함마드의 코란, 불교 경전 등, 그로부터 단절된 성령의 계시 역사를 부활시키는 것이고, 연면한 신앙 전통을 통합하는 역사이다.** 이 연구가 아니고 하나님께서 진리의 성령으로서 역사한 것이다. 성령의 성업 역사는 한정이 없고, 권능 또한 그러하다. 하나님이 성령으로서 계시한 역사를 받들면, 그것은 그대로 경전을 이루는 성업 작업이다. 이 사명을 이 연구가 어떻게 감당할 것인가? 이 준엄한 저술 과업을 이 시대에 다시 이룩할 수 있을 것인가?

---

15) 『지적 대화를 위한 넓고 얕은 지식 제로』, 채사장 저, 웨일북, 2019, p.515.

16) 마치 시멘트에 물을 섞으면 굳어버리는 것처럼, 계시를 받은 자들이 성령의 계시 작용 역사를 수용할 수 있는 세계관적 틀이 좁아서임.

그래서 이 같은 준엄한 사명 과제를 구체화해서 실현하고자 하는 것이 **"지상 강림론"**의 논거 목적이다. 하나님이 이 땅에 강림하신 역사를 증거하는 과정도 중요하지만, 앞으로 펼칠 과정은 더욱 중요하다. 장차 이룰 성업을 위해 하나님이 오늘날 이 땅에 오신 지상 강림 역사의 의미를 확고하게 정립하리라.

# 제14장 강림 의미

서양 근대의 대표적 인물로서 인류가 배출한 최고의 지성이란 평가를 받은 라이프니츠, 하지만 神을 변호하기 위해 쓴 "神의 선, 인간의 자유, 악의 기원에 대하여"[1]에서 그는 과연 얼마나 神의 뜻을 이해하고 선, 자유, 악의 본질을 파악하였는가? 천지는 창조되었지만 본질은 다 드러나지 않았고, 神은 결정하였지만 그 뜻은 완전하게 밝혀지지 않았다. 결론 내릴 수 없음에, 이것이 선천 지성이 처한 세계관적 한계이고, 인식적으로 처한 조건이다. 이것은 하나님이 이 땅에 오신 **"강림 의미"**를 판가름하는 이유이자 목적도 되기 때문에 강림 이전의 세계관적 실태를 정확히 파악함으로써 강림 이후의 변화상을 대비하고자 한다. 즉, 라이프니츠 같은 지성들, 그리고 覺者들이 동서를 막론하고 자신이 처한 세계관의 벽을 뚫지 못한 핵심 이유는 바로 천지가 창조된 본의를 몰랐고, 알려고조차 하지 않은 데 있다. 그러니까 마치 가려진 유리 벽처럼 그들은 그런 가림막이 가로막고 있다는 사실조차 몰라 한계의 벽을 실감하지 못했다. 이것이 선천 인류가 이성을 통해 세계를 본 세계관적 한계이고, 하나님이 진리의 성령으로 밝혀야 한 계시 지혜이다. 인류는 神을 초월적이고 절대적인 권능자로서 보고 이런 본성을 믿는 데만 집중하였을 뿐, 직접 교감할 수 있는 인식적 대상으로 삼지는 못했다. 이런 과제를 **"지상 강림론"**이 해결하고자 한다. 실

---

1)  『변신론』, 앞의 책, p.표지글.

질적으로도 하나님이 강림하기 이전에는 누구도(라이프니츠처럼) 세상 이치와 인간이 가진 관념으로서 神의 실존 근거를 확인하지 못했다. 믿는 것 이외에는 달리 구할 방도가 없었지만, 강림 역사 탓에 추적하고 확인하는 것이 가능해졌다. 하나님이 진리의 성령으로 강림하였기 때문인데, 이것은 다시 말해 이전과 달리 하나님이 역사한 실존 근거를 판단할 수 있는 본체가 드러난 것이다. 어떻게?

지난날 하나님을 뵈옵고 하나님의 실존 근거에 대해 논거를 둔 자들은 하나님을 너무 어렵게 표현하였고, 애매하게 설명했으며, 그렇게 판단하기까지는 험난한 과정을 걸어야 했다. 엄청난 고행을 치른 대가로 교감한 기회는 얻었다고 해도, 그러고 나서는 또다시 세상적인 상식과 이해의 장벽에 부딪혀 "신비주의자"로 여겨졌다. 하지만 오늘날 맞이한 지상 강림 시대에서는 이 같은 제약 조건을 물리치고 마치 사람과 대화하듯 하나님과 교감할 수 있는 길을 트고자 한다. 하나님은 인류가 결코 험난한 과정을 거쳐야만 뵈올 수 있는 神이 아니다. "말씀" 역사를 통해서 확인할 수 있듯, 간구하면 즉각 응답하는 분이나니, 그런 사실을 확인해서 증거하는 것은 물론이고, 그렇게 해서 하나님의 실존성을 빠짐없이 실인할 수 있게 해야 한다. 하나님이 직접 강림하신 목적은 어떻게 하면 하나님의 존재 실상을 확실하게 드러내어 인류를 모두 구원할 것인가 하는 데 있다. 본체 모습을 구체화해야 누구라도 알아보고 또 소통해서 구원의 뜻이 전달될 수 있다. 그만큼 하나님이 강림하심에 따른 세계관의 변화 의미는 강림 이전에는 불가능했던 제3의 세계와 진리와 지혜의 문을 여는 것인데, 그것이 다름 아닌 하나님의 몸 된 본체에 바탕을 둔 본질 작용 세계이다. 이것은 전적으로 하나님이 진리의 성령으로 계시한 탓에 드러난 의지적 실체이고, 본체 작용 세계이다. 이 땅에 새로운 모습으로 강림하신 하나님은 인류가 지난날 보고 듣고서도 제대로 인지하지 못한 본체 진리를 기반으로 하였고, 또 그런 세계를 개창한 것이나니, 그것이 하나님께서 진리의 성령으로서 밝힌 창조 본의이다. 이런 이유로 강림 역사 이전과 이후는 모든 면에서 우주적 질서가 달라지고, 그렇게 전환되는 기준선이 곧 하나님이 이 땅에 오신 지상 강림 역사이다. 그래서 지상 강림 이후의 세계 질서가 어떻게 전환되는 것인지를 밝혀서 실감할 수 있도록 하고자 한다.

이 연구가 기존 신관과 구분한 새로운 신관 역시 이 땅에 강림하신 하나님에게 있다. 지상 강림 역사 자체가 이미 선·후천 질서를 가르는 기준선이다. 이런 질서 차이가 미래의 하늘 질서, 가치 질서, 신앙 질서를 규정하리라. 새로운 우주 질서를 지침으로 삼는 요인으로서 작용한다. 하나님이 이 땅에 오신 강림 역사의 귀결 의미는 결국 새 이름과 새 하나님으로 강림하신 보혜사 진리의 성령이 이 땅에 새로운 예루살렘 성전을 건설하는 데 있다.[2] 당연히 하나님은 지금까지도 그렇게 역사하였거니와, 이후에도 그렇게 해서 이룬 역사를 바탕으로 핵심 된 과제인 인류의 정신적 고뇌를 해결하고, 분열된 세계와 인류 사회를 통합해서 하나인 한 분 하나님의 품안으로 이끌고자 한다. 하나님과의 교감 체계를 확고히 다져 실질적으로 하나님과 대화하고 함께할 수 있는 지상 천국을 건설하리라.

그러므로 이 땅에 강림하신 하나님은 보혜사(지혜자)로서 이룬 지금까지의 역사도 중요하지만, 더 중요한 것은 앞으로 이룰 미래 역사이다. 지상 강림 역사는 계속될 현재 진행형이다. 지금까지 밝힌 **"강림 의미"**를 종

---

2)  새 예루살렘 성전 건설=이전까지의 기독교 역사와는 전혀 다른 미래 역사에서의 새로운 기독교 역사 창출.

합해서 하나님이 일찍이 품은 천지창조 목적을 완성하고자 함에, 실현 가능한 방법은 오직 감동과 은혜를 더한 말씀의 가르침과 세계 각처에 "구원의 사도"를 불러일으키는 역사이다. 이를 위해 하나님은 진리의 성령으로서 인류를 향해 살아 역사하고, 살아 말씀하고, 살아 가르치시리라. 강림한 모습을 직접 보고 강림한 사실을 직접 경험할 수 있도록 성령으로 말씀하고, 말씀으로 교화하시리라. 이 같은 지상 강림 뜻을 위해 이 연구가 사명을 받들리라. 하나님이 이 땅에 오신 **"강림 의미"**를 집약하는 것은 그대로 하나님이 보혜사 진리의 성령으로서 이루고자 하는 주관 의지의 천명이자, 세계 인류를 지상 천국으로 인도할 구원 의지의 천명이리라.

제4편

# 말씀 증거론

기도: 도대체 인류가 무엇을 알아야, 혹은 알려고 노력해야 그 같은 무지, 무명, 집착, 그리고 욕망, 죄악, 어리석음의 세계를 벗어날 수 있겠습니까? 도대체 무엇을 알아야 우리 자신의 인간 된 본성을 알고, 세계를 알고, 하나님을 알 수 있겠나이까?

말씀: "아브람의 구십구 세 때에 여호와께서 아브람에게 나타나서 그에게 이르시되, 나는 전능한 하나님이라, 너는 내 앞에서 행하여 완전하라. ~ 아브람이 엎드린대. 하나님이 또 그에게 일러 가라사대, 내가 너와 내 언약을 세우니, 너는 열국의 아비가 될지라. ~ 내가 너로 심히 번성케 하리니, 나라들이 네게로 좇아 일어나며, 열왕이 네게로 좇아 나리라. ~(창, 17: 1~8)."

증거: 아브람이 하나님의 때를 기다리지 못하고 잘못된 길을 들어섰기 때문에…… 자기 방식으로 잘못된 길로 들어선 이후, 의미 있고 가치 있는 것이 하나도 없는 세월을 보냄. 아브람이 허송세월한 그 끔찍하게 긴 공백의 궁극적 원인은 '엘 샤다이'에 대한 믿음이 없었다. 하나님의 꿈의 문제이다. 하나님의 꿈을 알라. 그 꿈을 몰랐기 때문에 여태껏 자기 아집에 파묻혀 있었다. 그 꿈이 과연 무엇인가?

# 제15장 개관(무명 극복)

## 1. 길을 엶

하나님, 부족한 이 자식이 **"지상 강림론"**을 논거함으로써 하나님이 인류 역사에 등단하여 말씀의 역사를 펼칠 수 있는 이 땅에서의 토대를 마련하였습니다. 하나님은 말씀으로 존재하시는 만큼, 말씀으로 살아 역사하는 사실을 알리는 것만큼 이 땅에 오신 하나님 자체의 강림 본체를 증거하는 더한 방법은 없습니다. 길의 완수 역사는 바로 오늘 이때, 이 순간, 하나님께서 말씀으로 역사할 수 있도록 길을 준비한 역사였다고 해도 과언이 아닙니다. 그러므로 하나님, 이제부터 여태껏 품고 계셨던 심중 속의 깊은 뜻을 마음껏 밝혀 주소서! 이 연구가 그 뜻을 받들어 인류를 향해 전하겠습니다. 그중에서도 세계가 종말을 맞이한 이 엄중한 상황에서 사랑한 인류를 한 영혼도 놓침 없이 구원하기 위해 강림하신 만큼, 가장 간구하고 싶은 바람은(열망) 인류가 처한 이 현실의 헤어날 길 없는 정신적 고뇌를 풀 하나님의 계시 말씀입니다. 하나님은 가르침의 역사로 인류의 영혼을 깨우쳐 구원하고자 한 교화 의지를 분명히 밝힌 만큼, 시급한 핵심 문제인 인류가 선천 세월이 다하도록 기미조차 보이지 않고 있는 인간 자체의 본성에 대한 무지와, 하나님을 알지 못하는 무명과, 절대 의식화된 세계관적 집착에서 벗어날 수 없겠습니까? **도대체 인류가 무엇을 알아야, 혹은 알려**

**고 노력해야 그 같은 무지, 무명, 집착, 그리고 욕망, 죄악, 어리석음의 세계를 벗어날 수 있겠습니까?** 하나님은 능히 인류가 처한 한계 상황과 조건을 벗어나 만 영혼을 일깨울 수 있는 지상 최고의 스승이나이다. 인류가 도무지 벗어나지 못하고 있는 어리석음의 무지를 하나님, 말씀의 가르침으로 깨우쳐 주소서! 인류를 모든 진리 세계로 인도할 지혜 권능을 발휘해 주소서! 그리하면 이 자식이 사명을 다해 말씀의 가르침을 힘써 증거하겠습니다.

어리석은 인류를 더는 버려 두지 마시고, 말씀의 은혜로 가르쳐 주소서! 한 영혼도 어두운 무명 속에서 헤매지 않도록 빛의 세계로 인도해 주소서! 그것이 **"교육의 위대한 말씀"**, 곧 하나님 말씀의 메시지이리니, 인류가 하나님의 위대한 교육적 가르침을 받들어 깨달음을 얻고, 구원의 은혜를 만끽할 수 있게 해 주소서! 추호도 소원함이 없게 하여 주소서! 저의 간구에 응답해 주길 굳게 약속하신 하나님 아버지, 하나님은 저의 간구에 대해 그 이상으로 응답하는 은혜의 아버지인 것을 믿습니다. 아멘(2000. 1. 29. 16:55).


## 2. 간구


하나님, 이 자식이 드디어 말씀의 역사, 인류를 향해 하나님의 위대한 가르침의 역사 문을 열기 위해 이 아침 아버지의 전에 무릎 꿇었나이다. 만 영혼의 무지를 깨우치고, 만백성의 무명을 극복하고, 만 인류의 고뇌를 벗어나게 하실 하나님, 숱한 세월 동안 도무지 헤어날 길을 찾지 못하고 있는 저희를 불쌍히 여기시고, 존엄한 말씀과 지혜 계시로 가르침의 은혜를 베풀어 주소서! **도대체 무엇을 알아야 우리 자신의 인간 된 본성을 알고, 세계를 알고, 하나님을 알 수 있겠나이까?** 성현이 가르치지 않은 바가 아니고, 覺者가 일갈하지 않은 바가 아니며, 선철들이 논거를 두지 않은 바가 아니지만, 저희는 여전히 미혹한 무명 상태를 벗어나지 못하고 있습니다. 이때 하나님이 말씀의 역사, 성령의 역사, 가르침의 역사를 펼쳐 주소서! 하나님은 이 모든 한계의 강을 건널 수 있게 하실 지상 최고의 스승이나이다.

## 3. 성경 말씀

"아브람이 구십구 세 때에 여호와께서 아브람에게 나타나서 그에게 이르시되, 나는 전능한 하나님이라, 너는 내 앞에서 행하여 완전하라. ~ 아브람이 엎드린대. 하나님이 또 그에게 일러 가라사대, 내가 너와 내 언약을 세우니, 너는 열국의 아비가 될지라. ~ 내가 너로 심히 번성케 하리니, 나라들이 네게로 좇아 일어나며, 열왕이 네게로 좇아 나리라. ~(창, 17: 1~8)."

## 4. 말씀 증거

2022년 1월 30일, CTS 기독교 TV, 새벽 6시, 생명의 말씀.
제목: "시시하게 살기엔 너무 크신 하나님"

말씀: 아브람의 나이를 밝히면서 시작됨. 아브람이 99세 때, 그리고 하갈이 아브람에게서 이스마엘을 낳을 때 아브람이 86세였더라(창, 16: 16). 제가 발견한 것은 무엇인가? 무려 13년의 공백이 있다. 왜 13년의 공백이 생겼는가? 아브람이 하나님의 때를 기다리지 못하고 잘못된 길을 들어섰기 때문에 하나님이 침묵한 시기란 것이 일반적인 해석이다. 그러나 저는 동의가 잘 안 됨. 자기 방식으로 잘못된 길로 들어선 이후, 의미 있고 가치 있는 것이 하나도 없는 세월을 보냄. "꿈꾸지 않으면 사는 것이 아니라고(찬송 가사 인용) ~" 창세기 12장에서 준 놀라운 꿈에 발전이 없는 기간. 또 하나 묵상 중 떠오른 어떤 낚시꾼 이야기-대부분 큰 고기가 잡히면 좋아서 가져가고 작은 고기는 놓아줌. 그런데 이 낚시꾼은 반대. 그래서 옆의 사람이 물었다. "왜 큰 물고기가 잡히면 놓아주고 작은 물고기만 가져가느냐?" "아, 그것은 우리 집 프라이팬이 10인치밖에 안 되기 때문에……." 잃어버린 13년, 낚시꾼처럼 하나님의 광대한 꿈이 담기지 않았다. 그 큰 물고기는 다 보내버리고…… 그래도 하나님은 그런 아브람을 만나 주심. "나는 전능한 하나님이라, ~ 내가 너와 내 언약을 세우니 ~" 그 아브람의 무능함(허무, 갑갑함)을 종식한 위대한 말씀이 무엇인가? 이 목사가 기도한다고 해결되겠는가? 유일한 임재=하나님의 말씀이다. 하나님이 임재하시고 말씀하시면 13년의 잃어버린 기간을 단번에 회복함. 영적 침체 극복, 답이 딱 나온다. 대안 2가지 중 첫째, '엘 샤다이(히브리어)'를 선포하심. "나는 전능한 하나님이다. ~ 너는 내 앞에서 행하여 완전하라." 아브람이 허송세월한 13년의 그 끔찍하게 긴 공백의 궁극적 원인은 '엘 샤다이'에 대한 믿음이 없었다. 기다리다가 안 되니까 첩이라도 얻어서 아들을 낳자. '엘 샤다이'의 놀라운 역사가 1년 남았다(100세). 사라가 오죽

했으면 첩을 얻어 아들을 얻어라. 절망이 겹침. 그 아름다운 아들을 주실 전능하신 하나님을 경험할 수 있도록 조금만 더 견딜 수 없을까요. 저는 사계절 중 겨울에 만나는 나무(나목)가 가장 아름답다. 이 겨울나무는 무성한 잎을 다 떨어뜨리고 오직 살기 위해 견딘다. 견디면 봄이 오고 꽃을 피운다. 조금만 더 견뎌라. 이런 믿음이 없어서 방황함.

두 번째, 이름을 바꾸어 주심. "네 이름을 아브람이라 하지 아니하고 아브라함이라 하리니 ~(창, 17: 5)" 그것은 곧 여러 민족의 아버지라. 즉, 1. 엘 샤다이를 선포하심이고 2. 이름을 바꾸어 주심. 이것은 스케일의 문제. 일의 크기, 범위. 너는 여러 민족의 아버지가 될 것이다(약속을 재기억시킴). 열국의 아버지가 되라고 한 것은 스케일의 문제이다. "네 입을 넓게 열라. 내가 채우리라(시, 81: 10)." 스케일이 커지길 원한다(인류 구원 대상 영역). 스케일이 작으니까 싸우고 다툼. 선입견을 품지 않고 복음만 전함. 이곳은 하나님의 말씀, 하나님의 임재가 선포되는 자리이다. 왜 이름을 바꾸어 주셨는가?(왜 이름을 바꾸어 강림하셨는가?) 하나님의 꿈의 문제이다(하나님의 꿈을 알라. 그 꿈을 몰랐기 때문에 여태껏 자기 아집에 파묻혀 있었다. 그 꿈이 과연 무엇인가? 더욱 확대된 인류 구원 문을 열기 위해……). "~ 너를 인하여 복을 얻을 것이니라 ~(창, 12: 3)." 하나님의 꿈의 문제, 열방이 구원받고 열방의 아비가 되길 원하심(보편적인 구원 목적 실인). 이것이 하나님의 뜻이고 꿈이다(길을 통해 이루길 원하심). 꿈꾸지 않으면 사는 것이 아니다. 결론은 이렇게 맺길 원한다. 아브라함을 향한 꿈을 꾸자.

## 5. 길을 받듦

하나님의 **"말씀 증거론"** 편을 여는 순간 준엄한 말씀의 선포와 임재하심을 확언해 주시다. 전능한 하나님이 너는 내 앞에서 행하여 말씀을 완전하게 증거하라고 하시다. 오늘날 이 땅에 새 이름으로 강림하신 하나님, 새 역사를 펼칠 하나님은 전혀 다른 새 하나님이고 새 역사가 아니다. 이미 모습을 드러내어 역사할 것을 천명한 하나님이 그 모습을 재차 상기시키고, 하신 약속을 재차 확인시키고 계신 하나님이다. 언젠가는 반드시 이룰 약속이고 역사인 탓에, 하나님의 말씀은 시공을 초월해 영원하다.

이 아침 하나님을 향해 기도한 길의 간구에 대해 하나님은 어떤 응답을 주셨는가? 어떤 말씀을 남기셨는가? 만 영혼을 가르쳐 깨우치고자 하는가? 왜 인류가 무지, 무명, 아집에 사로잡혀 방황하고 다투고 분열하는 잘못된 길을 걸었는가? 허송세월하였는가? 도대체 인류가 무엇을 모른 탓인가? 그리고 정말 무엇을 알아야 이 같은 무지로부터 헤어날 수 있는가? 이 연구가 간구한 기도의 초점을 정확히 잡아야 하나님께서 주신 말씀의 가르침도 정확히 붙들 수 있다. 인류가 그동안 무엇을 몰랐고, 알려고도 하지 않았는가? 자기 생각대로만 살았는가? 그리고 그 이유는 무엇인가? 여기에 대해 하나님이 분명하게 밝히셨나니, 하나님은 전능하고 완전한 神이시라, 이 사실을 인류가 몰랐고, 알았어도 믿음이 부족했다. 그러니까 각자의 생각대로 판단했고, 끝까지 기다리지 못했다. 그리고 이런 결과를 있게 한 주된 이유는 바로 인류가 가진 스케일의 폭이 좁기 때문이다. 그래서 집에서 요리가 가능한 10인치의 프라이팬 크기에 맞추어 맞지 않는 나머지 물고기들은 전부 내던져 버렸다. 이렇듯 인류가 지닌 무지, 무명, 집착을 벗어나지 못한 원인을 알았다면, 이것을 극복하기 위해서는 무엇을 알아야 하는가? 하나님이 얼마나 크신 분인지,[1] 그리고 무엇을 이루고자 하는 것인지, 하나님이 품은 원대한 꿈을 알아야 한다. 그것이 곧 열방의 하나님, 만 영혼을 깨우칠 하나님(스승), 만백성을 빠짐없이 구원할 하나님이다. 인류가 무지, 무명, 집착에 가린 믿음의 부족으로 답보 상태에 있으므로 이 장애물을 타파해서 본래 아브라함에게 천명한 하나님의 원대한 꿈, 곧 창조한 인류를 구원해서 창대하게 할 축복의 약속을 실현하고자 하신다. 그러기 위해서는 반드시 통과해야 하는 절차인 하나님의 약속과 밝힌 꿈을 다시 기억해서 확인해야 분열하고, 대립하고, 죄악으로 점철된 인류 역사를 종결짓고, 하나님이 뜻한 본래의 천지창조 목적을 이 땅에서 실현할 수 있다. 도대체 무엇을 알아야 인류의 정신적 고뇌와 무지와 고통을 해결할 만사형통의 길을 열 것인가? 하나님은 전능하시나니, 그 완전하심을 굳게 믿고 하나님이 일찍이 밝힌 원대한 꿈을 재확인해서 그를 향해 인류의 추구 정열을 집중시키는 것이다. 이 같은 하나님의 원대한 꿈이 오늘날의 인류가 알아야 할 세계관적 바탕으로서, 인류가 지향해야 할 역사 추진 목표이다. 이것을 바야흐로 이 연구가 말씀을 통한 가르침의 역사로 펼치리라. 인류를 향해 전해야 할 말씀의 가르침 주제이다(하나님이 이룰 인류 역사의 장대한 꿈과 계획 메시지를 말씀의 가르침으로 대언하고 증거함).

하나님이 아브람을 아브라함으로 이름을 바꾼 것은 하나님이 이루실 꿈의 스케일을 더욱 확대하기 위해서이듯, 오늘날 하나님이 새로운 모습과 이름으로 강림하신 것은 만 인류를 보편적으로 구원하고자 하는 주재 역

---

[1] 선천 종교는 자체 확보한 스케일만큼 신앙의 정통성을 수호한다는 미명 아래 타 종교를 상호 배척하고 이단시한 대립이 끊이지 않음.

사의 폭을 확대하기 위해서이다. 이 연구가 세계를 향해 묻노니, 지금까지의 인류 역사는 과연 하나님이 품은 원대한 꿈을 알고, 그 꿈을 이루기 위해 진행된 것인가? 그리고 세상의 누가, 무엇이 하나님이 이루고자 하는 이 원대한 꿈을 실현할 수 있는 추진 역량을 갖추었는가? 유대교는 그 원대한 꿈을 이스라엘 민족의 조상인 아브라함을 통해 천명한 탓에 그 약속이 미래의 언젠가에 자신들의 민족 역사 위에서 실현될 것을 믿고 또 기다리고 있다. 하지만 참으로 그 믿음은 정당한 것인가? 그렇지 못한 믿음인 탓에 오히려 아브라함이 열국의 아비가 되지 못하게 가로막았고, 더 나아가서는 하나님이 열국의 하나님이 될 역사를 차단한 민족 신앙의 한계 틀을 벗어나지 못했다. 그러므로 이스라엘 민족은 그렇게 길을 튼 신앙 탓에 다른 민족도 하나님에 대한 신앙을 가질 수 있게 되었지만, 정작 자신들은 그 같은 역사적 사실을 인정하지 않으므로 하나님이 이루고자 하는 원대한 꿈을 가로막은 자가당착에 빠졌다(하나님의 약속과 원대한 꿈을 잘못 이해했고, 크게 곡해하여 어긋남). 그래서 하나님이 원래 약속한 원대한 꿈을 다시 기억게 함을 통해 그렇게 믿은 신앙 조건만으로서는 헤어날 길 없는 깊은 무명의 수렁에서 건져내기 위해 가르침의 역사를 펼치라고 하셨다. 원천적으로 돌이킬 수 없게 된 정신적 고뇌의 원인을 진단함으로써 본래 아브라함에게 말한 원대한 꿈을 망각한 인류를 향해 말씀의 가르침으로 그들의 무지, 무명, 아집을 깨우치고자 하신다.

그러므로 하나님이 아브람을 아브라함으로 이름을 바꿀 만큼 비장한 뜻으로 계시한 **"말씀 증거론"**의 개관 역사를 필두로, 하나님이 앞으로 이루고자 하는 길의 역사, 말씀 역사, 더 나아가서는 인류 역사에 대한 패턴과 스케일을 크게 변화시킬 것인 만큼, 이렇게 중차대한 말씀을 다시 살펴서 새긴다면, 길의 간구 요지를 크게 두 가지로 나눌 수 있다.

즉, 선천 세월이 다하도록 기미조차 보이지 않고 있는 인간 본성 자체에 대한 무지와, 하나님을 알지 못하는 무명과, 절대 의식화된 집착을 헤어나지 못한 문제와, 그래서 도대체 무엇을 알아야 자신의 인간 된 본성을 알고, 세계를 알고, 하나님을 알 수 있는가에 관한 핵심 의식이다. 여기에 대해 하나님은 어떤 말씀을 주셨는가? "너는 내 앞에서 행하여 완전하라." 인류의 고뇌와 무지와 선천 세월이 다하도록 극복하지 못한 인간적인 한계 의식과 역사 의식에 대해 이 땅에 강림하신 하나님이 내리신 대명령. 너희는 완전할 수 있다. 그 가능한 본성을 깨달아라. 그런데 왜 그동안 그렇게 행하지 못했는가? 이것은 인류가 자신에게 던져야 할 근본 된 실존적 물음이다. 왜 인간은 스스로를 부족하고 죄인이고 한계가 있다고 여겼는가? 그 이유? 하나님을 모른 탓이고, 지음을 받은 분의 뜻 위에 서지 못해서이다. 그렇다면? 하나님을 알아야 무지와 어리석은 욕망을 극복하고 무명을 벗어나 완전할 수 있다. 하나님 앞에 당당히 나서야 아버지로부터 지음을 받은 자녀 백성으로서의 자랑스러움을 가질 수 있다(하나님 앞에서 완전할 수 있는 본성을 타고남).

아브람의 나이 99세. 살 만큼 살았고, 갈 데까지 갔으며, 헤맬 만큼 헤매었다. 그때 하나님이 나타나심. 인류가 극복할 길을 찾지 못해 종말을 맞이한 이때, 길이 하나님 앞에 나아가 말씀을 구함. 이 연구가 인류의 정신적 고뇌를 대신하여 문제의식을 제기한 것인 만큼, 이 순간 하나님께서 하신 말씀은 인류 전체를 향해 한 말씀이고, 언약이다. 그 약속의 요지가 곧 본성, 축복, 구원이다.

왜 인류가 선천 세월이 다하도록 무지, 무명 속에서 헤매고 욕망, 죄악,

집착의 늪을 헤어나지 못했는가? 그 원인? 아브람이 하나님의 때를 기다리지 못하고 자기 방식으로 잘못된 길로 들어섰기 때문에 의미 있고 가치 있는 것이 하나도 없는 선천 세월을 보낸 것임. 현재까지의 인류 역사는 하나님의 창조 목적을 망각하고 주재 뜻을 어긴 역사임. 하나님이 주신 놀라움 꿈에 발전이 없는 세월. 낚시꾼처럼 하나님의 뜻을 온통 자기 뜻대로 재단해 버림(사상, 문화, 제도, 학문, 역사, 종교, 신앙, 진리, 세계관 등……).

이 모든 문제점을 단번에 극복하는 길, 무엇을 알아야 무지, 무명, 한계 의식을 벗어날 수 있는가? 영적 침체 극복, 답이 딱 나온다. 엘 샤다이에 대한 믿음 회복, 그리고 이름을 바꿈이다.

즉, 하나님이 인류를 창조함으로써 이루고자 한 원대한 목적과 뜻과 계획(꿈)을 알아야 인류가 벗어나지 못한 무명과 죄악된 본성을 극복하고, 인류가 한 영혼도 빠짐없이 구원되는 보편적 구원 목적을 달성할 수 있다. 하나님이 이루고자 한 그 원대한 인류 구원 뜻을 말씀의 가르침으로 일깨우리라.[2] 그리하면 인류가 인간 된 본성을 알고, 하나님이 창조한 세계를 알며, 그를 통해 이루고자 한 하나님의 뜻을 알게 됨.

다시 말해, 하나님이 우리에게 준 기대, 축복, 약속한 계획을 알았을 때, 하나님이 우리를 지은 창조 목적과 뜻을 알며, 그 창조 뜻을 알았을 때, 인간 된 본성을 온전히 알게 됨. 하나님이 우리를 지은 것은 근본 된 뜻이고, 결정된 목적이다. 그 뜻과 목적에 근거해서 하나님이 인간을 축복하고, 이루고자 한 원대한 꿈을 밝혀 언약한 것이다. 그 축복과 약속은 태초에 결

---

2) 말씀의 가르침으로 인류 영혼을 구원하고자 한 하나님의 장대한 뜻을 일깨워서 전하고 증거하는 데 주력함.

정한 창조 뜻과 목적의 실현 계획인 탓에 망각한 그 꿈을 오늘날의 인류가 기억해서 새기면, 하나님이 인류를 통해 이루고자 한 주재 역사의 모든 것을 알 수 있다.

다음으로는 하나님이 아브람을 아브라함으로 이름을 바꾸어 준 역사이다. 그것은 아브라함이 한 가정과 한 민족의 아버지가 아닌 열국의 아버지로의 승화 역사이다. 스케일, 즉 일의 크기와 범위를 확대시키고자 한 대성업 역사이다. 이 말씀이 무슨 뜻인가? 오늘 계시한 이 말씀의 가르침은 길 위에 준 개인적인 말씀의 계시가 아니다. 열국, 즉 만방과 만 인류를 향한 말씀의 역사이다. 또한, 그렇게 되리라고 하심이다. 더 나아가서는 말씀의 역사, 신앙 역사, 인류 역사의 주재 패턴을 바꾸는 획기적인 전환 역사를 이루리라 하심이다. 왜 이름을 바꾸어 주셨는가?=왜 이름을 바꾸어 강림하셨는가? 하나님이 인류의 미래 역사를 새 계획, 곧 새로운 미래 역사로 창조하기 위해 새로운 이름과 새로운 모습으로 이 땅에 강림하심.

밝힌바 하나님의 원대한 꿈은 결코 오늘날 길을 통해 밝히는 전혀 새로운 약속이 아니다. 믿음의 조상으로 일컬어진 아브라함을 통해 이미 행한 약속이다. 그런데 문제는 선천 인류가 그렇게 밝힌 하나님의 꿈과 행한 언약을 망각해 버린 만큼, 그 꿈과 약속을 재확인하는 데 인류 역사의 미래가 있고, 그 꿈을 강림하신 하나님의 뜻으로 재각인시키는 데 말씀의 가르침 사명이 있다. 깨우칠진대, 무명과 무지와 죄악된 본성을 극복해서 본래 지음을 받은 모습 그대로 완전한 자가 될 수 있으며, 하나님과 함께한 이상 천국을 이 땅에서 건설하리라.

# 제16장 역사적 증거

밝힌바 이 연구를 관통하는 일관된 주제인 동시에 혁신적인 캐치프레이즈는 하나님이 이 땅에 강림하시고 인류의 역사 위에 등단하신 사실을 증거하는 것이다. 그렇다면 일련의 사실을 이 연구는 과연 어떻게 증거할 수 있는가? 하나님이 강림하신 사실을 부인하지 못할 증거는 누가 철저하게 준비한다고 해서 되는 것이 아니다. 하나님이 직접 역사함으로써 스스로를 증거해야 하는데, 그것이 곧 성령이 계시하심을 통한 말씀의 **"역사적 증거"**이다. 지난날 하나님이 존재한 사실을 증명한 방법에는 논리적 논증, 진리적 증거, 개인적인 신앙 간증 등이 있었지만, 그것은 관념적이고 주관적인 증거 형태로서 강림하신 하나님을 증거하는 것과는 전혀 다른 조건이다. 이에, 성령으로 역사한 하나님을 증거하는 방법은 존재한 사실을 넘어 강림한 사실을 증거하는 제일의 방법이다. 말씀은 곧 하나님의 실존성 자체라, 말씀을 증거하면 하나님이 진리의 성령으로서 역사한 사실로 곧바로 이어진다.[1] 지난 역사를 살펴보면, 인류 역사를 바꾼 몇 안 되는 혁신적인 저술이 있거니와, 본 **"교육의 위대한 말씀"**도 그 같은 주제를 다루어야 하는데, 그것이 곧 하나님이 살아 말씀하신 실존 사실을 증거하는 것이다. 선언에 그치는 것이 아니고, 말씀으로 이룬 역사를 증거함으로써 미래

---

1) 하나님의 존재 증명=지상 강림 역사 증명=살아계신 하나님 증명=과거 역사를 주관하고, 미래 역사를 주관할 하나님의 뜻 증명.

역사의 방향에 지침으로 삼고자 한다. 이 연구는 하나님이 진리의 성령으로서 역사할 믿음의 기대를 길의 추구로 세운 진리적 기반으로 터 닦았다.

돌이켜 보건대, **길을 완수한 역사는 하나님이 인류 역사에 등단하여 말씀의 역사를 펼칠 수 있도록 인도하고 예비하고 준비한 역사이다.** 말씀의 역사를 펼쳐 인류 영혼을 빠짐없이 구원하고, 만백성이 하나님과 함께하는 지상 천국 문명을 건설하기 위해서이다. 그리고 때가 이른 오늘날 하나님이 말씀의 역사를 펼치기 위해 지금까지 지성들을 각성시켰고, 말씀을 받들 수 있도록 지성들을 육성하였다. 지상 강림 역사를 증거하는 것만으로 그친 역사가 아니다. 강림 역사에는 살아계신 말씀의 역사가 동반된다. 하나님이 직접 주관할 위대한 말씀의 역사 시대가 바야흐로 개막되었다. 모든 역사가 가능한 것은 하나님은 예나 지금이나 살아계신 神이고, 지금은 강림해 계신 보혜사 진리의 성령이기 때문이다. 하나님은 직접 말씀으로 임하고, 말씀으로 命하고, 말씀으로 역사하나니, 그 역동적인 역사를 본격적으로 펼치고자 한다. **유사 이래 가장 혁신적인 선언은 하나님이 이 땅에 강림하신 사실을 밝힌 "지상 강림 역사 선언"이다.** 그 중차대한 역사 사실을 하나님이 부여한 말씀을 받듦으로써 증거하고자 한다.

하나님이 인류를 향해 직접 말씀하실 메시지 창구가 마련된 만큼, 이 연구가 받들 사명 과제는 결코 가벼울 수 없다. 과정 일체를 담대히 수행해야 한다. 하나님이 이 시대에 강림하여 말씀하고자 하는 대의가 무엇인지, 인류를 향해 전하고자 하는 역사적 메시지가 무엇인지 면밀하게 통찰해야 한다. 그것이 무엇인가? 구약 시대로부터 말씀의 역사가 재개되기까지는 실로 수많은 세월과 장애물이 가로막혀 있었지만, 모든 어려움을 이기고 이 연구가 세계적인 기반을 구축한 것이니, 이를 기반으로 강림하신 하나님이 능히 대 인류를 향해 말씀의 역사를 펼치고자 하는 근본적인 이유는 종말에 처한 인류를 가르침의 말씀으로 구원하기 위해서이다. 그래서 위대한 말씀의 역사이다.[2] 선천 인류는 하나님이 천지 만물을 창조한 본의 뜻에 대해 무지하였고, 무지한 정도를 넘어 아예 무시하기까지 한바, 하나님이 이들 영혼을 깨우치지 못하면 종말로 인한 파멸이 필연적이다. 가르침의 역사가 절대 긴요한 때다.[3] 天命을 받든 성현의 가르침마저 외면당한 실정에서는 하나님이 직접 나서서 가르치지 않을 수 없게 되었다. 밑도 끝도 없는 역사 가운데서도 하나님은 언젠가는 주관한 섭리 역사의 목적과 뜻을 말씀으로 밝힐 필요가 있었다. 그때가 곧 지금이라. 그래서 바야흐로 펼칠 말씀의 메시지는 만 영혼을 깨우칠 참다운 생명의 진리가 되어야 하고, 法이 되어야 하며, 일찍이 부여한 계명과 복음 이상인 새 계명, 새 복음 역할까지 다해야 한다. "하나님은 시나이산에서 모세에게 그의 백성들이 앞으로 지킬 십계명과 율법을 주며, 삶의 작은 부분까지 아주 자세히 알려주셨다. 율법의 말씀은 글로 쓴 『토라』에 기록되어 있고, 자세한 설명은 장로들에게 구전되어 내려온 것처럼",[4] 이후부터 펼칠 말씀의 가르침은 미래 인류에게 있어 그 십계명과 토라 같은 역할을 해야 한다. 십계명 이래의 새로운 계명 지침을 성령을 통한 말씀의 역사로 새기게 되리라. 인류가 나아갈 가르침의 메시지를 표명하시리라. 모세에게 임하셨던 말씀의

---

2) 백약이 무효란 말처럼, 어떤 성현의 가르침도 진리로서의 생명력을 잃은 오늘날, 하나님이 직접 역사한 말씀의 가르침이 아니고서는 인류 영혼을 깨우칠 더 이상의 방법이 없음.

3) 말씀으로 역사할 지상 기반 구축으로 하나님이 인류를 향해 직접 말씀할 수 있는 계시(신인 교감) 시스템을 마련한 것은 구약 시대 이래 단절된 말씀의 역사를 오늘날 강림하신 보혜사 하나님이 진리의 성령으로서 재개시킨, 살아 역사할 부활의 대 신호탄임.

4) 『세 종교 이야기』, 앞의 책, p.84.

역사를 부활시켜서 미래 인류가 나아갈 역사의 방향을 정확하게 지침을 두리라. "예루살렘 성전에는 이때 받든 십계명 석판 두 개를 안치한 언약 궤가 마련되어 있었는데, 훗날 기원전 586년에 유다 왕국이 바빌로니아에 망할 당시 언약궤가 없어졌다. 이 궤의 실종은 유다 역사상 가장 큰 수수 께끼로 남아 있다."[5] 그리고 그때 실종된 언약궤를 대신할 새로운 십계명 석판, 즉 길의 교감 시스템이 오늘날 언약궤의 역할을 재개하리라. 말씀의 역사를 뒷받침할 교감 체제 구축으로 인류가 하나님의 거룩한 신성의 임 재 사실을 실인할 수 있게 하리라.

모세에게 내려졌던 십계명은 하나님의 권능 세움에 주력한 것이었고, 인간 삶에 대한 도덕적 지침이 주된 내용이었다면, 이 시대에 다시 새겨 질 말씀의 메시지는 가르침으로 뭇 영혼을 깨우칠 지혜적 지침이 되리라. 바울이 죽은 예수(부활의 예수)를 증거한다는 것은 참으로 어려운 역사였 다. 그러나 하나님이 임한 성령의 역사가 함께한 탓에 이것이 신약을 이루 었고, 성자의 시대를 연 토대가 되었던 것처럼, 이 연구가 하나님이 진리 의 성령으로서 임한 말씀의 역사를 증거하는 것도 새로운 약속을 이루고 새로운 시대를 여는 것이다. 그만큼 이후부터 펼칠 가르침 역사와 지혜 밝 힘 역사는 본 장과 본 편에만 해당하는 것이 아닌, **"교육의 위대한 말씀"** 전편을 관장하는 지상 강림 역사를 증거하는 일환이다. 만 인류를 가르침 으로 깨우칠 말씀의 역사 문을 활짝 열어젖히리라.

---

5)  위의 책, p.102.

# 제17장 실존적 증거

  **하나님의 본체는 성령이고, 오늘날 강림하신 진리의 성령은 화신 된 하나님이며, 그렇게 존재한 하나님의 실존 형태는 곧 "말씀"이다.** 가장 의아한 것은 인간이 존재한 조건을 기준으로 할 때 죽은 자는 말이 없고, 몸과 입이 없는 자도 그러한데, 하나님은 어떻게 그런 조건과 무관하게 말씀으로 존재하시는가 하는 점이다. 물론 로봇도 말을 하고, 하다못해 밥솥도 밥이 다 되었다고 알리지만, 그것은 대수가 아니다. 문제는 그런 조건은 모두 우리들 자신을 기준으로 한 데 있다. 그것이 무슨 문제가 되는가? 신앙인은 하나님은 보다 높은 뜻으로 존재하고, 인간과는 차원이 다른 권능을 가진 神이라고 고백하면서도 존재한 상태만큼은 하나님이 가진 존재 조건을 기준으로 삼지 않았다. 그렇게 생각하고 보면 문제가 갑자기 어려워진다. 하나님을 잘 안다고 생각했는데 막상 어떻게 존재하는지 가늠하기가 쉽지 않다. 그런데도 하나님이 존재한 조건 측면에서 본다면, 하나님이 존재한 실존 형태가 말씀이라는 규정은 지극히 타당하다. 비교할진대, 우리의 몸 된 조건은 창조로 인해 결정된 것이고, 하나님은 우리를 창조하기 이전부터 이미 말씀으로 존재하셨다. 그처럼 존재한 차원이 다른 탓에 창조된 결과 조건인 몸 된 조건과 무관하게 하나님은 태초 때부터 말씀으로 존재하셨다. 육조 혜능은 길을 가다가 우연히 "머무는 바 없이 내 마음을 내라"라고 한『금강경』의 독경을 듣고 깨달음을 얻었다고 하거니와, 바로 그 머무는 바 같은 원인 행위 없이(현상적 조건) 마음을 낸 분이 하나님이다. 세상 원인은 어떻게 해서 생겨난 것인가? 바로 그 머무는 바 없이 (無 원인) 존재한 하나님이 반드시 머물러야만 마음을 낼 수 있는(有 원인) 것으로부터 머무를 수 있는 마음을 낸(有 원인) 필연적인 인과법칙을 결정하셨다.[1] 이것이 곧 覺者가 깨달음으로 엿본 창조 역사의 대본원 자리이다. 하나님의 몸 없는 말씀이 사실상 삼라만상 일체의 존재 조건과 원인을 있게 한 "창조 본체"이다. 말씀은 삼라만상 일체를 가늠하고 모든 有를 헤아릴 수 있는 지혜 자체이다. 하나님은 지혜로 존재한 말씀의 세계이고, 말씀으로 존재한 그것이 바로 하나님에게 있어서 능한 실존 형태이다.

말씀으로 존재하는 것이 하나님의 정확한 실존 형태라는 사실은 현상적 조건을 무시한 억지 논리가 결코 아니다. 오히려 우리의 몸 된 조건을 초월한 차원적인 실존 특성을 나타낸다. 나아가 말씀은 살아계신 하나님의 존재 자체이다. 그 말씀을 통해 임하고 계시하고 역사하기 때문에 그를 통해 하나님이 품은 뜻과 실존 의지를 표명할 수 있다.[2] 그렇게 해서 이룬 제반 역사는 흔적이 분명한 발자취를 남기므로 그것을 근거로 하면 하나님이 살아계심과 이 땅에 강림한 사실을 증거할 수 있다. 또한, 말씀은 의미 있는 소리를 귀로 직접 듣는 것이라고 여기는 것 역시 지극히 인간적인 기준이다. 우리는 입이라는 기관을 통해 말을 하지만, 하나님은 삼라만상 현상과 우주 운행 전체를 말씀을 전달하는 기관(수단)으로 삼는다. 하나

---

1) 창조 이전에는 아무런 원인이 없었는데, 창조로 인해 만사의 원인이 생겨남.

2) 하나님의 위대한 말씀의 역사를 펼친 길의 추구 역사는 단순하게 말씀을 받든 것이 아니다. 말씀의 역사를 통해 하나님의 살아계신 뜻과 의지와 인류 역사를 주재한 계획을 표명하는 것은 물론이고, 그렇게 역사한 작용 원리와 교감 체제까지 진리화함으로써 하나님이 존재하심과 살아계심과 이 땅에 강림하심을 총체적으로 증거하였음.

님은 세상 무엇을 통해서도 품은 뜻을 전달하는 말씀의 창구로 운용할 수 있다.[3] 그것이 인간이 지닌 존재 조건과의 차이이다. 하나님은 무소부재(無所不在)하고, 성령의 작용 역사 또한 그러하다. 동양의 장자는 똥 막대기에도 道가 머물러 있다고 했는데, 하나님도 말씀을 통해 어디에도 임재할 수 있고, 무엇을 통해서도 계시할 수 있다. 원칙적인 작용은 그러한데, 지난날에는 발신자인 하나님의 의도와 달리 수신자인 인간이 온갖 제한을 두었다. 그래서 오늘날 말씀의 역사 폭을 더욱 넓히고자 하는 것이 이 연구의 극복 과제이다.

일찍이 활약했던 구약 시대의 선지자는 하나님의 말씀을 전달받은 계시 역사의 경험자들이다. 성경이 결집되지 못한 당시에는 하나님이 말씀으로 뜻을 직접 전달하는 방법밖에 없었으리라. 하지만 그 같은 역사 방식은 지극히 한정적이라, 전달 폭을 더욱 넓히고자 한 것이 말씀의 역사 기록물을 결집시킨 성경의 정경화 작업이다. 하지만 그것도 결국 성경 자체만을 놓고 볼 때, 말씀 전달이 간접적인 제한성을 피할 수 없다. 이런 문제를 해결하기 위해 하나님이 오늘날 신인 간에 인격적으로 소통할 수 있는 상호 교감 체제를 수립하고자 하셨다. 이런 과제를 이 연구가 길을 추구하는 과정에서 해결하려고 노력하였다. 그렇다고 본인이 때와 장소를 불문하고 생생한 말씀을 직접 귀로 듣고 체험한 것은 결코 아니다. 대우주를 향해 의식의 문을 열고 깨어 우주 공간 속에 자아를 침투시킴으로써 말씀을 받들 수 있는 영적 조건부터 갖추었고, 그를 통해 우주 운행의 놓침 없는 일치 결과를 통해 하나님의 뜻을 통찰한 형태이다. 그것이 이 연구가 증거하고

---

3) 하나님이 진리의 성령으로서 역사하심은 전 문화권 영역에 걸침. 그것을 자신들이 쌓아 올린 문화 양식 틀 안에서 이해하고 해석해서 받아들임.

자 하는 말씀 역사의 전부이고 근거이다. 이런 노력으로 쌓아 올린 말씀의 역사를 통해 본인은 능히 하나님의 실존 형태를 가늠해서 형체를 드러낸 지상 강림 본체를 규정할 수 있다. 그리하면 인류도 같은 방법으로 하나님이 강림하신 모습을 뵈올 수 있게 되리라.[4]

말씀은 살아계신 하나님의 실존성 자체이다. 이 연구의 이 같은 판단에 근거한다면 서양의 철학자, 신학자들은 얼마나 동떨어진 방법으로 하나님의 존재 사실을 증명하고자 한 것인지 알 수 있다. 하나님은 말씀으로 존재하기 때문에 성령으로 역사한 말씀으로 증거된다. 그 가능성 유무를 이 연구는 어떻게 풀어나갈 것인가? 하나님이 주력하실 말씀을 통한 가르침의 역사와 지혜 밝힘의 역사를 통해서이다. 하나님 자체가 바로 말씀이고, 하나님의 실존 형태가 말씀을 통해 드러나는 것은(이유), 그 말씀을 통한 역사에는 하나님이 존재자로서 지닌 조건과 구조와 의지가 수반된 탓이다. 어떤 요소보다도 말씀은 의지로서 뒷받침된바, 그중에서도 뭇 존재의 원천인 하나님이 왜 말씀으로 존재한 말씀 자체인가 하면, 말씀에는 하나님의 절대적인 창조 의지와 주재 의지와 시공을 초월한 역사 의지가 함께해서이다. 이 같은 실존적 특성이 곧 말씀을 통한 성령의 역사로 낱낱이 수놓아진다. 여태까지 추구한 "길의 완수 역사"가 그러하다. 긴 세월 길을 추구하는 과정에서 본인이 하나님의 실존성을 접한 것은 다름 아닌 하나님이 영혼 위에 임한 말씀이었다. 역사된 그 어김없는 말씀의 임재 사실이 살아계신 하나님을 거부할 수 없게 하였다. 그래서 하나님은 확실한 말씀으로 존재하시나니, 이것은 하나님이 존재하고 역사한 사실에 관해 이 연구가 품

---

4) 하나님의 실존 형태는 말씀 가운데 있으니, 말씀이 현실 가운데서 살아 역사할 수 있다면, 그렇게 역사함 자체가 하나님의 살아계심을 증거함(1987년).

은 숱한 의문에 대한 최종 결론이다. 말씀은 인간의 의식과 상통하는 하나님의 존재 의지이다. 말씀 속에 한 인간을 구속하기 위해 우주의 운행을 주재한 하나님의 역사 의지가 관여되어 있다. 한 인간의 심중을 꿰뚫어 본 눈과 삼세 간을 일관한 하나님의 뜻이 있다. 말씀만으로, 말씀이 그대로 하나님 자체라는 주장에는 어폐가 있다. 지적한 대로 말씀은 성령의 역사가 함께했을 때 살아계신 하나님이 한 말씀으로서 권능을 지닌다. 성령의 임재 역사가 함께해야 비로소 그 위에 하나님이 주재한 존재 의지가 말씀으로 표출될 수 있다. 따질진대, 말씀의 집약체인 성경 자체만으로서는 이 순간에도 살아 역사하는 하나님의 실존 형태와 구조와 존재 의지를 나타낼 수 없다는 뜻이다.[5] 직설한다면, 여태껏 기독교는 빈껍데기인 말씀의 기록집인 성경만 소중하게 지켰고, 속 알맹이인 말씀을 통한 성령의 역사 메커니즘은 간과하였다. 그러니까 성경에 기록된 말씀만으로는 인류가 하나님의 살아 역사한 실존 사실을 널리 경험할 수 없었다. 성경의 정경화는 구약 시대보다 하나님의 말씀을 접할 기회를 넓혔고, 근대에는 인쇄술의 발달과 교육 기회가 확대됨으로써 더욱 보편화되기에 이르렀지만, 정말 중요한 말씀을 통한 성령의 역사 메커니즘은 구축하지 못했다. 그래서 장벽에 가린 **하나님의 실존성을 누구나가 다 인식하고 경험할 수 있는 시대를 연 것이 지상 강림 역사이다.** 성경은 그 안에 담고 있는 말씀만으로 하나님의 뜻을 대변할 수 없다. 만 현상과 만 창구를 통해 주재되고 역사되어야 하나님의 살아계신 존재 뜻이 전달되고, 그렇게 합작되었을 때 비로소 성경 말씀이 하나님의 존재 의지를 대변할 수 있다. 하나님의 살아계신

---

5) 성경 말씀은 아무리 구조적으로 분석하고 통찰해도 그렇게 기록된 역사적 의미 이외는 살아 역사한 하나님의 실존성을 실감할 수 없음.

역사 의지가 주재한 뜻을 통해 전달될 때 성경 말씀은 비로소 하나님의 실존 의지로 권능화될 수 있다.

　말씀의 실존 의지화 때가 언젠가 도래하리라는 것을 예감이라도 한 듯 사도 바울은 말하길, "우리가 지금은(하나님을) 거울에 비추어 보듯이 희미하게 보지만, 그때 가서는 얼굴을 맞대고 볼 것입니다. 지금은 내가 불완전하게 알 뿐이지만, 그때 가서는 하나님이 나를 아시듯이 나도 완전하게 알게 될 것입니다(고전, 13: 12)"[6]라고 하였다. 이에, 하나님의 실존 형태와 살아 역사한 말씀의 **"실존적 증거"**를 바야흐로 말씀의 가르침 역사를 통해 구체화하고자 한다. 말씀을 통한 가르침 역사는 하나님이 성령으로서 주관할 지혜 밝힘 역사로서 "세계교육론"을 통해 수놓은 일체의 진리성을 아우르는 결론적 가르침이다. 말씀의 역사로 이 땅에 강림하신 하나님의 실존 모습을 구체화하고, 진리의 성령으로서 역사한 말씀의 강림 본체를 증거하리라.

---

6)　『종교철학의 체계적 이해』, 앞의 책, p.272.

# 제18장 **권능적 증거**

## 1. 권능 조건

언급한바, 하나님의 약속을 믿지 못하고 자기 생각대로 아들을 기다리다가 낙담한 아브람에게 하나님이 나타나 이르시길, "나는 전능한 자라……" 여기서 전능함이란 하나님이 말씀으로 발휘하시는 권능을 말한다. 그런데 오늘날의 인류는 이 같은 권능을 얼마나 믿고 실감하는가? 믿음이 부족한 탓에 잘못된 신앙관을 가지고 잘못된 행동을 한 때는 없는지? 그래서 하나님다운 권능 조건을 분별하게 하는 것은 인류 영혼을 하나님께로 인도하는 첩경이다. 기독교는 말씀을 통해 감정까지 표현하는 인격신을 믿지만, 알고 보면 하나님의 권능 조건과 권능 발휘는 말씀에 집중되어 있다. 말씀을 근거로 권능을 확인할 수 있어, 주어진 조건에 부합하면 말씀의 권능 발휘 역사를 실감할 수 있다. 그래서 이 연구는 말씀의 **"권능적 증거"** 일환으로서 하나님다운 진리성, 지혜성, 창조성을 구조적으로 밝혀 정립하고자 한다. 사실을 판단하는 일체 근거는 하나님이 말씀으로 인도한 길의 과정을 통해서이고, **"권능 조건"**은 진리의 성령으로서 본체를 드러냄과 함께 갖추게 되었다. 이 말은 길을 완수하기 이전에도 하나님이 말씀으로 역사하였지만, 권능 발휘 조건은 완벽하지 못했고, 그때는 증거도 할 수 없었다. 예수의 말씀과 행적을 기록한 복음을 보면 독생자다운 권위가 드러난다. 하지만 그것보다 먼저 갖추어야 할 것은 복음이 어떤 권능 조건을 갖추어야 독생자를 증거할 수 있는지에 대한 기준을 세우는 것이다. 즉, "인간 예수=그리스도로 기름 부음을 받은 자=구세주=메시아가 될 수 있으려면, 반드시 죽은 자 가운데서 부활한 하나님의 권능이 나타나야 했다. 그렇지 못하다면 예수가 하나님의 직계 아들인 사실을 입증할 방법이 없다."[1] 하지만 하나님이 강림하므로 드러난 말씀의 권능만큼은 말씀 자체로서 입증함이 가능하다. 그리해야 살아 역사한 말씀의 메시지가 주도력을 발휘할 수 있다. 흔히, "알라(하나님)의 계시를 기록했다는 『코란』의 권위는 이슬람교도들에게 있어서 절대적이다. 코란에는 알라의 인자함과 위대함에 대한 찬탄과 영광, 명령 사항, 금지 사항, 그리고 모든 불복종자는 지옥에 떨어질 것이라는 경고를 담고 있다."[2] 그런데 그런 내용을 나열하고 강조하는 것으로서는 알라가 참 하나님이고 유일신이라는 권능 조건을 확인할 수 없다. 그렇게 내세운 신앙을 독려하기 위한 것일 뿐, 알라가 알라 자체인 사실을 입증하는 **"권능 조건"**은 아니다. 主 예수처럼 부활한 기적적 조건이라도 내세워야 했지만, 그런 권능 발휘 사실은 어디서도 찾아볼 수 없다. 조건을 앞세워야 누구라도 거기에 합당한 근거를 찾아 판단할 수 있음에, 그러기 위해서는 하나님이 발휘한 말씀의 절대적인 권능 조건을 찾아내어야 한다.

이에, 이 연구는 먼저 인간으로서 할 수 있는 능력의 범위를 지정하고, 그것을 근거로 말씀의 절대적인 권능 조건을 추출하고자 한다. 무슨 말인가 하면, 인간이 능력을 발휘할 수 있는 한계 범위를 알아야 그것을 기준

---

1) 『도올의 마가복음 강해』, 김용옥 저, 통나무, 2019, p.37.

2) 『세 종교 이야기』, 앞의 책, p.316.

으로 그 이상인 하나님의 초월적인 권능 조건을 안다. 말씀다운 말씀 자격이 권능다운 권능 조건을 결정한다. 파스칼은 인간은 생각하는 갈대라고 하여 사고할 수 있는 위대함을 찬양하였지만, 그 같은 사고력으로 아무리 궁구해도 "철학 자체는 우리의 문제를 해결하지 못하고, 인간의 영혼을 구하지도 못한다."[3] 파고 또 파고들어도 철학적인 통찰로서는 인생과 세계 속에 가로놓인 근본적, 근원적인 문제를 풀어낼 수 없다. 피트 왓슨이 지은 『생각의 역사(1, 2)』는 1권이 1,240페이지이고, 2권이 1,328페이지에 달하는 베개 같은 책이다. 인류가 쌓아 올린 방대한 정신 역사를 주제로 하였지만, 정작 중요한 것은 저자가 어떤 세계적 관점을 가지고 인류의 정신 추구 역사를 판단하였는가 하는 점이다. 엄청난 지식을 쏟아내었지만 그런 앎을 통해 그는 어떤 결론을 끌어내었는가? 책의 마무리는 실로 유야무야(有耶無耶)한 것이었다. 인간이 일군 앎의 한계가 여기에 있다. 지성의 역사 서술로서 하나님이 지성사를 주관한 역사의 의미와 섭리 뜻, 그리고 지혜는 전혀 언급하지 못했다. 정말 생각의 역사를 주관한 하나님의 직접적인 뜻은 인간이 판단할 수 없는 지성의 한계를 나타낸다. 그렇다면 인류가 지성사를 통해 쌓아 올린 백과사전적 지식과 앎과 바친 노력은 결국 무익하다. 생각할 수 있는 인류는 선천 세월이 다하도록 인간이 무엇인지 끊임없이 추구하였고, 神이 무엇인지 끊임없이 궁구하였고, 자연이 무엇인지 끊임없이 탐구한 역사를 가졌다. 그러나 그렇게 정열을 쏟았지만, 오늘날까지 제대로 된 결론은 끝내 내리지 못했다. 인간에 대해서도 그렇고, 神에 대해서도 그렇고, 자연에 대해서도 예외란 없다. 그것이 인간이 지닌 앎의 한계이다. 피터 왓슨, 그는 광범위한 영역에 걸쳐 인류 문화와

---

3) 「동양 종교와 기독교의 하나 신관에 대한 목회 신학적 연구」, 앞의 논문, p.93.

지성의 역사를 추적하였지만, 그런 역사를 주관한 하나님의 뜻은 몰랐고, 알려고 한 생각도 없었다. 이것이 문제이다. 일군 지력을 발휘해 진리 세계는 섭렵했지만, 문제는 본말을 보지 못한 것이다. 이유는 분명하다. 세계는 영원하게 생성한다. 그러니까 탐구해서 앎의 영역은 확장할 수 있어도 끝내 본말은 보지 못했다. 볼 수 있는 분은 오직 한 분, 우주 생성의 바깥에서 전 우주의 운행 질서를 주관한 하나님이다. 이것이 바로 하나님만 갖추고 있는, 하나님만 발휘할 수 있는 절대적인 권능 조건이다. 생성의 시작과 끝을 장악해야 본말을 볼 수 있는데, 그런 권능을 가진 분이 바로 창조주 하나님이시다.

자연 세계가 자화(自化)된 것처럼 보이는 것도 그 이유는 자명하다. 하나님이 알파와 오메가를 관장한 탓에 그것을 볼 수 없는 인간은 본말 세계를 생략한 과정만으로 세계적 현상을 단정했다. 이렇게 보지 못한 안목이 선천의 생각, 인생, 세계관 전체를 지배하였다. 반대로 하나님은 인간이 처한 그 어쩔 수 없는 한계 조건을 넘어서 본말 전체를 남김없이 꿰뚫는다. 강림하기 이전에는 그 같은 권능을 잠재시킨 상태였고, 강림하신 오늘날은 조건을 완비한 탓에 세계의 종말적이고, 최종적이며, 궁극적인 문제를 해결할 수 있다. 그것이 불가능할 것 같은가? 하나님은 전능하나 단지 때가 일러 높은 뜻으로 길을 준비했을 따름이다. 불교의 "천태 대사는 부처님이 삼칠일(21일) 동안 화엄을 설하고 아함, 방등, 반야, 법화, 열반의 순으로 때를 따라 法을 설했다고 하였다[伍時敎]."[4] 말씀의 권능도 지상 강림 역사 이후로 확연하게 구분되고 조건 지어졌다. 말씀의 권능 발휘는 오늘날에도 살아계신 하나님이 진리의 성령으로서 밝히는 심중 깊은 역사

---

4)  『아함경(5)-아함경의 비유』, 학담 저, 한길사, 2014, p.83.

일진대, 말씀을 통한 역사는 하나님의 위대함과 존엄함을 대변하는 권능의 표명이자 대 메시지이다. 모든 측면에서 공의롭고 정의로우시니, 우리가 미처 깨닫지 못했을 뿐, 끝내 옳음으로 판가름 날 가치관과 생명의 혼을 담았다. 당연히 말씀으로 이룬 역사 속에는 하나님이 지닌 권능과 진리와 지혜가 충만하다. 과거 역사를 주관한 만큼이나 미래 역사도 말씀으로 주관할 수 있는 메시지를 담아야 했다.

"그리스의 종교는 神은 있어도 神의 말씀을 객관적으로 전해 주는 경전이 없다."[5] 이것은 분명 여러 가지 측면에서 神의 권능 조건이 결여된 상태이다. 말씀은 말씀만으로 존재하지 않는다. 시공간의 안팎을 넘나들면서 역사하는 권능 자체이다. 그리고 역사된 근거는 반드시 경전화 과정을 거쳐야 했는데, 그런 기본적인 조건조차 갖추지 못했다는 것은 곧 의인화된 神인 탓이다. 다시 말해, 그리스 신화 속에 등장하는 神들은 참 神이 아닌, 神으로 간주된 상상 속의 神이다. 권능의 필수 조건을 따를진대, 지금까지 세계의 수많은 영혼으로부터 추앙된 절대적인 神들, 그러나 그렇게 추종해서 믿음을 바친 만큼, 그들이 신앙한 神도 정말 神으로서 발휘해야 할 권능을 인류 앞에 드러내었는가? 그렇지 못하다면 神답지 못한 神을 추앙한 것이 된다. 다시 강조해, 하나님은 전능하고 완전한 神임에도 이전 하나님은 지닌 권능을 완전하게 발휘하지 못한 탓에 인류는 그동안 미완인 하나님을 믿었고, 미완인 하나님을 신앙한 상태이다. 인간의 절대적인 믿음과 달리, 각 문화권에서 신앙한 神은 하나님다운 완전한 권능 조건을 갖추지 못한 채 신앙 대상이 된 神이었다. 역사를 통해 본래 가진 권능을 완전하게 나타내지 못한 神이다. 유대교의 神, 기독교의 神, 이슬람교의 神

---

5)  『사람이 알아야 할 모든 것 철학』, 남경태 저, 들녘, 2007, p.53.

모두 그러하다.

그래서 오늘날 강림하신 보혜사 하나님은 새 이름에 걸맞게 하나님다운 하나님, 곧 천지를 지은 창조주로서 갖춘 전능한 권능 조건을 밝혀서 확증하고자 한다. 하나님이 강림하신 것은 하나님이 존재자로서 살아 역사한 말씀의 권능 역사를 뜻하는 것이나니, 임한 말씀이 하나님의 권능성과 존재성과 역사성을 대변할 수 있으려면, 이르신 말씀이 하나님이 아니면 계시할 수 없는 진리성, 창조성, 본질성을 모두 드러내어야 한다. 다산(정약용)은 자신이 지은 『주역 사전』에 대해 "절대로 사람의 힘으로 알아내지 못하고, 지혜로운 생각만으로 알아낼 수 없는 것이므로, 하늘의 도움을 얻어 지어낸 책"[6]이라고 한 것처럼, 그렇게 믿은 "하늘"의 본체가 곧 오늘날 진리의 성령으로 강림하신 보혜사 하나님이다. 그 하나님은 정말 사람의 능력으로 알아내지 못하고, 인간의 지력으로 밝혀낼 수 없는 본질 작용 영역을 주관한 분이시다. 서양의 칸트는 물 자체(본질)가 지닌 대상 자체의 존재성 여부를 거론한 것이 아니고, 인간이 지닌 인식 능력 자체를 문제 삼은 탓에 神을 알 수 있는 길마저 원천 차단해 버렸다. 현상계와 물 자체를 구분하였고, 이성으로 현상계는 인식할 수 있지만 물 자체는 인식할 수 없다고 하여, 인식 불가 원인을 물 자체 탓으로 돌린 것은 후세인들에게 불가지론을 조장한 결과를 낳았다. 하지만 이제는 분명히 밝히나니, 칸트가 내린 결론대로 인간이 가진 인식 능력으로서는 하나님을 아는 것이 불가능할지 모르지만, 하나님은 말씀의 권능으로 인간이 넘어서지 못하는 인식의 한계 울타리를 뚫고 살아 역사하심을 확실하게 주지시킬 수 있다. 왜냐하면, 하나님은 창조주답게 인간이 지닌 본성을 완전히 안 바탕 위에

---

6) 『철학 콘서트(3)』, 앞의 책, p.112.

서 무지를 깨우칠 수 있는 권능의 발휘자이시다. 그러므로 말씀 속에는 하나님 자체의 실존적 특성은 물론이고, 하나님이 가진 속마음, 속뜻, 인류 사랑과 구원 의지를 모두 표명하신다. 부름을 받은 특정인만 간파할 수 있는 것이 아니다. 의식 있는 자 누구라도 확인할 수 있는 보편적인 말씀의 역사이다. 일명 말씀의 자증(自證)적인 권능 조건이라고 할까? 하나님은 언제 어느 곳 어떤 상황 속에서도 "스스로 존재하신 분이다." 그래서 성령으로 임한 말씀의 역사는 항상 창조주적 권능을 자증하는 역사를 동반한다. 말씀의 역사 자체가 하나님을 증거하는 권능 조건을 갖춘 상태이다. 말씀이 하나님의 차원적인 존재 방식과 절대적인 권능을 드러내므로, 피조적인 뭇 존재와 구분된다. 이런 자증 권능 탓에 하나님은 확실하게 인식할 수 있는 말씀 자체로 존재하신다. 하나님의 존재 본성, 속성, 특성 일체가 진리의 성령으로 강림하신 하나님의 권능 역사로 드러나리라.

## 2. 권능 특성

말씀의 권능 특성은 전능성으로 대변하지만, 그것은 하나님이 구약 시대 때 아브라함 앞에 나타나 한 말씀으로서, 섭리 역사가 완수되지 못한 단계에서는 **"권능 특성"** 역시 완전하게 드러나지 못한 상태라고 할 수 있다. 모두 드러나기까지는 성자의 시대를 거쳐 지상 강림 역사 시대가 열리기까지 성령의 역사가 쉼 없이 이루어져야 했다. 도대체 어떻게 역사하고 어떤 성업을 쌓아야 말씀을 통한 권능 특성이 온전하게 드러날 수 있는가? 이런 과제가 바로 한 인간이 추구한 길과의 합작으로 구체화되었다고 할진대, 하나님이 인도하신바 길의 완수 결과를 통해서 정말 권능 특성이 두드러졌다. 그것은 필시 하나님이 계시한 말씀의 역사에 근거한다. 하나님은 길을 통해 지성들이 궁구한 궁극의 문제를 풀어 주셨고, 覺者가 미처 꿰뚫지 못한 본의적 지혜를 깨우쳐 주셨다. 그만큼 하나님의 말씀은 근본된 진리의 말씀으로서 근원적인 문제를 풀 수 있다. 즉, 궁극적인 문제를 풀 수 있는 지혜가 임한 말씀 가운데 있다 함이니, 근원과 맞닿은 생멸 문제, 창조 문제, 만사의 기원 문제, 존재한 본질 문제 등등. 하나님이 아니면 풀 수 없는 문제를 말씀으로 깨닫게 해 주셨다. 길을 통해 간구하므로 성령의 놀라운 역사가 임하여 진리의 문이 열리고 빛이 쏟아져 온 누리에 하나님의 은혜가 충만하다. 결코, 인간적인 지력으로서는 불가능한 성령의 지혜이다. 천국의 비밀은 세상의 지식으로서는 알 수 없되, 하나님께 구하므로 신령한 성령이 임하사 천만년 감추어진 하늘의 계획을 알려 주셨다. 임한 말씀 속에는 진리의 근원 뿌리를 꿰뚫을 수 있는 주재 뜻이 내포되어 있다. 인간은 한 치 앞도 내다볼 수 없는 한계가 있지만, 하나님은 시공을 초월해 삼세 간을 주관하신다. 그러므로 인간으로서는 알 수 없지만, 말씀을 통하면 지성들이 일군 일체 진리를 이해할 수 있다. 그것이 곧 하나님이 권능으로 표명한 초월적 지혜이다.

흔히, 깨달음을 얻은 동양의 覺者들도 차원적인 의식에 들면 우주의 본질을 관통하고 일관하는 경험을 하는데 그것은 道, 즉 본질 영역에 한정한 것이고, 하나님의 계시 지혜는 역사, 섭리를 포함해서 본성, 존재, 시공, 우주의 근원까지 확대된다. 이런 일이 가능한 것은 하나님이 단지 전능한 神이라서가 아니라, 천지를 지은 창조주이기 때문이며, 그래서 우리도 만사와 만물의 바탕을 이룬 본의를 깨치면 생명이 무엇인지, 존재가 무엇인지,

역사와 우주가 무엇인지, 그것이 어떻게 이루어졌고, 또 이루어질 것인가에 관해 알 수 있다. 진리의 종주 뿌리는 창조라, 창조를 알아야 진리를 생성시킨 뿌리를 알 수 있고, 창조를 알기 위해서는 직접 천지창조 역사를 주관한 하나님의 본의를 알아야 한다. 자체만으로서는 알 수 없는 것이 인간의 한계이고, 알 수 있는 것은 하나님의 계시 권능이다. 서양의 지성들은 인간의 이성적 기능에 대해 세계에 가로놓인 일체 문제를 의탁한 실정이지만, 이성은 경험으로 확보한 데이터를 근거로 확률적으로 예측하는 것일 뿐이다. 하지만 하나님은 도래하거나 경험하기 이전에 이미 모든 원인을 일으킨 본체자인 탓에 경험과 드러난 현상보다 앞서 일체를 알고 계시다. 이처럼 본유한 원천적인 권능 지혜를 일컬어 『화엄경』에서는 "부처님이 아무 말 없이 해인삼매(海印三昧) 속에서 빛으로 설법하는 광명설법(光明說法)"[7]이라고 하였다. 설법으로 진리의 빛을 밝힌 분은 다름 아닌 진리의 성령께서 부처님의 입을 빌려 밝은 지혜로 계시한 보혜사 하나님이시다.

광명 지혜로 밝힌 말씀의 권능은 진리성, 선재성, 관통성에 머무르지 않는다. 말씀 자체에 창조주로서 지닌 뜻과 의지까지 수반한 탓에 만사를 주재하는 실질적인 역사를 일으킬 수 있다. 하나님의 그 같은 권능 역사 특성을 이 연구는 크게 창조, 주관, 심판, 통합, 구원 권능으로 구분한다. 이 5대 권능은 하나님이 발휘하는 절대 권능이다. 하나님은 태초에 말씀으로 존재하고, 말씀으로 천지를 창조하셨나니, 이보다 더한 말씀의 생명력과 진리력과 본체 의지를 뒷받침한 **"권능 특성"**은 없다. 그중 '창조 권능'은 5대 권능 중에서도 제일 먼저 발휘된 절대 권능이다.

---

7) 『한국과 중국 선사들의 유교 중화 담론』, 문광 저, 불광출판사, 2020, p.282.

두 번째 권능인 말씀의 '주관 권능'은 지속된 성령의 주재 역사로서 뒷받침된다. 그런데도 지난날은 이 절대 권능을 지극히 제한한 탓에 세계가 끝없이 분열되고 말았다. 하나님이 인류 역사를 주관한 섭리 뜻은 결코 그런 것이 아니다. 그런데도 지금 당장 하나님이 부처님이고 부처님이 하나님이라고 한다면 수긍할 사람이 있겠는가? 그렇게 구분해서 서로가 상대를 배척한 것이 자체의 순수 신앙을 지키는 것으로 여겼지만, 무한 확대적인 주관 권능에 근거할진대, 이런 신앙관은 언젠가 때가 되면 허물어져야 한다. 그것이 지상 강림 역사 시대 도래와 도래 이전과의 차이점이다.

세 번째 권능인 말씀의 '심판 권능'은 성경에 기록된바 종말의 때에 단행되리란 두려움을 안기지만, 심판 역사의 단행 시점과 절차에 관해서는 구체적으로 알려진 바 없다. 하지만 강림하신 하나님은 때가 이른 오늘날 선천 역사를 종결짓고 만인 구원의 시대를 열고자 하는 만큼, 바야흐로 밝힐 말씀의 역사에서는 심판 의지를 표명하지 않을 수 없다. 그만큼 이 시대는 세계가 분열을 극한 때라, 만물과 역사는 대립이 극한 정점에 도달했고, 진리는 생명력을 잃었으며, 섭리는 막바지 지점에서 힘겹게 진행되고 있다. 잘잘못을 따져서 버릴 것을 버리고 남겨야 할 것을 가려내어야 하므로, 그것을 판가름하는 데 하나님의 준엄한 '심판 권능' 요청이 있다. 그 역사가 지금 진행되고 단행되는 중이거니와, 보혜사 하나님이 진리의 성령으로서 계시한 말씀이 그대로 眞·善·美를 가름하는 기준으로서 선천과 후천을 가르는 심판 역할을 담당하리라. 본질을 규정하고 최종적으로 매듭지음으로써 선천 역사를 갈무리하리라. 말씀의 절대 권능 작용은 세상의 모든 사상과 종파와 제도와 이념과 주의를 타파할 수 있는 능력의 보검이다. 우리로서는 누구도 장자가 의문을 가진 것처럼 꿈이 현실인지 현실이 꿈인지 결정적으로 판단할 수 없다. 아직도 플라톤이 구분한 선의 이데아와 현상 세계 중 무엇이 참 세계이고 그림자인지를 판가름할 수 없다. 인간이 가진 판단력으로서는 결단하고 결정하고 규정할 수 없는 만사에 걸친 현상과 진리 세계를 하나님은 말씀을 통해 한꺼번에 판별하시리라.

네 번째 권능인 말씀의 '통합 권능'은 하나님의 몸 된 본체가 만물과 만상을 있게 한 근원자요, 바탕체인 탓에 때가 되면 반드시 발휘하게 될 절대 권능이다. '창조 권능'은 이미 발휘한 역사인 탓에 증거로서 확인할 수 있지만, '통합 권능'은 장차 발휘할 권능인 탓에 미래 인류가 모두 동참한 영광의 권능 역사를 목격하게 되리라. 장차 발휘할 '통합 권능' 역사는 가장 상식적인 앎과 지식을 뒤엎는 전환 역사인 탓에 큰 혼란과 진통이 예상된다. 그 앎과 지식은 과연 무엇인가? 지금까지는 일체를 구분하고 분별함으로써 본질을 알고 세계를 이해할 수 있었지만, 이후부터는 그렇게 해서 쌓아 올린 지식과 판단 방식과 신념을 송두리째 내다 버리지 않으면 안 된다. 즉, 지난날은 유일 神과 절대 道를 믿고 신앙한 것이 근본자에 대해 경의를 다하고, 믿음을 이루고, 구원받는 길이었지만, 이제는 상황이 달라져 타 신앙과 진리와 전통을 이해하고 존중해서 조화를 이루는 것이 근본자에 대한 신앙 태도이고, 깨달은 자의 믿음이며, 인류 공통의 구원 조건이다. 이전에는 각자가 바라본 하나님이었고, 天이었고, 道였지만, 오늘날 강림하신 하나님은 만 인류를 한 영혼도 놓치지 않고 구원하기 위해 말씀의 역사를 펼치고자 하신다. 각인이 깨닫고, 일군 진리가 아직 성숙하지 못한 이해의 장벽에 부딪혀 부분적인 학파성, 종파성, 진리성에 머문 상태에서 한결같이 통합되어야 할 하나님의 권능 발휘 때를 기다린 형국이다. 현대를 살아가는 자 곰곰이 생각해 보라. 지금은 선천의 역사가 분열을 다한 때라, 혼란이 가중된 상태이지만, 한편으로는 어느 시대보다도 일체의 진리가 적나라하게 표출된 때이다. 그만큼 정신 차리지 못한다면 방황이 끝이 없겠지만, 시대의 본질을 정확히 통찰할 수 있다면, 이때가 바로 분열이 극한 상황을 전환할 수 있는 통합의 때이다. 인류가 분열된 역사를 마감하고 통합될 수 있는 만인 구원의 역사 때가 도래하였다. 오늘날 강림하신 하나님은 분명 이전의 하나님과 다르고, 여태껏 숭상해 온 神과도 구분할 수 있어야 인류 사회가 강림하신 하나님의 품 안에서 하나 될 수 있다. 도토리 키 재기식으로 상대화된 조건 속에서는 만연한 분열의 고리를 끊을 수 없다. 극복해야 대립의 벽을 허물고, 파멸될 수밖에 없는 인류 사회가 새로운 돌파구를 찾는다. 말씀의 권능으로 진리 간, 종교 간, 문명 간을 소통시켜 하나로 통합할 수 있는 길을 트리라.

5대 권능 중 마지막인 말씀의 '구원 권능'은 하나님이 생사여탈을 주관하는 창조주인 탓에 발휘할 수 있는 절대 권능이다. 선천 종교를 창립한 많은 천재는 그럴싸한 말로 인류 영혼의 안녕을 보장한다고 하면서 주문, 의탁, 특정 대상과 행위들에 대해 일일이 신앙 가치를 부여하였다. 그래서 뭇 영혼을 호도했지만, 그것이 다름 아닌 미혹한 우상이다. 천지 간에 오직 하나님만 인류의 안녕과 영생을 보장하고 구원을 약속할 수 있다. 우리가 말로써 할 수 있는 것이 얼마나 될까만, 하나님은 말씀의 권능으로 생로병사의 고통에서 벗어나게 할 수 있고, 미혹한 번민으로부터 헤어나게 하며, 죽은 자라도 긍휼히 여기면 생명을 다시 불어넣을 수 있다. 하나님은 말씀으로 존재하는 영존한 분이라, 말씀 한마디로 빌 곳을 잃은 죄도 용서하고, 인류가 저지른 죄악을 한꺼번에 사할 수도 있다. 이 같은 구원 권능을 발휘하기 위해 하나님이 오늘날 이 땅에 강림하여 가르침의 교화 역사를 펼치고자 하신다. 하나님이 발휘하고자 하는 말씀 권능의 최종 목적이 사랑한 인류를 종말에 처한 대환란으로부터 구원하고자 하는 데 있는 만큼, 이 연구가 수행하고자 하는 말씀의 가르침 역사를 진심으로 받들어야 한다. 교화 메시지에 귀를 기울여야 하리라.

# 제19장 교화적 증거

## 1. 성인의 가르침[聖敎]

하나님은 전능한 권능을 가졌지만, 그렇게 본유한 권능을 순화해 한 가지의 권능 발휘로 나머지 권능으로 이룰 수 있는 목적도 함께 이루고자 하시니, 그것이 곧 말씀의 교화로 인류 영혼을 구원하고자 하는 역사이다. 한 가지 약으로 만 가지 병을 고칠 수 있다는 과장된 선전도 있다지만, 정말 하나님이 이루고자 하는 말씀의 교화 역사는 다른 권능까지 동원해야만 달성할 수 있는 만인 구원 가르침인 것을 증거하리라. 이에, 말씀의 위대한 가르침은 인류를 구원하고자 한 하나님의 교화적(교육적) 방법과 지혜가 위대하다는 뜻이다. 인류의 헤어날 길 없는 무지를 깨우치기 위해 쏟을 지극한 사랑의 실천이다. 강림하신 하나님이 진리의 성령으로서 직접 행동에 나선 것이 말씀의 가르침 역사이다. 기적을 일으키는 역사 단행이 아니다. 하나님이 길을 세워 인도한 것은 오늘날의 결과론적인 판단으로서 성부의 시대와 성자의 시대를 마감하고 말씀의 가르침 역사를 주축으로 한 성령의 시대를 열기 위해 사전에 예비한 역사이기도 하다. 마치 선승이 法을 설하기 위해 법상에 오르듯, 목사가 말씀을 증거하기 위해 설교대 위에 서듯, 하나님이 인류를 향해 교화 역사를 펼칠 수 있는 기반과 조건을 갖추고 공식적인 역사 무대를 마련한 것이 길의 완수 역사이다. 이 연구는 일찍이 살아계신 하나님을 증거하고 생생한 실존의 모습을 뵈올 수 있게 해 달라고 기도하였나니, 그것이 일차적으로는 본체를 드러낸 성령의 실체를 증거함으로써, 이차적으로는 천지를 창조한 역사 사실을 증거함으로써, 그리고 지금부터는 강림하신 하나님이 행할 교화적 가르침을 통해 증거하고자 한다.

그러기 위해서는 먼저 지난 세월 인류 영혼을 교화하는 데 지대한 영향을 끼친 **"성인의 가르침[聖教]"**에 귀 기울이지 않을 수 없다. 이유는 다름 아닌, 성인은 하늘의 뜻을 받들어 하나님의 말씀을 대신해서 교설한 사명을 수행한 탓이다. 이런 사실을 밝혀야 성인의 가르침도 알고 보면 하나님의 교화 뜻을 받들었다는 것을 확인할 수 있다. 당연히 성인이 남긴 가르침과 행적을 추적하는 것은 그대로 말씀의 **"교화적 증거"** 일환이다. 그것이 곧 그것이라는 말처럼, 성인의 가르침은 하나님의 가르침과 진배없다. 하지만 그동안 이런 연관성을 엿본 자가 없는 탓에 이 연구가 이 시점에서 성인의 가르침이 지닌 본질이 무엇인지와, 天命을 받든 이유를 밝히고자 한다. 큰 디딤돌 역할을 한 섭리 뜻을 알아야 비로소 하나님이 행할 말씀의 교화 문을 열 수 있다. 자고로 "성인은 신도(神道)로써 가르침을 베풀어 천하 사람들이 복종하였다"[1]라고 하였으니, 그 가르침은 神道, 즉 天道에 근거함이다. 하나님의 뜻과 진리와 命을 구하고 받들어 교화 역사를 펼쳤다. 이에, 다산(정약용)은 자신이 이상으로 삼은 성인의 경지에 대해, "성인은 영명한 상제의 현존과 직시를 늘 의식하고서 신독하는 지성자(至性者)로서, 성인은 天을 닮은 초천자(肖天者)요, 天과 天命을 아는 지천자

---

1) 『주역』, 觀卦.-『유교는 종교인가(1)』, 앞의 책, p.196.

(知天者)이며, 天과 형통하는 격천자(格天者)이다"[2]라고 하였다. 그래서 동양에서는 성인을 만인이 도달해야 할 이상적인 인격 상태로 상정해서 학문과 수양을 쌓고 또 쌓았다. 그만큼 天과 상통한다는 것은 쉽지 않은 경지 이룸인 탓에 성인이 행한 가르침을 지존한 가르침으로써 숭상하였다. 선천 하늘에서 그 이상의 교설 지위는 다시 없다. 그도 그럴 것이, 하나님이 진리의 성령으로서 이룬 가르침의 역사를 대신한 것인 탓에 위대한 진리성을 내포하였다. 하지만 세계가 종말을 맞이한 오늘날 하나님이 직접 교화 역사를 펼치고자 함에 있어서는 성인이 행한 가르침과의 차이를 명확히 지적해서 성인이 가르친 진리의 범위를 한정하지 않을 수 없다.[3]

먼저 성인 소크라테스의 경우, 가르침의 주제 영역은 "전적으로 좋은 삶의 개념, 즉 德 있는 삶, 문명사회에서의 삶, 행복한 삶 등에 관심을 두었다."[4] 그는 "인생에서 가장 중요한 일은 우리의 영혼을 구제하는 일이고, 좋은 영혼의 표지는 德이며, 인생의 가장 중요한 목적은 지식, 즉 지혜를 얻는 일이라고 가르쳤다."[5] 그리고 목적을 이루는 방법으로서는 자신이 직접 "지식을 가르치기보다는 대화의 상대방이 지식을 조각할 수 있도록 끌어주는 산파 역할을 하고자 했다. 대화를 통한 질문과 답변으로 지식을 찾는 방법을 변증법이라고 부르는데, 소크라테스가 직접 창안하지는 않았

---

2) 『인성교육의 철학적 성찰』, 대동철학회 출판기획위원회 편, 교육과학사, 2016, p.201.

3) 지난날은 동서를 불문하고 성인을 받들고 숭상하고 제례, 예배, 배향했지만, 그것은 창조주 하나님이 강림하지 않았을 때의 행위이고, 태양이 뜨면 어둠이 가시듯, 지상 강림 역사 이후로는 퇴색될 것임.

4) 『세상의 모든 철학』, 앞의 책, p.38.

5) 위의 책, p.100.

지만, 가장 효과적으로 사용한 철학자였다."[6] 인간이 지닌 앎과 지식은 본래부터 본유한 탓에, 그것을 끌어내기 위한 변증적 방법을 가르침에 활용했다는 것은, 하늘의 창조 뜻을 알고 거기에 부합하고자 한 성인다운 가르침이다. 하지만 天意를 알고 天道로 인도하기는 했어도 소크라테스가 하나님의 뜻을 직접 깨달아 가르친 것은 아니다. "너 자신을 알라"라고 하여 앎의 근원 된 방향은 제시했지만, 본성 자체가 무엇인지에 대해서는 말한 바 없다. 하나님의 가르침은 그렇지 않다. "너 자신"에 관한 인간 본성을 정확하게 밝히시리라. 그래서 성인의 가르침은 하나님의 道를 펼치기 위한 디딤돌 역할로 족해야 했다.

공자란 성인의 경우, 유교의 창시자이기도 한 그는 "만세의 교주"[7]로 받들어졌다. 동양 사회에서 공자 이상의 스승은 없다. 그렇게 숭상한 세월이 적지 않지만, 그것도 오늘날 강림하신 하나님의 교화 가르침이 있기 이전까지이다. 그래서 "지상 강림 역사"는 모든 면에서 이 같은 방식으로 선·후천의 세계관적 질서를 가닥 잡고 구분 짓는다. 왜냐하면 하나님의 가르침과 성인의 가르침과는 차원적인 차이를 지닌 탓이다. 성인 공자는 오히려 자신이 지닌 인간적인 한계를 분명하게 밝힌 분이다. 제자의 질문에 대해, 삶을 모르는데 어찌 죽음을 알겠는가? 즉, 성인다운 道는 펼쳤지만, 道를 생성시킨 당사자(창조주)가 아닌 탓에, 자신이 깨달은 앎만으로서는 한계가 있었다. 성인은 구한 道를 가르친 것이지만, 하나님은 道 전체의 생성 본말을 결정하신다. **"성인의 가르침"**은 깨친 道를 펼친 것이라 피조 道이고, 본말을 결정한 하나님의 道는 권능 道이다. 성인답게 道를 말할 수는

---

6) 위의 책, p.50.

7) 『유교는 종교인가(2)』, 앞의 책, p.357.

있지만, 본말은 말할 수 없다. 오직 말씀에 의지함으로써만 가능한 교화 가르침이다. 그래서 말씀의 역사이다.

부처님의 경우라고 해서 별반 다른 것은 없다. "먼 옛날 이 땅에 오신 석가모니 부처님은 많은 가르침을 펼쳤다. 그리고 그 가르침이 팔만대장경이란 어마어마한 분량으로 집대성되었다. 부처님은 깨달음을 얻고 45년 동안 자비심으로 중생들에게 다양한 가르침을 주셨다."[8] 하지만 부처님도 역시 처음부터 모든 것을 알고 태어난 전지자(全知者)는 아니다. 그래서 뜻한 바를 이루고자 출가를 결심했고, 수행으로 정진했으며, 발원과 갈구한 구도 행각을 쌓고 쌓아 어느 한순간 홀연히 깨달아 세인이 인정한 부처가 되었다. 그는 궁금했고 의문점을 가진 탓에 탐문했고 상구했다. 이런 추구 결과로 정각을 이루어 펼친 부처님의 설법 역사와 하나님이 창조주로서 萬道를 본유한 가르침과는 차원이 다르다. 부처님은 자신이 궁금했던 의문점을 깨달아 푼 관점에서 부딪힌 인생관과 사생관과 우주관을 설법한 것이라면, 하나님은 일체 원인을 발생시킨 근원자의 입장에서 가르침의 역사를 펼치시리라. 그래서 말씀의 가르침은 자체가 하나님다운 말씀의 지혜 권능을 증거한다.

마지막 기대된 성인인 主 예수는 하나님의 독생자란 신적 위격답게 말씀 한마디, 행동 하나하나, "산상수훈" 등을 통해 놀라운 교화 권능을 나타내었다. 생활 속의 열린 무대를 통해 가르침의 역사를 펼침에 독생자다운 카리스마가 넘쳤다. 그러나 그런 가르침에도 한계는 있다. 말씀이 곧 길이요, 진리요, 생명이기는 하지만, 한편으로 아버지인 하나님이 창조주로서 어떤 초월성, 차원성, 통합적 권능을 가진 분인지에 대해서는 말한 바 없

---

8) 『연기로 읽는 불교』, 목경찬 저, 불광출판사, 2014, p.18.

다. 천지 만물을 어떻게 창조하였고, 인류 역사를 어떻게 섭리하였으며, 종말의 때에 인류를 어떻게 구원할 것인지에 관한 뜻은 밝힌 바 없다. 主 예수는 진실한 독생자로서 하나님의 뜻을 몸 바쳐 받들었지만, 화신 된 하나님인 탓에 한계가 있었다. 그러니까 복음을 땅끝까지 전파하라고 한 유지에도 불구하고, 오늘날에 이르러서는 선교 영역이 더 이상 확장되지 못한 장벽에 가로막힌 실정이다. 하나님의 아들인 예수조차 인류가 반드시 알고자 했고, 간절히 알고 싶은 문제를 풀어 주고 말씀해 주지 못한 것이라면, 언제 어디서 누가 어떻게 모든 궁금증을 해소할 가르침의 역사를 펼칠 수 있겠는가?

## 2. 하나님의 가르침[天敎]

성인의 가르침은 역사상 성인이 실존했고, 교화를 목적으로 한 행적과 말씀이 기록으로 전해진 탓에 어느 정도 실감할 수 있다. 그러나 하나님은 형상이 없을 뿐 아니라, 성경이 말씀을 담고 있기는 하지만, 전적으로 교화를 목적으로 한 메시지라고는 보기 어렵다. 그래서 하나님이 강림하신 이때가 되어서야 말씀을 통한 교화 역사를 본격적으로 펼칠 수 있게 되었다. 길을 완수케 한 계시 말씀이 그대로 인류 영혼을 깨우치는 교화 말씀으로 전환되리라. 알고 보면, **하나님이 길을 인도한 것은 하나님 자체의 존재를 드러내기 위해서이고, 하나님이 길을 완수케 한 것은 살아계신 神인 것을 증거하기 위함이며, 하나님이 진리의 성령으로서 역사한 것은 인류 영혼을 진리의 가르침으로 교화하기 위해서이다.** 이런 뜻을 가진 하나님이 오늘날 강림하여 펼칠 말씀의 교화 역사는 과연 어떤 방법과 형식과 역사 형태를 갖출 것인가? 지난날에는 수많은 현자, 覺者, 지성들이 나타나 교훈이 되는 말을 남기고 갔는데, 그들이 이 시대에 다시 나타난다면 무슨 말을 할 수 있을까?[9] 선현의 가르침은 그렇게 경험하였다지만, 오늘날 강림하신 하나님이 펼칠 가르침은? 天敎, 즉 이 시대에 새롭게 강림하신 하나님이 대 인류를 향해 가르치고자 하는 말씀의 교화 역사란 과연 무엇인가? 인류가 생명처럼 받들어야 할 天敎의 道란? 이것은 이전에 命한 道가 아니다. 인류가 그토록 궁구했지만, 알지 못한 그 무엇, 또한 인류가 하늘을 향해 길을 물었지만, 미처 알리지 못한 그 무엇, 그래서 강림하신 하나님은 오늘날에 이르러 인류를 향해 가르칠 것이 매우 많으시다. 하나님은 알고 계시는데 인류의 지성이 여물지 못해 밝히지 못했던 것, 그것을 말씀의 가르침으로 깨우치고자 하신다.

왜 이 시대에 하나님의 가르침이 있어야 하는가? 天敎가 필요한 이유? 바로 인류가 하나님으로부터 창조된 자녀 백성인 탓이다. 지음 받은 탓에 자체로서는 본성을 자각하고, 진리를 알고, 본질을 깨치는 데 한계가 있다. 부처님은 어떤 스승으로부터도 가르침을 받은 것 없이 자력으로 깨달았다고 하지만, 부처님도 미처 실체를 파악하지 못한 성령의 역사가 있어서였고, 그것은 곧 하나님에게서 나온 가르침의 道(法=계시 지혜)였다. 그러니까 부처님도 비록 깨닫기는 하였지만, 인간으로서 지닌 어쩔 수 없는 인식 틀, 고정 관념, 발원함에 따른 관점의 지향성 탓에 깨달음을 이룬 본원 작용의 실체까지는 알지 못했다. 곧, 하나님이 진리의 성령으로서 이룬 계시 작용 역사까지는 간파하지 못했다. 그것이 수행으로 깨달은 佛法의 한계

---

9) 『철학 콘서트』, 앞의 책, p.12.

이고, 부처님이 피조체인 탓에 지닌 인간적 한계이며, 불교가 결국 도달하고야 말 진리력[法]의 한계이기도 하다. 이것을 누가 어떻게 해서 佛法과 天道를 연결할 것인가? 하나님이 직접 나서 막힌 길을 트는 가르침의 역사를 펼치지 않을 수 없다. 하나님은 인간성의 바탕이 된 본성, 곧 본래성을 선하고 부족함 없게 창조한 것이므로, 그렇게 주어진 본래성을 어떻게 구현하는가 하는 것은 각 개인의 수행에 초점을 맞춘 추구 여부에 달렸다. 같은 본래성을 가지고 태어났으면서도 본래성과 어긋난 탓에 타락하고 죄인이 된 것은 주어진 善性을 지키지 못하고 유혹에 넘어간 탓이다(아담과 이브). 그렇다면 타고난 善性과 달리 惡이 발단한 이유는?[10] 성리학은 기질의 차이를 통해 이유를 설명했지만, 결론은 결국 창조된 본래의 善性을 깨닫지 못하고, 하나님의 창조 뜻에 무지한 탓이다. 본성이 본래 선한 근거는 하나님의 몸 된 본성에 바탕을 두어 창조되어서이다. 이런 사실은 자체로서는 알 수 없으므로 하나님으로부터의 가르침이 필요하다. 성인이 깨닫고서도 다루지 못하는 가르침의 영역이 있어서 하나님께서 직접 나서 교화 역사를 펼치고자 하신다. 이에, 하나님이 펼치고자 하는 교화 역사의 형태와 방법은 지극히 입체적이다. 유사 이래 진리의 성령으로서 이룬 성업 역사 전체를 아울러야 한다. 그 첫 번째가 앞에서 밝힌 성인의 가르침 역사이고, 두 번째는 길을 통한 대언 역사이며, 세 번째가 지상에서 하나님의 뜻을 받든 구원의 사도, 곧 대대적인 스승의 세움 역사를 통해서이다.

앞서 밝힌 바대로 성인은 한결같이 하늘의 뜻을 깨달아 하늘의 命을 받들었던 분이다. 그 命과 뜻은 꼭 기독교에서 말한 계시 형태일 수 없다.[11]

---

10)  『인성교육의 철학적 성찰』, 앞의 책, p.138.

11)  기독교가 신앙한 형태만으로 하나님의 뜻을 구하여 받든 것이 아님.

간절하게 염원한 뜻이 하늘에 상달한 우주 의식적인 통찰이다. 하나님이 강림하신 사실의 역사로서 말씀의 교화 역사를 펼치는 것은 하나님이 결정한, 인류를 보편적으로 구원할 수 있는 최선의 방법이다. 그 역사가 바야흐로 본격화되기는 했지만, 이때를 위해 사실은 하나님이 인류의 전 역사를 통해 준비하였고, 이미 진행된 역사이다. 성인의 행적을 통한 역사가 그것인데, 지금은 바로 "그가 곧 나이다." 성인의 가르침이 그대로 하나님의 가르침이었고, 하나님이 세운 역사이며, 대언 역사, 필요에 따라서는 직접 화현한 역사였다는 사실을 밝히리라. 그러기 위해서는 타당한 근거를 제시해야 하고, 성인의 가르침 역사와 하나님의 가르침 역사를 연결 지어야 한다. 모든 역사가 사실인 것은 언급한바 하나님은 시공을 초월해서 역사하는 진리의 성령이기 때문이다. 하나님으로서도 언젠가는 직접 행한 창조 역사의 본의와 인류 역사를 주재한 뜻을 최종 목적체인 인류에게 가르쳐 알려야 할 필요가 있었다.[12] 이런 뜻은 결코 한꺼번에 단행할 수 있는 역사가 아니다. 세계는 생성을 본질로 하는 만큼, 본질 자체가 분열을 완료하고, 하나님이 강림하여 보혜사로서 본체를 드러낼 때까지 성인, 覺者, 현자, 무수한 지성들이 정열을 바쳐 진리 세계를 일구어 내어야 하는 과정이 필요했다. 그것은 결코 각인이 이룬 것이 아니다. 하나님이 그들을 불러 세워 성령의 역사로 각성시킨 것이다. 이 모든 계시 역사, 일깨움 역사를 어떻게 증거할 수 있는가? 지금까지 주재한 섭리 역사의 주체가 하나님이란 사실을 어떻게 밝혀낼 것인가? 그들, 특히 성인의 가르침이 바로 인류 영혼을 교화하는 데 있었다는 목적의 한결같음에 있다. 나아가 설법, 설교, 가르친 진리가 하나님의 본체 道와 창조 道를 일구고자 한데 있었다

---

12) 인간은 사고하고 판단하는 영성체라, 가르쳐야 무지를 깨닫고, 잘못을 알아 교화로 구원됨.

는 점에서도 그러하다. 소크라테스도 그가 가르치고자 한 것은 인간의 영혼을 구제하는 데 있었다고 하였듯, 부처님이 정각 후 설법 행각에 나선 것 역시 중생을 구제하는 데 있었다. 그것은 모두 오늘날 하나님이 교화역사로서 이루고자 한 인류를 보편적으로 구원하기 위한 단계적 성업 일환이다. 결국은 그것이 곧 그것이라, 성인의 가르침=하나님의 가르침이다. 부처님이 중생을 성불시키기 위해 설법한다=부처님이 중생을 위해 하나님의 본체를 자각게 하려고 설법한 것이다. 따라서 부처님의 말씀은 결국 하나님의 말씀이다. 부처님의 설법 의도는 하나님의 역사 의도, 곧 인류 구원 의지와 같다. 마음의 집착과 무지, 무명, 어리석음, 욕망, 집착, 그리고 굳은 세계관의 수렁에서 헤쳐 나올 수 있도록 하나님이 각인을 세워 만세 전부터 교화 역사를 주관하셨다.

인류 역사를 통해 행해진 유구한 섭리 역사의 주체가 성령으로 역사한 하나님인 탓에 하나님은 일찍이 "모세를 사용하여 유대인들을 구원하였듯, 또한 소크라테스와 플라톤을 사용하여 이방인을 그리스도에게로 인도하였다."[13] 그리고 오늘날 강림하신 하나님은 더욱 범위를 확대하여 인류 전체를 보편적으로 구원하기 위해 통합을 지향한 교화 방식을 취하고자 하신다. 즉, **하나님의 天敎 방식이란 불교도를 구원하기 위해 부처님의 설법을 통해 하나님께로 인도하고, 유교인을 구원하기 위해 공자님의 가르침을 통해 하나님께로 인도하고…… 인류가 숭상한 성인을 스승으로 앞세워 위대한 말씀의 교화 역사를 펼치고자 하신다.** 이전에도 하나님은 성인을 앞세워 인류의 교화 사명을 수행케 하셨던 만큼, 오늘날은 그렇게 주관할 섭리 의도를 밝혀서 깨우치면, 그 가르침을 통해 만백성을 한 영혼

---

13) 『신학 논쟁』, 로저 E. 올슨 저, 박동식 역, 새 물결 플러스, 2017, p.49.

도 놓침 없이 구원할 수 있다. 지상 강림 역사 시대를 맞이한 인류는 지난 날 하나님이 전능한 神인 사실을 신앙한 단계를 넘어 전 역사를 통해 살아 역사해서 주관한 뜻을 통찰해서 받듦이 중요하다. 역사한 섭리 뜻을 아는 데로 이후부터의 진리 추구 목적과 역사 추진 방향을 설정해야 한다. 이를 위해 이 연구는 하나님의 보편적인 인류 구원 뜻을 받들어 불교의 숭고한 설법 의지, 기독교의 복음 전파 의지, 공자님의 가르침 정신, 소크라테스의 신념 어린 일깨움 방법을 계승해서 인류 영혼을 교화할 위대한 말씀의 가르침 지침을 마련하고자 한다.

다음으로 하나님의 가르침 방법, 즉 天敎로서는 길을 중심으로 한 전격적인 역사 펼침이 있다. 성인을 스승으로 세움도, 길을 세움도, 모두 하나님이 뜻한 인류 교화 수단이자 방법이다. 다시 말해, 말씀을 대언해서 가르침의 지혜를 펼친 것이다. 하나님이 강림하여 인류를 교화할 사명을 부여한 만큼, 그 성업의 중차대함을 인식하고, 완성된 창조 원리와 法을 바탕으로 인류의 무지를 일깨울 교화 역사를 수행하리라. 길이 아니면 담당할 수 없는 사명의 막중함을 가슴 깊이 새겨야 한다.

세 번째는 이 땅에서 하나님의 인류 교화 목적을 실행할 위대한 스승의 인격체를 육성하는 역사이다. 자고로 인류 문화는 성인의 가르침을 本으로 한 스승의 가르침이 있었기에 추진될 수 있었다. 인류 역사는 정말 스승이 가르친 지침대로 나아갔다. 인류가 일군 진리와 覺者가 구한 道만으로서는 가르침에 한계가 있다. 天의 뜻을 알고 그 뜻을 가르쳐야 했나니, 그런 사명을 수행할 인류의 스승은 어떻게 세워질 수 있는가? 하나님의 창조 뜻을 깨닫고, 하나님의 命을 받든 자라면 누구라도 하나님의 교화 권능을 대신하는 스승으로서 자격을 부여받을 수 있다. 그 스승은 하나님의 창조 목적과 창조 본의와 창조 원리를 알고, 그것을 지혜로 가르칠 자격과 소명을 갖춘 자이다. 그렇게 命을 받든 자는 과연 무엇을 가르침의 주제로 삼아야 하는가? 핵심은 바로 天에 이르는 길이고[天道], 이를 위해 방법, 원리, 지혜를 총괄하는 것이다. 하늘의 뜻을 가르치고[天敎], 하늘의 길을 인도해서 안내하는 자, 그들은 모두 하나님으로부터 부름을 입은 구원의 사도로서 하나님의 자녀 백성인 것을 넘어 하나님의 제자[天徒]로 일컬어지리라. **인간은 태어나 배우고 추구해서 무엇이 될 것인가? 하나님의 뜻과 진리를 가르칠 수 있는 자가 되는 것이 최상의 인생 가치 실현이다.** 그것은 벌써 주어진 본성을 확실하게 한 차원 업그레이드시킨 증거이다. 그 눈은 한층 더 높은 곳을 향해 있고, 그 영혼은 더욱 고귀하게 승화된 상태이다. 이런 자각과 본성을 승화시킨 사명자가 지난날처럼 손가락 안에 꼽을 정도밖에 안 된다면 어떻게 만 영혼을 하나님께로 인도할 수 있겠는가? 하지만 하나님의 가르침 역사는 위대하나니, 교화 역사의 궁극적인 목적은 결국 만 인격의 스승화와 만 영혼의 성인화 달성에 있다. 그 같은 말씀의 역사로 태초에는 천지창조 역사를 실현했고, 창조 이후는 인류 역사를 주관했으며, 오늘날은 교화 역사로 인류를 빠짐없이 구원하고자 하신다. **창조 역사의 최상위에 말씀이 거하고, 하나님 실존의 최상위에 말씀이 거하며, 인류를 구원할 최상위의 방법에 말씀이 자리 잡고 있다.** 인류 영혼을 가르침으로 교화할 말씀은 지상 최고의 위대한 가르침이다.

오늘날의 인류가 하나님의 뜻을 몰라 종말을 맞이한 이유는 분명하다. 길을 묻는 영혼에게 하나님에게로 이르는 길을 완전히 알고, 하나님의 말씀을 받든 완전한 스승의 가르침이 없었기 때문이다. 완전한 길을 알고 완전하게 가르칠 수 있는 스승이 부재한 탓에 인류 영혼이 방황하고, 창조 역사의 목적 달성이 요원하였다. 그러나 이제는 부족한 요건을 채운 완전한 교화 역사가 펼쳐질 수 있게 된 만큼, 이후부터는 완전한 가르침 역사로 완전한 길로 인도받게 되리라. 그 天敎 역사가 하나님의 가르침 道이고, 이 땅의 선지자가 예견한 "무극대도(無極大道)"의 도래 때이다. 하나님이 가르친 말씀의 道인 탓에 상대되는 극이 있을 수 없는 절대 가르침의 지혜이다. 만 영혼을 가림 없이 구원할 天敎 道이리라.[14)

---

14) 하나님의 교화 역사는 시대와 민족과 역사를 초월하여 인류 영혼을 빠짐없이 구원할 무한정적인 말씀의 역사를 통해 수행될 것임.

# 제20장 교권적 증거

　"교권"은 학교에서 선생님이 학생들을 가르칠 수 있도록 국가에서 법적으로 보장한 권한으로서 소정의 과정을 거친 자에게 자격을 부여함으로써 발휘할 수 있게 되는 정당한 행위를 일컫는다. 그리고 말씀의 **"교권적 증거"**는 이 연구가 하나님이 천지 만물을 지은 창조주로서의 마땅한 권능과 지혜를 밝혀서 만 영혼을 교화하고자 하는 절대적인 권한으로 규정한다. 이 교권은 인간과 세상이 부여하고 보장하는 권한이 아니다. 하나님이기 때문에 언젠가는 역사 위로 등단하여 발휘하셔야 할 의무적 권능이다. 인류 앞에 직접 나서서 역사할 말씀의 가르침을 이 편 이후부터 펼치고자 한다. 하나님은 말씀으로 실존하고, 말씀으로 역사하는 지상 최고의 스승이시라, 그런 하나님께서 교화 권능을 발휘하기 위해서는 존재한 본체 모습을 감추고 계실 수 없다. 화신 되고 현현하여야 함에, 그런 요구 탓에 하나님이 오늘날 진리의 성령으로서 모습을 드러낸 만큼, 하나님은 만 영혼을 어루만지고 깨우칠 교화 역사를 통해 비로소 사랑하는 자녀 백성과 함께하고 소통하는 존재자로서 드러나게 되리라. 하나님은 우리와 차원을 달리한 본체자이지만, 그런데도 말씀의 교권적 역사가 가시화된다면 비로소 세상적인 질서 안에서의 완전한 인격체로서 化할 수 있다. 존재자로서 이룰 성령의 역사가 말씀을 통한 가르침의 역사이고, 하나님다운 교권 발휘 역사이다. 밝힌 바대로 하나님은 진리 통합의 완수 위에 전능한 지혜의 모습으로 임하였고, 진리의 성령으로서 본체를 드러내었지만, 정작 중요한 조건인 하나님다운 권능을 갖춘 존재자로서 인류 영혼을 구원하기 위해서는 전능한 神으로서 명령, 선포, 단행하는 일방적인 역사 형태를 달리할 필요가 있었다. 그런 전환 역사의 시발점에 전능성을 지혜화시킨 말씀의 교권적 역사가 있다. 존재자로서의 모습을 드러낸 하나님께서 사랑을 다해 피폐한 인류 영혼을 교화하시리라.[1] 달리 말하면, 말씀을 통한 교권 발휘 역사는 객관적인 진리성의 인격화이고, 차원적인 지혜의 존재화이다. 그리해야 뭇 영혼의 폐부를 찌르는 인격적인 말씀의 가르침이 될 수 있다.[2]

하나님이 인류를 위해 인격체로서 나서서 교권적 권능을 행하시고자 함에, 어떻게 그 같은 역사가 가능한 것인지 아직도 감 잡기 어렵기는 하지만, 그 원인은 교권적 권능을 수행할 지상에서의 작용 메커니즘이 구축되지 못한 탓에 직접적인 말씀의 가르침 역사가 미루어졌던 것일 뿐이다. 언급한바 다산은 "知天이 修身의 근본이다. 즉, 하늘을 아는 것으로부터 모든 수양이 시작된다"라고 하였다. 이유로서 "知天이란 바로 天의 영명(靈明)성이 인간에게 주어졌음을 아는 것[知天命]이다."[3] 그런데 문제는 그 天命을 어떻게 알 수 있는가? 여전히 변함없는 사실은 하나님을 아는 것이 모든 지식의 근본이다. 이 같은 명제가 상통한 탓에 동서의 지성들은 자신들의 문화와 전통을 초월해서 나름의 방식으로 하늘의 命[뜻]을 알고

---

1) 하나님의 전능성을 말씀의 지혜로 전환한 교화 권능을 통해 만 인류를 남김없이 구원하고자 함.

2) 전능한 하나님이 전능한 말씀의 지혜화로 지상적 조건에 동화한, 완전한 인격을 갖춘 존재자가 되심.

3) 『인성교육의 철학적 성찰』, 앞의 책, pp.182~183.

자 하였다. 절실함은 있었지만, 인간적인 입장에서 하늘의 뜻을 얻는 데는 어려움이 있었다. 그렇다면 과연 어떻게 해야 하는가? 중국의 소강절(邵康節: 1011~1077)은 "사물을 알고자 하면 사람을 알지 않을 수 없고, 사람을 알고자 하면 하늘을 알지 않을 수 없다. 또한, 소련의 알렉산더 솔제니친(1918~2008)은 20세기의 가장 중요한 재앙은 인류가 상제를 잃어버린 데 있다"[4]라고 하였다. 이런 요청 탓에 오늘날 하나님이 직접 강림하시어 하늘의 뜻을 알릴 교권적 권능을 발휘하게 되었다.[5] 하나님이 인류를 향해 하나님 자체의 뜻을 밝히고자 하심에, 그래도 문제는 역시 가르치는 데 있어 인간과 하나님 간의 상호 메시지 전달 메커니즘 구축이다.[6] 살펴진대, "『금강경』은 부처님과 수보리 사이의 일련의 대화 과정을 기록한 경전이다."[7] 부처님이 覺者로서 중생에게 가르칠 수 있는 지혜 영역은 과연 얼마나 될까? 그토록 선현들이 알고 싶어 한 하늘에 관한 앎은? 불교를 믿는 이유도 부처님은 이미 삼라만상의 일체 진리를 통달한 覺者로 인정한 탓이다. 하지만 사실상 부처님도 한때는 발원을 통해 피나는 수행 과정을 거친 구도자였을 뿐이다. 부처님은 바로 그 궁금증을 가진 문제의식(발원) 영역에서 깨달음을 획득한 覺者이지 일체 영역을 모두 꿰뚫은 전지(全知)자는 아니다. 이것이 부처님이 선천의 覺者로서 확보한 앎의 범위이다. 부처님도 부족함을 지닌 탓에 제자들 앞에서 모르는 것은 모른다고

---

4) 『유교는 종교인가(1)』, 앞의 책, p.62.
5) 하늘을 모르면 아는 것이 아는 것이 아니다. 미완의 앎임. 하늘을 모르면 알 수 없는 것이 본성, 진리, 세계, 역사 등등. 그래서 하늘을 모르면 결국 아무것도 모름.
6) 지금까지 이룬 길의 교감 역사를 바탕으로 이후부터는 그 같은 교감 작용 메커니즘을 원리화함으로써 하나님이 만 인류와 대화로 소통할 역사적인 무대를 마련하고자 함.
7) 「금강경의 교육학적 해석」, 이은경 저, 춘천교육대학교 교육대학원, 초등교육, 석사, 2002, p.1.

분명히 답했다. 지금도 교회의 수많은 목사님은 성전 높은 곳에 서서 하나님의 말씀을 대언하고 있지만, 그들 역시 말씀의 선포로 하나님의 실존성과 전지성과 권능성을 모두 알고 증거하지는 못한다. 하나님이 말씀으로 교화하고자 한 성령의 역사 메커니즘을 알지 못해서이다. 맹숭맹숭, 맹탕이라는 말이 있듯, 통상적인 증거에 그친 설교 말씀이다. 물론 하나님이 살아계시는 한, 우리의 간구에 대해 응답하는 말씀이 없을까만, 결국은 성령과의 실체적인 상호 교감 역사가 뒷받침되지 못한 말씀의 전달과 이해에 그친다.

그러나 바야흐로 밝힐 말씀의 **"교권적 증거"** 역사는 그렇지 않다. 성령과의 교감 역사 작용을 실감함으로써 만 영혼이 하나님의 뜻을 깨우칠 수 있다. 그렇다면 이 같은 교권적 역사가 이루어지기 위해서는 어떤 말씀 역사의 메커니즘을 구축해야 할까? 일단 우리는 세계의 종교 영역이 결집한 경전들을 통해 성현의 말씀을 접함과 함께, 성경을 통해서는 하나님의 말씀을 접할 수 있다. 그리고 그런 경전류를 통해서 신앙한 대상의 인격성, 진리성, 지혜성, 사상 가치성, 당시의 생활환경, 말씀과 행적 등을 알 수 있다. 즉, "공자의 말씀을 담은 『논어』에는 공자의 인간적인 면모가 곳곳에 드러나 있다."[8] 부처님의 설법 행적을 담은 불경도 그러하다. 경전이 전하는 내용을 통해 현재를 살아가는 우리도 성인의 사상을 접하고 고전 경적(經籍)을 연구하는 합리적인 길을 트기도 한다.[9] 그렇다면 경전 속에 담긴 성인의 가르침과 이 연구가 펼치고자 하는 말씀의 가르침과는 무슨 차이가 있는가? 경전 속의 말씀은 성인 생애에서 당대의 시공간에 한정되어

---

8) 『강의』, 신영복 저, 돌베개, 2014, p.137.

9) 「주자학의 철학적 특성과 그 전개 양상에 관한 연구」, 앞의 논문, p.9.

있지만, 하나님의 말씀은 일체의 시공간적 제약을 초월한다. 하나님은 형상만 없을 뿐, 살아 존재한 의지적 실체인 동시에 말씀으로 역사하는 주체자로서 실시간 시공간 위에 자유자재로 임하실 수 있다. 그것이 곧 진리의 성령으로서 역사한 구체적인 실존 특성이다. 경전 속의 말씀은 고답적이지만, 교권적 역사의 주체자인 하나님은 시공간의 문을 의지대로 여닫을 수 있는 권능자이시다. 그중에서도 보혜사 하나님은 이전에도 그러했지만, 성경의 말씀뿐만 아니라 타 경전 말씀과 우주적 현상을 망라하여 인류 영혼을 교화할 역사 근거로 삼으신다. 그래서 오늘날 하나님이 이루고자 하는 말씀의 가르침은 일찍이 선지자, 覺者, 지성들을 통해 의식을 각성시킨 것과 동일한 작용 역사이다. 그것을 이 연구가 지혜를 다해 밝히고자 한다. 즉, 성령의 역사 작용과 각인에게 끼친 각성 작용 메커니즘을 밝히는 것이다. 그리해야 기록된 경전 속의 말씀과 달리 직접 살아 말씀한 하나님의 존재성을 경험한다. 직접적인 역사를 경험함으로써 주어지는 통찰이나니, 이것이 바로 지상 강림 본체의 구체화이다. 시대와 각인을 불문하고 이전에는 알지 못한 사실을 알고, 깨치고, 지혜를 얻는 것은 본래부터 지닌 것을 하나님께서 의식의 문을 열어 볼 수 있게 한 결과이다. 하나님이 진리의 성령으로서 이룬 작용 결과이다. 즉, 하나님이 시공간 안에서 살아 역사함으로써 닫혔던 의식의 문이 열려 진리의 생명력이 함께한 탓에 전에 몰랐던 새로운 사실을 알고, 새로운 세계를 보아 본성이 변화된다. 자력으로 알게 된 것이 아니다. 자신은 하나밖에 가지지 못했는데 둘이 손에 쥐어져 있다면, 그것은 누가 더 보태어 준 것이다. 그러지 않았는데 하나가 둘이 되었을 리 없다. 즉, 하나님이 역사하여 깨우쳐 주신 것이다.

이런 성령의 작용으로 각성된 의식 작용 메커니즘은 일찍이 성 아우구스티누스가 "내적 조명설"을 통해 인정한 바 있다. 그것은 아마도 오늘날 이 연구가 밝힐 성령의 역사 작용 메커니즘을 염두에 둔 것이리라. 그는 주장하길, "우리가 진리를 아는 것은 마치 햇빛이 사물을 육안으로 볼 수 있게 하는 것처럼, 神의 조명이 영원한 진리들을 우리 마음에 보이게 하는 것이다"라고 하였다. 더 나아가 "마음을 초월하는 것을 감지하고, 이해하고, 깨닫기 위해서는 神의 조명이 있어야 한다. 빛이 진리를 비추어 줌으로써 변하기 쉬운 시간 속에서 우리 마음에 진리의 불변성과 영원성의 특징들을 볼 수 있게 하는 것이다. 인간은 참된 지식을 어떻게 얻을 수 있는가? 지식은 단순히 감각적 경험에서 얻는 것이 아니다. 유형의 대상들은 우연적이고, 가변적이고, 시간적인 것인 탓에 상황에 따라 얼마든지 달라진다. 그리고 우리의 마음도 우연적이고, 가변적이고, 시간적인 것인 탓에 참된 지식을 생산해 낼 수 없다. 그러므로 진리를 인식할 수 있는 것은 홀로 필연적이고, 불변하며, 또한 영원한 존재인 '神의 작용'이 있기 때문이다. 神은 태양과 같아서 마음을 비치어 조명하는 분이므로, 인간을 가르치는 유일한 스승이다. 神은 우리 마음속에서 우리를 가르치는 내심의 교사이다."[10] 인간만으로서는 진리를 알 수 없어 神이 역사 위에서 끊임없이 가르침의 역사를 수행한 것이다. 단지, 神이 역사한 작용 의지의 주체와 실체를 밝히지 못한 탓에 성 아우구스티누스도 그처럼 가정했던 것일 뿐…… 그렇게 믿은 '神의 작용'설이 곧 하나님이 진리의 성령으로서 각인의 의식을 깨우친 각성 역사이다. 하나님이 밝히고 역사하지 않으면 아무도 참 진리를 알 수 없다는 것이 성 아우구스티누스의 사상 요지이다.

하나님이 이룬 가르침의 역사 작용은 천만년 동안 감추어진 성령으로

10)  『서양 교육 사상사』, 주영흠 저, 양서원, 2001, p.128.

이룬 역사 작용인데, 때가 이른 지금 누가 어떻게 밝힐 수 있는가? 일련의 역사 작용을 직접 경험한 길의 추구 역사를 통해서이다. 익히 증거한 대로, 길의 추구 과정에는 하나님이 역사한 위대한 말씀의 계시 역사가 있다. 이를 근거로 길은 앞으로 하나님이 펼칠 가르침의 역사 메커니즘을 뒷받침할 사명이 있다. 이것이 본격적인 말씀의 **"교권적 증거"** 수행이다. 길을 추구하는 과정에서 이 연구는 이미 하나님이 이르신 말씀을 기록하였고, 그렇게 계시한 말씀의 역사로 수놓아져 있으므로, 이렇게 해서 일구고 경험한 바를 근거로 가르침의 역사를 펼칠 열린 교실 문을 연다고나 할까? 하나님이 진리의 성령으로서 말씀하실 수 있는 공식적 무대 공간을 마련하고, 역사 작용 메커니즘을 원리화해야 한다. 그리해야 하나님이 이르신 말씀을 낱낱이 담아낼 수 있다. 말씀의 역사를 준엄한 권능으로 뒷받침해야 한다. 나 자신 지난날 참되고 바르라고 하면서 성장하는 제자를 가르친 교사로서, 그리고 이제는 인류 교사로서 사명을 命 받은 자로서, 본분 수행의 핵심이 하나님이 펼칠 가르침의 역사를 성사시키고, 만백성이 하나님의 가르침을 받들 수 있도록 성령 작용의 원리적 메커니즘을 구축하는 것이다. 이런 사명 역할을 다할 수 있도록 하나님이 길을 인도하고 구속하셨다. 그 목적은 오직 하나, 하나님이 인류 역사에 등단하여 직접 인류를 향해 가르침의 역사를 펼치기 위해서이다.

그렇다면 하나님은 정말 어떻게 존재자로 나서 말씀으로 인류를 가르칠 수 있는가? 이전까지는 화신 된 역사 형태로서 부처님, 공자님, 예수님, 선지자, 사도, 교역자의 입을 통해 가르쳤지만, 이제부터는 정말 직접 말씀으로 역사하여 가르침으로써 강림하신 하나님답게 살아계신 실존성, 인격성, 의지성, 권능성, 역사성, 지혜성을 표명하시리라. 부처님의 설법을 통해서 부처님을 알고, 예수님의 설교를 통해서 예수님을 아는 것처럼……
그래서 길의 사명 과제가 주안을 두는 것은 하나님의 말씀이 어떻다는 것을 말로써 설명하는 것이 아니고, 가르침의 역사적인 상황을 직접 실존적으로 체득할 수 있도록 교감 체제를 지혜를 다해 원리화하는 것이다. 요지는 인류가 하나님과 직접적으로 대면할 수 있도록 하고, 만 영혼이 하나님의 가르침을 받들어 하나님을 알고 본성까지 깨칠 수 있게 하는 것이 목표이다. 교사의 正道 역할은 "학생이 자신의 잠재된 인식을 논리적 과정을 통해 명확하게 이해할 수 있도록 도와주는 보조자이다."[11] 본인 역시 인류를 가르칠 자격을 命 받은 사명자로서 만 영혼이 하나님의 가르침을 받들 수 있도록 인도자(보조자) 역할을 충실히 하고자 한다.

그리하여 길의 완수 결과를 근거로 일찍이 하나님이 진리의 성령으로서 주관한 성령의 역사 작용 메커니즘을 밝혔다면, 그다음은 하나님의 가르침 역사가 어떻게 인류에게 작용하고 전달, 받을 수 있게 될 것인가 하는 가르침의 수수(授受) 방식과 교화 방법을 제시하는 것이 과제이다. 그리고 가르침의 형식과 조건이 어떻게 구성되어야 하는가 하는 것은 과거에 성현들이 행한 가르침의 방식을 크게 벗어나지 않는다. 즉, 스승과 제자와의 대화를 통한 가르침 형식이 그것이다. 일련의 과정을 기록한 종교의 경전을 보면, 종주로 받든 스승과 가르침을 받는 제자들의 구도, 정진, 발원, 발문, 화두를 통해 스승이 진리의 길을 인도하고 제자가 진리의 길로 인도받은 모습들이 진술하게 투영되어 있다. 옛 성현들의 "교학(敎學)은 문답 형식으로 되어 있고, 예수의 사대복음서 및 플라톤의 대화편도 문답식

---

11)  위의 책, p.129.

으로 전개되어 있다.”[12] 『반야심경』처럼 제자를 향한 스승의 일방적인 교설 형식도 있기는 하지만, “중국의 선승들은 제자들의 의문과 문제 제기에 대해 많은 대화를 나누고 있다. 이처럼 사제 간에 나눈 구도 목적의 대화 형식을 선문답(禪問答)이라고 한다. 이것은 스승이 제자를 깨달음의 세계로 인도하고, 정법의 안목을 체득하도록 직접 지시한 친절한 법문이다. 그래서 선문답은 항상 스승이 제자가 질문으로 설정하여 제기하는 전제 조건을 제거해 버리고, 제자가 절대 무조건의 깨달음의 세계로 되돌아가게 한다[一問一答].”[13] 이런 전통적인 교설 형식을 근거로 이 연구는 앞의 각 편에서 펼친 “개관”처럼 이후부터도 간구 기도로 각 편의 길을 열고, 발문에 대해 하나님의 말씀을 받드는 가르침의 역사 형식을 유지하고자 한다.[14] 이것은 그야말로 하나님의 가르침을 말씀으로 받든 형식 구성 조건으로서, 누구도 개입할 수 없는 시공간적인 상황 설정이다.[15]

단지 엄정한 설정과 부인할 수 없는 역사적 조건인데도 불구하고, 믿음이 부족한 회의감이 있다면 문제인데, 길의 추구 과정에서도 처음에는 그렇게 의구심을 가진 단계를 거친 것이 사실이다. 하지만 하나님은 언제

---

12) 『교육철학』, 김정환 저, 박영사, 1992, p.303.

13) 『선불교 개설』, 정성본 저, 민족사, 2020, p.149.

14) 제1편부터 본 편까지는 필요성 때문에 하나님의 말씀을 간구한 형식을 취했지만, 이후의 편에서도 계속 이와 같은 간구 편을 개관할 것인가에 대해서는 고민이 있었다. 남은 편이 제16편까지라, 한두 편이 아니다. 편을 개관할 때마다 어떻게 간구하고, 또 그때마다 합당한 말씀이 임재할 수 있을지 의구심이 들었다. 하지만 지금까지 길과 함께한 말씀이 그러했듯, 굳게 믿고 끝까지 깨어서 하나님의 말씀을 구하기로 작정함.

15) 본인이 먼저 하나님 앞에 나아가 가르침의 말씀을 청구하고, 그렇게 해서 받든(깨우친) 말씀(진리, 지혜, 뜻, 메시지, 의지, 계획, 목적……)을 대언하는 형식으로 가르침의 교화 역사를 펼치고자 함.

나 살아계신 神이시라, 열린 의식과 끊임없는 진리 연단 과정을 거쳐 계속 경험을 반복하다 보면 오늘날에도 살아 역사한 말씀의 교권 역사를 실감하게 되리라. 그렇게 될 수 있도록 이 연구가 충실하고 상세하게 말씀의 역사를 준비하고자 한다. 즉, 말씀을 통한 가르침 역사의 기본적인 형식은 인류를 향해 제자들이 스승의 인격을 굳게 믿고 추종하였듯,[16) 하나님도 살아계신 神인 것을 굳게 믿고, 마치 제자가 존경하는 스승에게 질문하듯, 자신들이 가진 문제의식을 사전에 진실하게 토로하고 독백함으로써 하나님이 그 마음과 간구하고자 하는 뜻을 감지하실 수 있도록 한다. 그리하면 하나님도 능히 우리의 마음을 살펴서 동병상련(同病相憐)처럼 함께 느껴 심중을 꿰뚫게 되리라. 우리 역시 준비 없이 하나님의 가르침을 받들 수는 없는 것이므로, 인간으로서 할 수 있는 최대한의 자기 공부와 자체 수련과 각성 발문 과정을 거쳐 하나님과 영적으로 교감할 수 있는 의식적 준비를 갖추어야 한다. 의식의 문을 열고 깨어 있는 상태에서 하나님의 전에 나아가 가르침을 받들 핵심 된 발문을 준비하고, 때를 가려 말씀을 받들 세상의 제도와 매체 여건을 통해서(성경, 교회 설교, 방송, 독서, 제반 현상 등등) 직접 기도하는 간구 형식으로 예배드린다. 선문답처럼 스승이 제자에게 먼저 화두를 던지는 경우도 있지만, 하나님으로부터 직접 가르침을 받드는 조건에서는 믿음으로 우리 자신이 먼저 하나님께 나아가 묻고, 성령으로 임재한 계시 말씀을 확인하는 절차를 거쳐야 한다. 이것은 스스로 발원한 구도자가 수도 과정을 거쳐 깨달음을 얻는 불교식 수행 절차와는 다르다. 먼저 구하고자 한 말씀을 전제해서 고해야만[17) 그렇게 제

---

16)  사제 간의 인격적 교감과 신뢰 구축이 긴요함.

17)  구도(求道)가 아닌 구의(求意), 즉 말씀임.

기한 선재 조건을 통해 뜻을 미리 알고 말씀을 주시는 하나님께서 살아 역사하심과 앞서 계심과 다 아심과 지혜로 깨우친 권능성을 총체적으로 확인할 수 있다. 자체 발원으로 깨친 道를 통해서는 제3의 의지체로서 역사한 성령의 본체를 감지할 수 없지만, 하나님의 전에 나아가 직접 발문한 형식을 따른 간구 역사는 하나님의 실존성을 역력하게 체험할 수 있는 길을 연다.[18]

따라서 정말 중요한 것은 가르침을 받든 자의 발문 방향과 믿음의 그릇 용량이다. 하나님은 전지전능한 神이시라, 만 인류가 어떻게 한꺼번에 발문해도 제한 없이 응답하실 수 있다. 또한, 가르침의 방식 면에서도 시공을 초월하여 만인 만교(萬人 萬敎) 하심이라,[19] 단 한 번의 말씀을 통해서도 만 사람에게 만 가지로 한꺼번에 답하여 가르칠 수 있다. 그 이유는 간단하다. 같은 말씀을 같은 시공간 안에서 동시에 전달해도 만 사람의 구한 초점이 다른 탓에 각자가 설정한 발문 조건대로 각자가 구한 관점 창구를 통해 응답한 말씀을 받들고 해석하기 때문이다. 그래서 만인 만교는 오직 하나님만 행하실 수 있는 초월적 교화 권능이다. 더 귀하고 더 복된 말씀을 받드는 것은 결국 구한 자가 가진 문제의식을 뒷받침하는 발문 조건과 진정성과 믿음 정도에 달렸다. 하나님은 한 인간을 앞세워 말씀을 대언케 하시지만, 말씀을 받드는 자의 문제의식은 각양각색이다. 그런데도 하나님은 한 말씀만으로도 만 사람에게 응답하는 맞춤형 말씀의 가르침 역사를 펼치시리라. 또한, 하나님은 하나님 입장에서 어떻게 가르침의 역사

---

18)  구하고자 하는 道는 객관적인 본체이고, 구하고자 하는 말씀(뜻)은 성령으로 역사하는 살아계신 하나님의 의지체임.

19)  사실은 전 역사를 통해 늘 그렇게 가르침의 역사를 펼쳐 오셨음.

를 펼칠 것인가가 아니라, 인간의 입장에서 각자가 처한 상황 조건과 받아들이는 자의 인식 특성에 맞추어 입체적으로 가르침을 펼치시리라.

> 어떤 젊은 브라마나가 부처님 계신 곳으로 찾아와 인사하고 물러
> 앉아 부처님께 말씀드렸다.
> "고타마시여, 잘 행하지 않는 이[不善男子]를 어떻게 알 수 있습
> 니까?" "마치 달과 같다."
> 브라마나가 다시 말씀드렸다.
> "고타마시여, 잘 행하는 이[善男子]를 어떻게 알 수 있습니까?"
> "마치 달과 같다."[20]

분명하게 알 수 있는 것은 브라마나가 한 질문은 달랐지만, 부처님이 한 대답은 같았다는 사실이다. 그렇다면? 대답은 같지만 달은 언제나 변한다는 사실을 깨우친 것이다. 즉, 질문을 한 브라마나의 입장에서 부처님이 한 말씀을 받들진대, 잘 행하는 이는 차 오르는 달과 같나니…… 잘 행하지 않는 이는 차 들어가는 달과 같나니…… 이 같은 지혜 가르침 방식처럼 하나님도 만 인류를 단 한 말씀으로 한꺼번에 가르칠 수 있다.[21]

그렇다면 이 연구는 지난날 길을 통하여 하나님의 전에 나아가 정말 무엇을 구했는가? 무엇보다도 절실하게 자신의 부족함을 알고, 몰랐기 때문에 진리를 추구했고, 하나님으로부터 지혜를 구했다. 그러니까 지금 내가 알고 있는 앎은 하나님을 향한 길의 추구 역사로 하나님이 일깨워 준 지혜가 전부이다. 그만큼 이 연구의 교설 형태는 무엇보다도 내가 하나님에게

---

20)  『아함경의 비유(5)』, 앞의 책, p.149.

21)  세계는 하나님의 몸 안 본질체로서 두루 상통하기 때문임.

로 나아가 구한 지혜의 간구 형태이다. 하나님이 스승이 되고 본인이 제자가 되어 부족한 이 자식을 이끌어 주고 가르쳐 준 것이다. 그처럼 인류를 향해 하나님으로부터 말씀의 가르침을 받들 수 있도록 권유하는 형식 역시 제자로서 스승에게 먼저 묻고, 그럼으로써 하나님이 거기에 대해 답하는 방식이다. 곧, 먼저 간구하고 그다음에 말씀을 응답받는 방식, 이것이 모든 면에서 정형화될 인류가 하나님으로부터 받들게 될 하나님의 가르침 형식 절차이다. 즉, 하나님이 성령의 역사로 열린 가르침의 교실 문을 여심→교실 문을 열고 임재한 하나님께 인류가 제자로서 먼저 궁금한 문제와 알고자 하는 사실에 대해 정확한 명제로 질문을 던짐→매체를 통한 말씀 예배→하나님이 말씀으로 임재하여 응답하심→가르침에 관한 확인과 분석과 이해와 해석, 그리하여 뜻을 받듦(실행)이다. 이처럼 가르침의 역사적인 무대를 마련하기 위해 지금까지 숱한 세월을 거친 길의 추구 역정이 있었다.[22]

하나님이 직접 인류의 역사 위에 등단하여 만 영혼을 깨우칠 가르침의 역사, 그 말씀의 **"교권적 증거"** 역사 무대는 이제 모두 마련되었다.[23] 하나님은 참으로 만 영혼을 말씀의 가르침 역사로 구원하실 수 있는 지상 최고의 자격을 갖춘 존엄한 스승이시다. 전능한 하나님을 일컬어 가르침의 교권 권능 운운하는 것이 부적절할지 모르지만, 그래도 부족한 이 자식이 그같은 역사로 인도된, 직접 겪어서 알고 있는 스승으로서의 하나님을 굳이

---

22) 정형화된 교감 체제와 공식적으로 마련된 대화 창구를 통해 하나님께서 인류를 향해 본격적으로 말씀의 역사를 펼치고자 하심.

23) 말씀의 교권 권능은 말씀의 교화 권능으로 만 영혼의 무지를 일깨워 남김없이 구원할 수 있는 하나님의 절대적인 권능 역사임. 어떤 기적적인 역사보다도 미래 역사에서는 인류 영혼을 가르침으로 교화(구원)하는 데 성령의 역사가 집중됨.

자랑한다면, 하나님은 인간의 본성을 완전히 알기 때문에 우리 자신을 속속들이 이해해서 가르칠 수 있는 완전한 스승이시다. 지난날의 인류는 성인의 가르침을 추종했지만, 그 같은 가르침이 있었는데도 불구하고 인류가 모두 구원되고, 성인이 되고, 예수와 같은 믿음을 본받지 못했다. 부처님은 중생들이 모두 佛性을 지녔다고 했지만, 설한 法이 그들을 모두 成佛시키지는 못했다. 하지만 하나님의 권능적인 지혜 가르침은 그렇지 않다. 성인도 자신의 본성을 온전히 알지 못한 탓에 인류를 교화하는 데 한계가 있었지만, 하나님은 인류의 본성을 남김없이 발현시킬 수 있는 말씀의 완전한 가르침 역사, 완성된 인도 역사, 그리고 완벽한 교화 역사를 펼치시리라.

제5편

# 본체 신학론

기도: 인류 역사상 문화권마다 神을 부르는 이름, 神을 섬기는 방법, 神을 설명하는 교리가 다른 것은 이유가 무엇인가? 神이 정말 달라서인가? 신앙이 달라서인가? 신관이 달라서인가? 神이 잘못해서인가? 인간이 잘못해서인가? 하나님은 정말 유일한 神인가? 그렇지 않다면 세계가 그처럼 분열된 진짜 이유는?

말씀: "이러므로 내가 네게 말하노니, 저의 많은 죄가 사하여졌도다. 이는 저의 사랑함이 많음이라. 사함을 받은 일이 적은 자는 적게 사랑하느니라. ~ 예수께서 여자에게 이르시되, 네 믿음이 너를 구원하였으니 평안히 가라 하시니라 (눅, 7: 47~50)."

증거: 많이 사랑받았으면 많은 죄가 사하여집니다. 적게 사랑하면 적게 사함받습니다. 그 차이 지적. 대접하는 대로 대접받음. 그들 눈에는 주님이 보이지 않음. 그래서 발을 씻어드리지 못함. 간절히 찾는 자가 나를 만날 것이라. 하나님의 나라에 멀지 않도다. 모든 족속을 가르쳐 지키게 하라.

# 제21장 개관(신관 분열 이유)

## 1. 길을 엶

인류 역사상 문화권마다 神을 부르는 이름과 神을 섬기는 방법과 神을 설명하는 교리가 다른 것은 이유가 무엇인가? 神이 정말 달라서인가? 신앙이 달라서인가? 신관이 달라서인가? 神이 잘못해서인가? 인간이 잘못해서인가? 하나님은 정말 유일한 神인가? 그렇지 않다면 세계가 그처럼 분열된 진짜 이유는? 주어진 세계 안에서는 인류가 영원히 풀지 못할 난감한 문제이다. 어떻게 해야 하는가? 해결하지 못한 인류가 맞닥뜨릴 미래 역사의 결과에 대하여…… 길을 완수한 역사를 통해 어느 정도는 설명할 수 있다고 치더라도 열린 가르침의 문을 여는 지금의 마당에서는 하나님의 가르침 역사와 확답이 필요하다. 나는, 아니 이 연구는 어떻게 논거를 둬야 하는가? 인류를 향해 어떻게 증언할 것인가? 또한 말씀에 근거해서 깨우칠 수 있을 것인가? 인류 교사로서 사명을 다할 수 있는가? 이 모든 가르침의 근거에 대해 하나님, 제게 말씀으로 계시하여 주소서! 하나님의 뜻도 모른 채 말씀을 대언하기 위해 인류 앞에 나설 수는 없으리라(2022. 2. 6. 07:25).

왜 유일 신관과 다르게 인류는 실질적으로 神을 다르게 본 것인가? 이것이 결국은 너와 나, 이웃, 사회, 국가, 인류로 파급된 세계 분열의 문제를 낳았다. 종교 영역에만 국한된 것이 아니다. 모든 이, 모든 진리, 모든 세계관에 해당한다. 왜 인류는 神을 다르게 보고, 다르게 믿고, 다르게 묘사했는가? 이것은 정말 인간이 지닌 문제 탓인가? 神이 지닌 문제 탓인가? 아니면 인간과 神이 존재하는 세계의 문제 탓인가? 神이 존재하는가 존재하지 않는가 하는 여부는 대수가 아니다. 기존 신론과 神 존재와 신학의 잘못을 낱낱이 지적해서 깨우칠 수 있도록 말씀하여 주소서! 하나님의 바른 모습과 차원적인 본체와 살아 역사한 근거를 인류를 향해 밝히고 가르칠 수 있도록 지혜를 계시해 주소서! 그것이 그대로 강림하신 하나님의 존재 사실을 정확히 알리는 가르침의 자료와 진리의 메시지가 될 것입니다.

神은 결코 존재하지 않는 것이 아니다. 그렇다면 중요한 것은 神의 모습을 정확히 볼 수 있는 눈을 가지는 것, 이것이 인류가 지향해야 할 진리 해결 과제이고, 가르쳐야 할 과제이다. 한발 앞서 하나님의 뜻을 깨닫고 말씀을 받든 자가 행해야 할 본분 수행이다. 존재하는데도 보지 못하고 있는 인류에게 하나님을 뵈올 수 있도록 길을 인도하고 안내해야 하는 것이 말씀의 가르침 과제이다. 말로써 믿으라고만 하면 안 된다. 힘써 직접 뵈올 수 있도록 생각을 바꾸고 무지를 깨우쳐야 한다. 그러기 위해 하나님 앞에 나아가 인류를 가르칠 주제를 간구하고, 주신 말씀을 받들어 "열린 가르침의 문"을 열리라. 그리고 이것이 **"교육의 위대한 말씀"**에 부합하는 저술의 구성 형태를 결정하리라.

## 2. 간구

하나님이 인도하심으로 부족한 이 자식이 인류를 향해 가르침의 역사를 펼칠 수 있는 문을 열고 공식적으로 시공간의 장을 마련하였습니다. 그리고 그 첫 교실에서 가르침의 주제를 **"본체 신학론"**, 곧 세계의 지성들이 논란을 일으켰고, 헷갈렸고, 분쟁까지도 불사한 神의 문제에 관해서입니다. 이런 문제를 해결하기 위해 하나님 입장에서 직접 알려주시는 뜻을 받들기 위해 하나님의 전에 나아가 무릎 꿇었나이다. 성령으로 임하여 주시옵고, 말씀해 주시면 부족함은 있더라도 열과 성을 다해 깨닫고 뜻을 받들겠나이다. 그 구하고자 하는 주요 문제의식, 곧 발문의 주제로서 "신앙인은 하나님이 천지를 창조한 유일한 神으로 믿고 있지만, 지난 역사에서 인류는 다양한 神으로 갈래지었습니다. 이것은 정말 하나님이 그렇게 다양한 神으로 존재해서입니까? 아니면 다양한 모습으로 현현해서입니까? 혹은 인류가 하나님을 다르게 보고, 다른 하나님인 것으로 오인한 것입니까? 혹은 세계가 지닌 본질적인 조건 탓에 하나님이 과정상 모습을 다 드러내지 못해서입니까? 하나님 자체, 인간 자체, 세계 자체, 그것도 아니라면 또 다른 원인이 있습니까? 인간적인 입장에서는 판단할 수 없고, 해결할 길이 요원합니다. 다양한 신관 문제를 어떻게 보고 어떻게 이해해야 합니까? 하나님께서 말씀으로 임하여 주시고, 가르침의 은혜가 있길 간구하나이다. 지금까지 그렇게 믿고 있고, 경험한 바대로 역사하여 주시고, 계시하여 주소서! 대 인류의 정신적 고뇌이자 세계관적 문제인 역사적 과제를 풀 수 있게 해 주소서! 이 순간 하나님의 위대한 가르침의 말씀을 이 자식이 간절히 청해서 받들고자 합니다. 말씀의 역사, 그 천상의 첫 공식적인 가르침의 지혜 문을 활짝 열어 주소서! 길이 설정한 성령의 대 역사 문, 인류를 향해 전할 말씀의 대 역사 문, 하나님이 역사 위에 등단하여 펼칠 가르침의 대 역사 문, 그리고 부족한 이 자식이 수행할 말씀의 대언 사명 문을 끝까지 통과해서 성업을 완수할 수 있게 하여 주소서!

## 3. 성경 말씀

"이러므로 내가 네게 말하노니, 저의 많은 죄가 사하여졌도다. 이는 저의 사랑함이 많음이라. 사함을 받은 일이 적은 자는 적게 사랑하느니라. ~ 예수께서 여자에게 이르시되, 네 믿음이 너를 구원하였으니 평안히 가라 하시니라(눅, 7: 47~50)."

## 4. 말씀 증거

2022년 2월 7일, CTS 기독교 TV, 새벽 5시 30분, 생명의 말씀.

제목: "더 많이 사랑합시다(2)"

말씀: 지난주에 이어 두 번째 시간, 묻습니다. 많이 사랑합니까 적게 사랑합니까? 똑같은 질문, 많이 사랑받았습니까 적게 사랑받았습니까? 본문 그대로 많이 사랑받았으면 많은 죄가 사하여집니다. 적게 사랑하면 적게 사함받습니다. 1년, 10년 …… 50년 동안 얼마나 많이 사랑하였습니까? 눅, 7: 47. 그 이유는? 그 차이 지적. 대접하는 대로 대접받음. 죄 많은

여인, 그러나 눈물로 내 발을 적시고 그 머리털로 씻었으며, …… 향유를 내 발에 부음. 누가 예수를 더 사랑하였습니까? 그들 눈에는 주님이 보이지 않음. 그래서 발을 씻어드리지 못함(주님이 계시지 않은 것이 아닌데도…… 지금 바로 눈앞에 계신데도……). 지은 집은 보이지만 집을 지은 사람은 보이지 않음(창조된 세계는 보이지만, 창조한 하나님은 보이지 않음). 예수님을 사랑한 그 죄 많은 여인(저의 많은 죄가 사하여졌도다. 인류가 저지른 죄악도 그러할 것임), 또 우리가 사랑해야 할 것. 마, 10: 40. 주님을 영접하는 것은 하나님을 영접하는 것이다(길의 가르침=하나님의 가르침이란 대언 말씀 공식의 정당성 확언). 주의 종을 사랑하는 방법. 빌, 4: 18~19. 너희의 준 것을 받으므로 내가 풍족하니(바울), 이는 하나님께 드린 향기로운 제물. 主 예수께 드린 제물을 하나님이 받으심(왜? 하나님과 예수님은 상통함. 한 몸을 이룸. 즉, 그분이 그분이 되심). 하나님이 기뻐하심. 하나님이 그냥 계시지 않음. 풍성함으로 모든 것을 채워 주심.

생명의 말씀을 전합니다. 삼상, 26: 11. 다윗이 전쟁에서 이김. 천천은 사울, 만만은 다윗. 10년을 도망 다님. 기회가 두 번 왔다. 신하가 단번에 뽑겠다. 그러나 기름 부은 자 만지지 말라. 시, 105: 15. 다윗은 사울을 보호하다. 그 결과가 삼상, 25: 22. 삼상, 26: 25. 정말 지켜야 할 종을 보호하실진대 사랑하지 않은 종도 보호하셨다. 다 허용하셨다. 마, 25: 40. 지극히 작은 것, 그것이 나에게 한 것. 롬, 13: 9. 사랑이 있다면 개의치 않음. 요, 14: 21. 계명을 지키는 것이 하나님 사랑. 잠, 8: 17. 간절히 찾는 자가 나를 만날 것이다(하나님을 뵈올 수 있는 길을 가르쳐 주심. 즉, 많은 신앙 중 하나님을 더 많이 사랑하는 자를 만나 주심). 계명이란? 막, 12: 28~33(발문 간구에 대하여 정확한 결론 말씀을 주심. 즉, 인류여 들어라.

主, 곧 하나님은 유일한 主시라, 하나님은 한 분이시요, 그 이외에 다른 神이 없다. 의심하고 헷갈리지 말라. 오직 한 마음, 한 믿음, 한 신앙으로 마음을 다하고, 뜻을 다하고, 힘을 다하여 主 하나님을 사랑하라. 이것이 곧 제일 첫째가는 계명이다).

하나님의 나라에 멀지 않도다. 부모 공경을 가르치라. 요즘은 자녀 공경에 치중. 모든 족속을 가르쳐 지키게 하라(계명=모든 말씀을 인류에게 가르치라고 命하심). 오늘의 교육이 거꾸로 됨. 부모 공경, 그리고 가르치는 스승은 그림자도 밟지 않았다. 主의 종을 공경하라. 어른 공경의 법을 가르치라. 그래야 전 세계를 향해 일어서는 믿음의 장부가 된다. 말씀에는 권세가 있으니, 지금도 늦지 않다.


## 5. 길을 받듦


길을 열어 하나님께 간구드린 요지는 이러하다. 첫째, 하나님의 위대한 말씀으로 인류를 향해 가르침의 첫 공식 문을 열게 해 달라는 것. 둘째, 인류가 분란을 일으킨 신관의 분열 이유, 그리고 그것이 누구의 탓인지, 정확한 질문은 정말 하나님은 유일한 神이신가? 그리고 인류를 향해 말씀을 대언할 가르침의 정당성 뒷받침 등등. 말씀을 받든 순간에 일깨워진 뜻(응답)에 대해서는 즉시 ( ) 속에 생각을 메모하였다. 그 뜻을 해석할진대, 인류가 다양한 신관을 가지게 된 신관 분열의 이유는 바로 인간이 지닌 믿음의 차이에 달렸다. 하나님을 더 많이 사랑함과 더 적게 사랑함의 여부……그래서 인류 모두가 하나님을 그 무엇보다 더 많이 사랑하면 하나님이 그 믿음을 보고 인류 모두를 구원해서 영원히 평안케 할 것이다. 하나님이 존재하는데도 왜 무신론자들은 하나님이 존재하지 않는다고 부정하였는가? 대답은 본래 지은 집은 볼 수 있어도 집을 지은 자는 보이지 않는 법이다. 하나님이 그러하시다. 그래서 믿음을 많이 가진 자의 눈에 보이게 하심(죄 많은 여인이 主 예수께 바친 믿음처럼……). 그리고 누차 강조하였듯, 하나님은 길이 밝힌 대언 원리를 재차 확인시켜 주셨다. 길의 대언 가르침이 그대로 하나님이 인류를 향해 펼치는 열린 가르침의 말씀이라는 사실을…… 지난날 어긋난 인류의 신앙관을 하나님이 허용하신 이유? 정말 지켜야 할 종을 지키고, 영광스러운 승리를 안기기 위해 통 큰 인내와 관용을 끝까지 베푸심. 그 사랑의 실천은 크게 어렵지 않다. 사랑만 있다면 지극히 작은 것도 받으시며, 간절히 바라면 하나님을 뵐 수 있다. 어떤 조건도 탓하지 말라. 마음을 다하고 …… 힘을 다하여 사랑하면, 그리고 간절히 찾는다면, 하나님이 인류 앞에 나타나시고 만나 줄 것을 분명히 약속하셨다. 누가 뭐라고 해도, 그 어떤 모습으로 임하더라도 예나 지금이나 미래에서도 하나님의 본체 자체는 유일한 神이시다. 왜 이 순간에도 말씀하고 또 하셨는데도 믿음 부족한 이 자식의 간구 발문에 대해 재차 확답해 주시는가? 길이 바로 그 유일한 신성을 인류를 향해 증거하고 가르치기 위해 열린 말씀의 문을 열었기 때문이다.

다시 한번 말씀을 확언한다면, "하나님은 한 분이시요, 그 이외에 다른 神은 없다." 이것이 대 결론이다. 이 주제를 증거하기 위해 이 연구가 말씀의 가르침 문을 열리라. 모든 족속을 가르쳐 지키게 하라. 즉, 모든 인류를 향해 가르치라고 하심이 길 위에 내린 하나님의 계시 命이다. 인위적으로 이 연구가 하나님의 뜻을 각색한 바란 결코 없다. 오직 열린 의식으로 받든 하나님의 계시 사명이다. 분명한 사실은 주님이 바로 눈앞에 계신데, 계시지 않는 것이 아닌데, 아니 지금 바로 눈앞에 임재해 계신데 그들 눈에는(무신론자) 주님이 보이지 않았지만, 한 죄 많은 여인은 보고 눈물로 발을 적시고, 그 머리털로 씻었다. 이 같은 믿음과 태도의 차이가 인류가 바라본 신관을 갈라놓은 이유이다. 참된 진실은 바로 여기에 있으니, 예수께 드린 제물을 하나님이 받으심이다. 하나님이 그렇게 기뻐하신 이유는? 예수님과 하나님은 상통하다. 한 분, 한 몸, 일체이다. 그분이 곧 그분이다. 그렇게 볼 수 있는 안목을 틔우는 것이 이 연구가 말씀의 가르침 문을 여는 목적이다. 당연히 길의 가르침은 그대로 하나님이 대 인류를 교화하기 위해 이 땅에 강림하신 하나님의 가르침이 되리라.

창조주 하나님이 보혜사 진리의 성령으로서 이 땅에 강림하시어 인류의 영혼을 교화하기 위해 펼치고자 하는 첫 공식적인 가르침 문을 열기 위해 이르신 말씀인 만큼, 그 중차대한 뜻을 재차 확인해서 새긴다면, 구하고자 하는 이 연구의 주요 문제의식, 곧 발문의 주제로서 "신앙인은 하나님이 천지를 창조한 유일한 神으로 믿고 있지만, 지난 역사에서 인류는 다양한 神으로 갈래지었습니다." 이 같은 물음에 대해서 하나님이 계시한 첫 번째 이유, 곧 神을 다르게 보고 신관이 갈라진 우선된 원인은 태양은 움직임이 없듯, 神도 그러하다. 따라서 신관에 영향을 끼친 주된 차이를 있게 한 척도는 인간이 하나님을 얼마나 믿고 신앙하고 오래도록 사랑하였는가에 있다.

하나님은 존재하신다. 단지 그들(믿음이 없는 무신론자들) 눈에만 주님이 보이지 않음. 그 이유-지은 집은 보이지만, 집을 지은 사람은 보이지 않음. 지음받은 피조체는 모두 볼 수 있지만, 창조주 하나님은 본래부터 형체가 없다. 그래서 맨눈으로는 하나님을 볼 수 없다. 그렇다면? 반드시 하나님을 지극히 사랑하는 믿음이 필수 조건이다. 그런데 무신론자는 이 같은 선행 조건을 갖추지 못함. 잘못을 깨닫지 못한 무지로 하나님을 잘못 본 탓, 그것이 神을 다르게 본 두 번째 이유이다.

이 모든 이유를 고려해서 하나님을 뵈올 수 있는 길은? 하나님은 존재하며 살아계신 神이라, 인류 영혼이 간절하게 찾으면 하나님께서 그 앞에 존재한 모습을 드러낼 것을 약속하셨다. 하나님이 존재하지 않는다고 단언하지 말고, 간절하게 찾아라. 이것이 하나님이 살아 계심과 이 땅에 강림하심을 확인할 수 있는 길이다.

모든 족속을 가르쳐 지키게 하라. 즉, 첫 가르침의 문을 통해 천명한 하나님 아버지의 창조주 되심과 유일하심과 살아 역사하는 존재자임을 가르쳐 깨우치라 하심이다. 말씀의 교권적 교화 권능을 재차 확인시키는 것이리라.

# 제22장 열린 가르침의 문

　나는 길을 통해 하나님께 물었다. 세상 사람들이 하나님을 달리 보고 달리 말하는 것은 그 이유가 무엇인가? 神이 각각 달리 존재해서인가, 인간이 제각각 神을 달리 보아서인가? 이에 대해 하나님이 말씀하시길, 인간의 탓, 그중에서도 하나님을 얼마나 많이 사랑하는가 하는 차이 문제로 돌렸다. 그 사랑은 지극히 작은 마음 씀으로부터 시작된다고 했는데, 대다수 인류는 그런 기본적인 마음조차 가지길 꺼렸다. 어릴 적에 자주 읽던 동화책인데 성장해서는 접어버리는 것처럼, 神은 어릴 적에 꿈꾸었던 상상 속의 캐릭터에 불과한 것인가? 그래도 상상 속에서나마 "하늘은 오랜 세월 동안 神이 거한 곳이었다. 그런데 그런 상상조차 하지 않는 현대인에 의해 더는 동경하지 않는 하늘로부터 神들이 쫓겨나고 말았다."[1] 하나님이 존재한 사실과는 별개로 무엇 하나 제대로 뒷받침하지 못한 신학(神學) 때문에 神의 존재 기반이 거의 허물어질 지경이다. "신학은 성서에 계시하고 증언하는 하나님의 말씀을 모든 사람이 이해할 수 있도록 해석하고 전달하는 학문이다."[2] 신학이 학문으로서 추구하는 목적과 사명이 그러할진대, 그에 대한 진정한 성과와 평가는? 역할을 온전히 수행했는가? 하나님은 살아 역사하는 역동적인 神인데, 벌써 성서에만 국한해서 해석하는 데

---

1) 『신 인간 과학』, 한스 페터 뒤르 외 4인 공저, 여상훈 역, 씽크스마트, 2018, p.17.

2) 「칼 바르트의 하나님 형상론에 관한 연구」, 전준혁 저, 한신대학교 대학원, 신학과, 석사, 2001, p.3.

만 의존했다는 것은 한계성을 안고 있다는 뜻이다. 그래서 본 편의 **"본체 신학론"**은 하나님이 오늘날 강림하여 역사한 말씀의 본체를 신학적으로 증거하고자 한다. 그 관점이 전혀 새로워서 **"본체 신학론"**이라고 하였다.

사대복음서에 의하면, "主 예수가 한 활동의 핵심은 주님의 날이 임박했음을, 이 땅에 하나님의 나라가 도래했음을 선포한 것이었다. 그러기에 그 가르침은 긴박함으로 가득 찼다."[3] 아직도 궁금한 것은 예수님은 어떻게 그렇게 긴박한 소식을 전하고 선포할 수 있었는가? 목사는 자신이 한 설교가 자신이 한 말이 아니고 하나님이 하시는 말씀이라고 힘써 강조하고 있지만, 예수님은 하나님의 말씀을 대신 전한 것이라기보다는 하나님의 심원한 인류 구원 의지를 몸소 실천하셨다. 그래도 의문은 남는다. 그같은 하나님의 뜻과 의지를 어떤 과정을 통해 자각하고 사명으로 받은 것인가? 말이 없으니까 주변 사람은 "예수가 어떤 권위로 사람들을 가르치는지 의문을 제기하였고, 그가 과연 인간을 향해 하나님의 뜻을 선포하고, 도덕적인 지침을 줄 수 있는지까지 의심했다. 또한 예수가 과연(오직 하나님만이 하실 수 있는 일인) 인간의 죄를 용서할 자격이 있는 것인지도 물었다."[4] 이 땅에 하나님의 나라가 도래하리라고 선포하는 것도 중요하지만, 더 중요한 것은 그 같은 하나님의 뜻을 자각해서 받은 과정을 소상하게 밝히는 것이다. 하지만 성경 어디를 살펴보아도 오리무중이다. 우리는 어떻게 해야 모든 선포가 하나님의 뜻인지 알 수 있는가? 확인할 수 있는 길이 없다 보니까 주님을 영접하는 것은 곧 하나님을 영접하는 것이고, 예수 자신을 보는 것이 곧 하나님을 보는 것이란 논리로 믿음을 강조할 수밖

---

3) 『그리스도교 역사와 만나다』, 앞의 책, p.34.

4) 위의 책, p.38.

에 없었다. 하나님이 직접 말씀하고 이른 자초지종을 밝혀야 너도나도 선포와 증언이 하나님의 뜻이자 말씀이란 사실을 객관적으로 판단할 수 있다. 이처럼 지난날 밝히지 못한 신학상의 부족한 부분을 이 연구가 채우고자 한다. 그리고 그 과제를 강림하신 하나님의 본체에 근거한다면, 하나님의 나라가 가까이 왔다고 한 선포에는 만 말이 필요 없다.[5] 예수님이 하나님으로 오신 탓에 하나님과 함께한 나라는 그 즉시 하나님의 나라가 도래한 상태이다.[6] 그런데도 예수님이 화신 된 모습이다 보니까 예수님의 神적 본체가 아직 확정되지 못한 만큼이나 당대에는 예수님이 선포한 하나님 나라 도래에 대한 의미를 깨닫지 못하고 실감하지도 못했다. 그렇다면 하나님이 보혜사 진리의 성령으로서 강림했다고 한 길의 선포도 마찬가지 경우가 아닌가? 과연 하나님이 강림하신 만큼, 하나님의 나라가 지금 도래한 상태인가? 정말 그래서 하나님이 그 나라를 건설하기 위해 성령으로 역사하고 계시다. 예수님이 활동한 당대처럼 오해하고 의심하고 곡해한 잘못이 없도록 철저하게 준비하고 상세하게 신학적으로 뒷받침하고자 한다. 이것이 **"본체 신학론"**이 이전 신학과 다른 질적인 차이이다. 하나님이 직접 역사하고 계시한 말씀에 근거해 하나님의 뜻을 판단하고 선언하고 증거하는 것이다. 강림하신 하나님이 진리의 성령으로서 역사하여 밝혀 준 말씀, 이것이 일체를 구분 짓고, 미래의 신학론까지 규정하리라. 과거의 종교, 신앙, 신학, 신관과 확실하게 구분되는 혁신적인 신론이다.

십자가 희생으로 구원 사역을 완수한 主 예수를 두고 사도 바울은 어찌

---

5) "회개하라, 천국이 가까이 왔느니라."-마태복음, 3장 2절.

6) 화현 된 하나님이 본격적으로 인류 구원 사역을 시작한 것, 그것은 하나님이 이 땅에 오신 하나님의 나라가 도래한 것임. 하나님이 직접 강림하여 인류와 함께한 나라, 그것이 곧 지상 천국을 맞이한 상태임.

하여 "예수가 십자가에 못 박힌 것을 인간의 죄에 대한 속죄"[7]로 해석한 것인가? 일련의 판단 과정은 과연 무엇에 근거한 것인가? 그 무엇도 아닌, 그럴 수밖에 없는 섭리 의지에 따른 시대의 역사적 판단이다. 즉, 직접 계시 받은 것이 아니고, 이성적인 판단을 가미시킨 해석적 관점이다. 이것은 하나님이 뜻한 열린 가르침의 문을 여는 조건과는 차이를 지닌다. 하나님의 뜻은 성령의 계시 역사에 근거해서 판단하고 증거되어야 한다. 그것이 곧 하나님이 진리의 성령으로 역사하는 **"열린 가르침의 문"**이 지닌 권능 조건이다. "사실 主 예수가 도발적인 인물이었던 이유는 그가 수많은 기적을 행했기 때문만은 아니다. 오히려 더 큰 이유는 이스라엘의 율법을 자유롭게 해석한 데 있었다."[8] 그렇게 한 것이 놀랍고, 혁신적이기는 했지만, 현실적으로는 오해를 사기 십상이다. 그 같은 생각과 해석이 과연 하나님의 뜻인가 하는 것은 예수가 한 말씀과 전해진 복음을 통해 재차 확인해야 한다. 그런 필요 조건을 열린 가르침의 문이 동시에 충족시키고자 한다. 길은 그렇다면 어떤 권위로 인류를 향해 말씀의 가르침 문을 열고자 하는가? 왜 이 순간 이런 생각을 하고, 이런 판단을 하고, 이런 믿음을 가지고 실시간으로 상황을 알리는 중계방송처럼 만인이 함께 보고, 말씀을 듣고, 뜻을 판단할 수 있도록 하고자 하는가? 그 이유와 관점은 분명한 것이니, 바로 하나님 입장에서 하나님의 말씀을 대언하기 위해 열린 가르침의 문을 열고자 한다.

인류를 향해 하나님이 지금 강림해 계시고, 말씀으로 역사하고 계신 사실을 증거하리라. "나는 전능한 하나님이라, 너는 내 앞에서 행하여 완전

7) 『세상의 모든 철학』, 앞의 책, p.220.
8) 『그리스도교 역사와 만나다』, 앞의 책, p.38.

하라"라고 하셨나니, 하나님이 완전한 권능자임은 완전한 성령의 가르침 역사로 확인할 수 있다. 내 앞에서 행하여 완전하라고 命하시므로, 이 연구가 "말씀"의 전편을 통하여 열린 가르침의 역사를 확실하게 수행하면, 말씀으로 역사하는 하나님의 완전하심을 증거하고, 그것이 바로 하나님 앞에서 완전하게 행하는 성업의 완수 역사가 되리라.

# 제23장 신 세계관

## 1. 다신론, 일신론

神에 관한 인간의 생각을 여러 가지 관점에서 펼친 것을 신론(神論)이라고 한다. 인류는 역사상 세계에 관하여 다양한 사상을 펼쳤거니와, 그중에서도 神에 관한 판단과 관념과 신념은 가장 많은 사람에게 영향을 끼치는 세계관이다. 인류 역사가 있는 곳에서는 항상 종교적인 행위가 있었다고 하지만, 그런 행위가 있는 곳에는 대개 神에 관한 생각과 神을 향한 숭배 행위가 있다고 할 수 있다. 하지만 神에 관한 생각과 神에 관한 신앙이 일률적이지 않다는 것이 문제이다. 그런 **"神 세계관"**의 혼란은 고대인에게 있어서나 현대인에게 있어서나 크게 달라진 것이 없다는 것이 정확한 현실이다. 왜 이런 문제가 발생하였고, 또 해결하지 못하고 있는가? 神에 관한 생각과 믿음 어린 행위만 있었을 뿐, 그것을 냉철하게 규정하는 판단 기준이 부재해서이다. 이런 과제를 이 연구는 크게 다신론→일신론→범신론→이신론→무신론→강림 신론이란 역사적 흐름을 통해 논거를 두고자 한다.

역사 위에서 지성들이 한결같이 던진 문제 중 神이 존재하느냐 존재하지 않느냐? 양자택일로서 어떤 형태로든 존재한다는 생각과 믿음에 관한 부류를 일컬어 유신론(有神論)이라고 한다. 그중 다신론(多神論)은 인류에게 주어진 가장 원초적인 신앙 형태로서 아직은 왜 그런 현상이 일어나는 것인지에 대한 이유를 제대로 밝혀낸 바 없다. 두드러진 신앙 형태를 유지하고 있는 인도는 그야말로 다신교로서 "대자연의 구성 요소와 여러 현상으로 스며들어 배후에 숨어 있는 신비로운 힘을 감득하고, 이것을 개개의 신격으로 숭배하는 신앙에 근원을 둔다. 하늘과 땅의 神, 태양 神, 새벽 神, 불의 神, 바람의 神 등이 가장 두드러진 예이다."[1] 특정한 종교에서는 이런 신앙 형태를 미신으로 취급할 정도이지만, 어차피 선천 종교는 너나 할 것 없이 세계관으로서 한계를 지닌 상대성을 피할 수 없다. 그 무엇도 절대적이지 못하다. 이런 상황을 지켜보고 계시는 하나님의 입장은 "크게 개의치 않는다"이시다. 왜냐하면 그런 믿음 형태가 아무 근거 없는 것만은 아닌 탓이다. 이유로서 때가 되면 다양한 신론을 포괄할 수 있는 **"神 세계관"**을 개관할 것이기 때문이다. 그처럼 세계관을 넓혀서 보는 눈을 가지게 하는 것이 하나님이 **"열린 가르침의 문"**을 여는 이유이다. 잘못이 있을진대, 그것을 하나하나 지적해서 깨우치게 하는 것이 말씀의 가르침 역할이다. 즉, 일신론을 뒷받침할 수 있는 확실한 세계관적 바탕을 마련해서 다신교를 포용하고자 한다. 타도와 정복의 대상이 아니다. 언젠가는 성숙한 세계 위에서 함께해야 하는 신 세계관이라는 뜻이다. 세상천지가 온통 하나님의 창조성으로 가득 차 있다는 생각은 쉽게 판단해서 배제하기 어려운 신앙 형태이다.[2]

그렇다면 다신론적인 믿음과 생각에 대해 일신교는 어떻게 포괄할 수 있어야 하는가? 수용할 방법은? 해결할 수 있는 길을 찾지 못한 탓에 신론도 세계관도 인간의 신앙 행위도 혼재되었다. 전체 모습을 보지 못한 안

---

1) 『우파니샤드』, 앞의 책, p.489.

2) 세계가 온통 하나님의 몸 된 본체 안임. 그리고 몸 된 본질로 구성됨.-본질로부터의 창조.

목 탓이기도 한데, 굳이 지적한다면 코끼리상이 영물답다고 해서 어떤 사람은 이쪽 다리를 가져가고 또 어떤 사람은 코를 가져가 숭배하는 행위와 같다. 이것도 신성하다고 보고 저것도 신성하다고 여기는 그 같은 신앙 대상을 하늘, 땅, 태양, 새벽, 불, 바람 등으로 분산시켜 神처럼 숭배한 것이다. 이런 안목과 행위와 헤어나지 못하고 있는 믿음에 대해 누가 깨우치고 전체 모습을 볼 수 있게 할 것인가? 누구도 풀 수 없는 문제, 이것은 하나님에게 해당하고, 하나님이 나서서 해결해 주셔야 할 문제이다. 그 지혜로서 밝힐 가르침이란 과연 무엇인가? 여태까지 지성들은 神의 문제와 창조 문제를 구분해서 따로 판단했다. 하나님은 천지를 지은 창조주라고 하면서도 하나님이 태초의 창조 역사로 인해 세상 위로 드러났다는 사실과는 연관 짓지 못했다. 무슨 말인가 하면, 다신론자들은 천지 세상이 온통 창조성으로 가득 찼고, 神性으로 충만하여 있다고 하므로, 이런 믿음은 그야말로 하나님이 천지 만물을 어떻게 창조한 것인지에 관한 경위를 정확히 밝히면 설명될 수 있다. 그런 창조 과정과 작용 메커니즘을 모른 채, 이것도 神이고 저것도 神이라고 하니까 유일신관을 가진 자들의 관점에서는 가당찮은 신앙으로 치부될 수밖에 없다. 그런데 더 큰 문제는 이 같은 창조 메커니즘이 성경의 창세기에 부족함 없이 기록되어 있다고 생각한 데 있다. 이런 문제를 다름 아닌 길의 추구 과정을 완수함으로써 비로소 해결하였다. 저술 역정 중『세계창조론-1998년』과 이것을 다시 단행본으로 주제를 세분화시킨『본질로부터의 창조-2017년』,『창조성론-2017년』,『창조의 대원동력-2018년』,『창조증거론 1, 2-2019년』이 그러하다. 하나님이 진리의 성령으로서 계시하기 이전까지는 다신교가 고대 때로부터 상존할 수밖에 없었다. 창조된 본의에 근거하고 보면, 세계는 온통 神的 본질로 충만한 것이 사실이므로, 이유를 밝힐 수 있는 역사가 있기까지는 때를 기다리는 수밖에 없었다(개의치 않음). 그런데도 무조건 일신교가 다신교를 배척한 지난 역사는 다신교 신앙의 불미와는 별도로 일신교가 극복하지 못한 자체의 한계 안목 탓이다. 수용함으로써 주체성과 정체성을 더욱 굳건히 해야 했는데, 그럴 만한 자신감이 부족했다. 끝까지 합당한 신앙의 근거를 밝혀서 포용하도록 노력해야지 배척해서 담을 쌓을 신관이 아니다. 하나님은 더욱 높은 뜻으로 존재하시듯, 인류 역사도 언젠가는 보다 확대된 본의 관점으로 다신교를 포용해야 하는 것이 오늘날 주어진 **"神세계관"**의 과제이자 말씀의 가르침 주제이다.

그런데도 지금까지의 인류 역사는 이와 역행된 방향으로 나아갔다. 그 이유는 결과가 잘못될 수밖에 없는 다신교가 안긴 폐해 탓이다. "수메르 문명이 고도로 발달한 문명이라는 사실이 밝혀진 것은 최근의 일이다. 이 문명과 문화와 신화와 종교가 주변 지역과 후대에까지 큰 영향을 미쳤고, 이것이 가나안을 거쳐 히브리 문화와 유대교에도 반영된 것으로 보인다. 즉, 유대교 탄생 직전의 고도로 발달한 물질문명의 부작용과 다신교의 폐해가 어느 정도 컸는지, 그로 인한 타락과 부패, 그리고 우상 숭배와 음란이 얼마나 극심했는지에 대한 시대상을 읽을 수 있다. 이런 역사적인 배경의 결과로써 하나님이 우상 숭배와 음란으로 타락한 세상에서 아브라함을 선택하고 구해 내 순수의 땅 광야로 보내게 된다."[3] 지역과 시대 안에서 횡행한 다신교의 타락에서 유일신의 필요성이 대두된 것이다. "초기 고대 세계의 그 많은 神들이 어떻게 하나의 神으로 변모되었을까?"[4] 유대교의

---

3) 『세 종교 이야기』, 앞의 책, p.13.

4) 『세상의 모든 철학』, 앞의 책, p.서문.

기반을 이루는 데 이바지한 믿음의 조상 아브라함과 모세 같은 선지자의 노력이 있었다. 이 같은 역사적 배경으로 볼 때 유신론을 대표하는 유일신 신앙은 하나님의 주된 존재 바탕이 되는 창조 역사와는 무관했다. 신앙 초기부터의 이 같은 의식 부재가 문제이다. 후일 "유신론은 유대-기독교 전통 및 그리스의 철학적 形而上學과의 종합에서 형성되었다."[5]

이처럼 역사적으로 다양한 神論을 통일하고자 한 노력은 있었지만, 지금까지도 논란을 일으키는 것은 다신교가 지닌 자체의 한계성 탓이다. 하나님은 전능하신데, 인간이 지닌 좁은 안목 탓에 神의 모습을 부분적으로 본 것이다. 즉, 많은 神을 모신 것은 지엽적인 안목의 한계성에 기인했다. 神이 그렇게 다양한 모습으로 존재한 것이 결코 아니다. 인간이 神을 그렇게 믿고 판단한 것이다. 하나님이 완전한 모습과 역사를 드러내지 못한 상태에서 초래된 과도기적 현상이다. 그렇다고 유일신 신앙이 완전한 신관이란 말은 결코 아니다. 유일신 신앙으로서는 기독교보다도 더 철저하다고 할 수 있는 이슬람교가 밤낮으로 외치는 것이 "알라는 위대한 神으로서 유일하다"란 신앙 고백이다. "神은 단 하나뿐"이라는 믿음이 그렇다. 이것을 뒷받침하는 교리로서 강조하는 것은 "심판의 날에 神의 말을 따르고 숭배한 자는 영원한 낙원에 갈 것이며, 神의 뜻을 거스르는 자는 지옥에서 영원한 형벌을 받으리라"[6]란 권선징악적 공포의식 조장이다. 정작 중요한 전제인 "神은 단 하나뿐이다"란 사실을 어떻게 신학적으로 뒷받침할 것인가? 무함마드는 이런 알라의 유일성에 대해 어떤 방식으로 증언했는가? 해결하지 못한 과제를 오늘날 강림하신 하나님이 말씀의 가르침 문

---

5) 「칼 바르트의 신인식론 연구」, 최자원 저, 목원대학교 신학대학원 조직신학, 석사, 2005, p.6.

6) 『생각의 역사(1)』, 앞의 책, p.387.

을 열어 밝히고자 하신다. 성령으로 임재한 가르침의 역사로 하나님의 모습을 온전히 드러내고, 확인시키고, 이해시키고자 하신다. 무지를 깨우치고, 생각을 고치고, 그릇된 결과를 낳게 한 원인을 제거했을 때 하나님의 참모습이 드러난다. 잘못된 생각이 잘못된 신앙을 낳고, 잘못된 신앙이 인류 영혼을 타락시킨 것이므로, 그것을 바로잡고자 하신다. 정확한 사실에 근거한 하나님의 직접적인 말씀이 있어야 하리라. 왜 창조주는 유일한 한 분 하나님인가? 근거를 따질진대, 하나님은 한 몸인 본체를 바탕으로 천지 만물을 창조해서이다. 창조 역사를 실현하는 데 동원된 요소는 둘, 셋……이 있을 수 없다. 하나님의 몸 된 본체와 일체인 말씀 이외에 가미된 것이 전혀 없다. 그래서 세계의 안팎을 통틀어 천지를 창조한 하나님은 오직 하나뿐인 유일신이다. 그로부터 지금의 세계가 다양한 천지 만물로 존재하게 되었나니, 정말 어떻게 하나[一]로부터 천지 만물[多]을 창조할 수 있었는가? 여기에 바로 하나님이 진리의 성령으로서 강림하여 밝혀 주실 창조 역사 메커니즘 작용이 있다. 하나님이 유일한 神이란 신앙이 이 같은 본의 메커니즘과 연관되었을 때, 비로소 세계관적인 정당성을 확보할 수 있다. 믿음만으로 신앙하는 한계를 극복하고, 확고한 진리성으로 뒷받침하리라.

## 2. 범신론, 이신론

다신교는 천지 간에 편만한 神性, 창조성, 神적 본질을 일부분 독립시켜서 그 대상을 신성하다고 믿는 신앙 행위이다. 숭배하는 神의 종류가 다양하여 헤아리기 어렵다. 반면, 범신론(汎神論)의 神에 대한 일반적인 생각은 그야말로 세계 전체가 神性으로 가득 차 있다는 관점이다. 불교는 흔히 인격신을 내세우지 않기 때문에 무신론적인 종교라고 말하지만, 그것은 그런 형태의 인격신이 절대적이라고 믿는 자들이 말하는 편협한 관점이고, 사실은 한없이 많은 부처님의 존재 사실을 인정한 범신론 계통의 신앙 형태이다. 따라서 "무한한 시간과 무한한 공간에 걸쳐, 언제 어디서도 많은 부처님이 존재한다고 주장하는 탓에, 중생의 수가 무한한 만큼 부처님의 수 또한 무한한 것이다."[7] 그야말로 세계는 창조성으로 가득 차 있고, 온통 神적 본질로 구성된 탓에 깊은 각성으로 창조적(궁극적)인 지혜를 획득한 자, 그리고 그렇게 깨달은 法적 요소 모두를 부처라고 칭할 만하다. 이렇게 각성한 창조성은 차원적인 진리성을 인식한 상태이므로 불교를 신앙하는 입장에서는 그런 본질 세계[法]를 볼 수 있는 자를 최고로 경배하는 부처님으로 추종할 것이 당연하다. 마치 기독교인이 하나님의 영광을 높이 찬양하듯이…… 안목을 확대할진대, 불교의 범신론적 신앙 형태도 하나님의 본의 관점에서 포용할 수 있는 길이 있는데도 따로 본 것은 서로가 신관 본질을 이해하지 못한 탓이다. 단언컨대, 불교는 결코 무신론적인 종교가 아니다. 한 꺼풀 무명의 베일을 벗기면, 그곳에 바로 영광을 더할 하나님의 보옥 같은 지혜 본체가 밝게 빛나는 모습을 볼 수 있으리라. 정녕 하나님의 말씀=부처님의 법설이다. 세계 가운데 편만 된 하나님의 거룩한 창조 본성, 그것을 法으로 펼친 것이 부처님의 팔만사천법문이다. 불교가 왜 그토록 경전이 많은 종교인가란 시각도 있지만, 하나님이 천지 만물을 지은 창조 진리는 그렇게 존재한 삼라만상만큼 헤아릴 수 없다.

---

7) 『반야심경/금강경/법화경/유마경/화쟁론/육조단경』, 홍정식 역해, 동서문화사, 2016, p.91.

이 같은 범신론적 **"신 세계관"**을 보다 논리적으로 접근한 자는 "신즉자연" 명제로 대표되는 네덜란드의 철학자 스피노자(1632~1677)이다. "그는 진실을 밝히기 위해서는 수학적인 방법을 엄격하게 적용해야 한다는 신념을 가지고 있었고, 극단적인 결정론에 기울어져 있었다. 말하자면, 개개의 사물은 더 많이 인식하면 할수록 神을 더 잘 인식할 수 있는데, 그것은 神의 본질이 존재하는 모든 것을 구성하고 있기 때문이라는 것이다. 그의 표현을 빌리자면, 모든 자연은 神의 권능이고, 우리는 그 전능을 내적으로 체험한다. 그러니까 神은 지금 우리를 둘러싸고 있는 빛 속에도 살아 있고, 햇빛 속에나 우리 주위의 사물들 속에도 살아 있다. 돌멩이들 안에도⋯⋯"[8] 그렇게 주장한 내용만 두고 본다면, 스피노자가 한 말은 하나도 틀린 것이 없다.[9] 이 연구도 그와 같은 신념으로 길을 추구하였고, 결과로 진리 통합의 완수 위에 하나님이 보혜사 진리의 성령으로서 실체를 드러내셨다. 곧, 진리 통합의 주체는 하나님이었고, 드러난 하나님은 진리의 전모자였다. 하나님이 모습을 드러내기 위해서는 세계의 본질을 밝혀야 했고, 세계의 본질을 분열시키기 위해 동서의 내로라한 覺者, 철학자, 신앙인, 지성들이 밤낮을 가리지 않고 정열을 바쳐 진리 세계를 탐구했다. 자체로서는 이유를 알 수 없었더라도 추구한 방향성은 하나님의 창조 본질을 드러내는 데 이바지하였고, 그것을 기반으로 오늘날 하나님이 보혜사 진리의 성령으로서 강림하실 수 있었다. 이 연구가 판단한 것은 분명한 것

---

8) 『신 인간 과학』, 앞의 책, p.297.

9) 동양의 장자가 그렇게 말했던 것처럼 스피노자의 주장도 모두 옳다. 그런데 기독교는 옳은 것을 틀린다고 했다. 하지만 스피노자가 그렇게 주장한 것만으로는 옳은 사실을 입증할 수 없다. 그렇다면? 하나님이 태초에 천지를 지은 창조 본의를 밝혀야 했다. 그것이 범신론적 신관의 전체 진리적 요소를 충족하게 될 것임.

이나니, 하나님은 순수한 하나님 자체만으로서는 본체가 세상 위에 부각될 수 없다. 하나님은 창조주이시라, 그만큼 무엇보다도 창조된 세계와 직접 관련되어 있다. 그런데도 항상 문제는 인간이 하나님을 바라본 관점이다. "스피노자는 상당히 독실한 신자였음에도 불구하고 神과 자연은 동일하다는 신관 탓에 유대교 회당에서 제명당하였고, 저서 『신학 정치론』이 교회로부터 금서가 된 것은 그의 주장이 당시에는 무신론과 마찬가지로 여겨진 탓이다."[10] 그만큼 교회는 그의 신관을 포용할 수 있는 충분한 세계관을 확보하지 못했다. 바로잡아야 하나니, 밝혀진 본의 관점에 따라 모든 무지 상태를 일깨울 말씀의 가르침 문을 열고자 한다.

즉, "스피노자는 神이 정한 방식이 아닌 우주의 기계론적인 해석이 증가하면서 神의 입지가 좁아질 것을 걱정한 나머지 우리의 정신과 육체가 별개가 아닌 것처럼, 神을 세상과 별개로 볼 수 없다고 믿었다. 神은 영원하고 어디에나 있는 탓에 神이 세상 밖, 혹은 안에 있는 것이 아니라, 神 그 자체가 세상이라고 주장하였다.[11] 스피노자에게 神은 세상을 구성하는 본질이며 물리적, 정신적 속성을 모두 갖춘 탓에 神에 대한 종교, 과학적인 개념은 같은 실체이기는 하지만, 다른 측면이라고 보았다. 존재하는 모든 것은 같은 물질로 이루어졌고, 우주나 자연도 그러하기에 神도 마찬가지이다."[12] 그래서 신즉 자연이다. 그의 **신 세계관**은 구구절절이 하나님이 어떻게 천지를 창조하였는가에 관해 이 연구가 제시한 조건대로 본의 관점에 근거한 주장이었는데도, 당시 교회는 물론이고 지금까지도 이

---

10)  『철학』, 앞의 책, p.208.

11)  그래서 하나님의 몸 된 "본체로부터의 창조"를 밝혀야 했음.

12)  위의 책, p.208.

런 창조관을 갖추고 있지 못하다. 이것을 이 연구는 지극히 긍정적인 측면과 간과한 측면을 비교하면서 범신론이 갖춘 정확한 진리성과 그 한계성을 함께 지적하고자 한다. 다시 말한다면, 한 가지 측면에서만 본다면 전적으로 맞지만, 문제는 그것만 있는 것이 아니란 사실에 있다. 그래서 나머지를 모른 상태에서 한 측면에만 사로잡히면, 맞는 요소가 있음에도 결과적으로는 그릇된 **"신 세계관"**이 되고 만다. 스피노자가 주장한 범신론의 방계 논리가 간과하고 있는 핵심 된 관점은 "神은 세상을 구성한 본질 자체"라는 인식이다. 이것은 성 아우구스티누스의 제안 이래 기독교의 교리로서 인준된 "無로부터의 창조"와 분명히 대비된다. 이 창조관은 하나님과 창조 역사, 그리고 창조의 필수 요소인 질료 요인을 하나님의 절대 권능에 의탁해서 기정사실로 한 것이지만, 스피노자는 질료 전체를 하나님의 몸 된 존재 안에서 구했다. 따라서 범신론을 구성한 방계 논리는 이런 창조 관점을 입증하기 위해 동원한 논리적 수단이다. 이 같은 측면이라면, 하나님의 몸 된 본체가 천지 만물을 창조한 바탕체인 탓에 세상 어디에도 근원 된 본질체로 존재하며, 세상 밖과 안을 구분할 수 없는, 하나님이 그대로 세상이 될 수밖에 없다. 또한, 존재하는 모든 것은 같은 물질로 이루어졌다. 우주, 그리고 神도 그러하다. 이 논리는 하나님이 하나인 神으로서 자연도 세계도 그 하나를 벗어날 수 없는 유일한 神인 데 대한 확인이기도 하다. 우주, 자연, 神이 '一'이라는 것은 창조 메커니즘과 연관된 인식 형태이다. 이런 사상을 편 스피노자를 교회가 이단으로 파문한 것은 전적으로 神의 존재성을 뒷받침한 세계관이 달랐던 탓이다. 이것을 하나님이 밝혀 주신 창조 본의 관점에서 정리한다면, 세계관적인 측면에서 파문시킨 교회는 틀렸고, 파문당한 스피노자는 옳았다. 그런데도 스피노자의 범신론이 개성 있는 신 세계관이기는 하지만, 더 이상 보편화되지 못한 이유는 무엇인가? 그것은 신 세계관으로서의 중요한 요소를 빠트린 탓이다. "스피노자는 교회의 잣대로서 전통적인 유대교와 암스테르담의 지배 종교인 개신교 칼뱅 교리를 무시하고, 神은 우주 만물을 창조하고 조절하는 초월적인 神이 아니라, 만물을 있는 그대로 자연스럽게 만들고 유지하는 '내재적 신비'라고 한 데 있다."[13] 말 그대로 神의 초월성을 차단한 것, 이것이 문제이다. 神의 초월성은 神이란 존재 자체뿐만 아니고, 천지창조 역사와 연관해서도 중요한 필수 요소이다. 그래서 살펴보면, 교회는 神의 초월성만 강조해 神의 내재성을 애써 차단했고, 스피노자는 반대된 태도를 보인 것이다. 굳이 조건을 따진다면, 어느 편이 잘하거나 모두 잘못한 것이 없는 동격이므로 무승부이다. 그래서 본 **"신 세계관"**을 통해 더욱 발전할 수 있는 방향을 기대한다면 교회가 먼저 스피노자의 내재성 신 세계관을 수용해야 했다. 그런데 배격한 결과, 오늘날에 이르러 기독교가 세계관적으로 한계성에 봉착했다.

이에, 교회도 스피노자도 보완해야 할 과제를 지적한다면, 神의 초월성과 내재성(범신성)을 함께 성립시킬 수 있는 창조 메커니즘을 구체화하는 것이다. 神과 세계를 매개해서 연결할 수 있는 그 무엇? 이것을 교회도 스피노자도 더는 추적하지 못했다. 그러니까 서로의 관점이 상충할 수밖에 없다. 초월적인 권능만으로서는 창조된 세계와 멀어져 버리고, 정적인 내재성 논리만으로서는 절대적인 초월성 권능이 상실되고 만다. 이런 한계 관점을 극복하는 데 하나님의 몸 된 "본체로부터의 창조" 역사와 본의 관점이 있다. 즉, 하나님은 몸 된 본체를 바탕 질료로 하여 천지 만물을 창조

---

13) 『인간의 위대한 질문』, 앞의 책, p.21.

한 탓에 창조 본성을 그대로 세계 안에 내재시키고 함께할 수 있다. 그러면서도 동시에 창조된 세계를 초월하여 영원히 엄존하신다.[14] 창조 역사를 매개로 세계와 하나님과의 떼려야 뗄 수 없는 관계성은 그대로 창조주와 피조물과의 본질 규정을 명확하게 할 뿐 아니라, 천지 만물이 하나님으로부터 창조된 사실까지 명확히 증거한다. 창조 역사를 매개로 한 하나님과 세계와의 관계를 한마디로 말한다면, 하나님과 세계는 한 본질, 한 바탕, 한 요소로 구성되어 같음과 동시에 존재한 차원이 다르다. 그것을 이 연구는 일반적인 개념으로서의 피조체가 아닌, 하나님의 몸 된 본체로부터 化된 상태라고 표현했다. 모든 것이 하나님으로부터 창조된 탓에 일단은 하나님과 같지만, 하나님과 달리 피조체는 창조된 역사 과정을 거쳐 변화된 탓에 化된 상태이다. 따라서 하나인 본체로부터 천변만화한 것이다. 하지만 결국은 그것이 그것이다[同一]. 천지창조 역사로 말미암은 동일성 바탕은 더 나아가서 인간과 하나님이 함께하고 상통하고 일체 될 수 있는 지상 강림 역사의 기본적 바탕 원리이고, 이 땅에 하나님과 함께한 지상천국을 건설할 수 있는 **"신 세계관"**이다. 하나님의 초월성과 엄격하게 구별되면서도, 化된 탓에 노력하면 말미암은 본원 자리(하나님의 품 안)로 돌아갈 수 있고, 결국 본래 하나인 그 자체로 환원된다. 그때가 언제인가? 열린 가르침을 받들고 무명을 벗어던진 순간부터이리라.

범신론은 교회에서 신앙으로 지킨 유일신관보다도 더 진실에 근접한 신 세계관인데도 세계의 본질 자체가 분열 중인 탓에 완성의 문턱에서 좌절된 것이라면, 이신론(理神論)은 아예 진실과는 거리가 먼 탓에 역사상 무신론으로 건너가는 징검다리가 된 신 세계관이다. "神은 결국 세계이다

---

14) 이행 창조, 化된 창조 탓임.

(화이트헤드)"[15]란 인식은 세계와 神이 하나 되는 방향으로 나아가고자 한 노력 일환이다. 그리해야 神 본체의 창조적 화현이 고스란히 세계 자체인 본질로 밝혀질 수 있게 된다. 하지만 이신론은 창조 역사를 통해 드러난 하나님의 절대 권능을 옥좨서 무력화시키고자 한 악마적 저항이다. 알다시피, 이신론은 "18세기 계몽주의 시대에 등장한 철학 또는 신학 이론이다. 세계를 창조한 하나의 神은 인정하되, 그 神은 세계와 별도로 존재하며, 세상을 창조한 뒤에는 세상, 물리법칙을 바꾸거나 인간에게 접촉하는 인격적 주재자로 보지 않는다. 따라서 계시, 기적 등이 없다고 보는 철학, 종교관이다."[16] 왜 이 같은 **신 세계관**이 근래의 역사에 등장했는가? 하나님을 될 수 있으면 적게 사랑하기로 작정해서 급기야 믿음을 상실한 자들이 여전히 지배적인 신앙의 굴레를 당장 벗어던지기는 어려우니까 궁여지책으로 찾아낸 절충식 묘안이다. 마음이 떠나 버린 자들이 바라본 하나님이라, 자신이 보고 싶은 것만을 선택해서 인정했다. 그들이 정말 무엇을 버렸고, 무엇을 남겼는가 하는 것은 그 음영이 확실하게 드러난다. 이 연구가 누차 강조한 "창조 메커니즘"은 말끔히 잘라 버리고, 그 메커니즘 작용으로 드러난 결정적인 세계 질서만 포착해서 神의 역할을 제한해 버렸다. 자화(自化) 메커니즘을 주장하는 자들 또한 여기에 속한다. 하나님이 창조주로서 해야 할 역할은 창조 역사를 실현하는 데까지이고, 그 후에는 물리법칙을 포함해서 모두 세상사와 인간사로부터 손을 떼 버렸다는 논리이다. 전형적으로 창조 이전의 세계를 보지 못한 오판이다. 왜 세계가 그처럼 결정적인 것인지에 대한 이유는 추적할 생각을 하지 않고, 神의 역

---

15) 「화이트헤드의 교육철학에 관한 연구」, 김성호 저, 한신학교학원 기독교교육, 석사, 2008, p.60.
16)  이신론.-위키백과.

할을 자신들이 이해하고 싶은 방식대로 단정해서 부분적으로 인정했다. 세계의 결정 원인을 설명할 길이 없으니까 그 부분만 전능한 神이 한 것이라고 떠맡겨 버렸다. 그러고도 계시와 기적을 부인한 이성적 종교관이라고 자랑하지만, 이런 주장을 보고 교회는 신학적으로 어떻게 대처하였는가? 천지 만물을 창조하기 위해 하나님이 준비를 완벽하게 한 창조 이전의 역사와, 창조 이후 세계의 운행 질서를 주관하기 위해 펼친 섭리 역사를 함께 증거해야 했다. 하지만 안타깝게도 이런 필수 요소를 갖추지 못한 탓에 무신론으로 향하는 세계적 추세를 막을 수 없었다. 그리하여 오늘날 만연한 세계의 무신적 추세를 수습할 수 없을 것 같지만, 분명한 사실은 하나님은 지금도 살아계신 역사하는 神이다. 만연된 무신론은 하나님의 본체가 완전하게 드러나지 못한 때에 드리워진 어둠의 세계관이다. 하지만 하나님이 강림하여 열린 가르침의 문을 여신 이상, 앞산에 태양이 떠오르면 어둠의 세계관은 사라지고 말리라. 하나님이 발휘하실 교화 권능으로 만연된 무신론적 세계관을 물리치고, 약속된 하나님의 나라를 이 땅에 건설하리라.

## 3. 무신론

사람들은 진실은 반드시 승리하며, 진리는 하나란 말을 믿는다. 그렇게 전제한 진실과 진리 편에 선 자들은 무적인 조건을 선취한 만큼, 그렇지 못한 사상과 생각과 논리를 확실하게 물리쳐야 한다. 그런데 그런 당연한 결과에 관한 소식을 아직도 들어보지 못하고 있다는 것은 믿음과 달리 사실은 그렇지 못하다는 것이다. 이것이 이 연구가 바라보는 세계의 무신론과 유신론에 관한 **"신 세계관"**의 시각이다. 무신론은 "큰 의미에서 神의 존재에 대한 신앙을 부정하거나 神의 존재 자체를 인정하지 않는 사상이다. 무신론이란 단어가 최초로 일신교의 유일성을 거부하는 의미로 스스로가 인정하는 데 사용된 것은 18세기 후반, 유럽(서양)에서이다. 그리고 20세기의 세계화와 함께 무신론은 세상의 모든 神적 존재를 거부한다는 의미로 확장되었다."[17] 이렇듯 무신론은 거의 세계적인 추세인 것 같지만, 이 연구가 판단컨대, 서양 문명이 지배적인 현대사회에서 그들이 세웠듯, 또 그렇게 해서 허물어져 버리고 말 **"神 세계관"**의 유행병 신념일 뿐이다. 아예 神이 무엇인지 모르고, 神의 존재 사실에 관해 관심조차 없는 문화와 전통을 가진 사람들에게 있어서는 무신론적인 주장과 내세운 논리가 무색하기만 하다. 그런 의미에서 본다면, 神이 존재한 사실이 인류 개개인의 관념과 사상 속에 빠짐없이 각인되어 있지 못한 것은 하나님이 인간을 지은 창조주이지만 인간의 영혼만큼은 아직 완전하게 지배력을 확보하지 못했다는 뜻이다. 기독교는 바로 이 같은 권능 영역을 확대하고자 세계적인 노력을 기울인 것이지만, 자체 지닌 신 세계관의 한계성 탓에 무신론자들은 힘겨운 대적 상대가 되고 말았다. 무신론의 세계적 확대 추세를 저지할 수 없게 된 만큼, 하나님이 살아계시고 이 땅에 강림하신 마당에서 이 연구는 풀지 못한 유신론과 무신론 간의 대립 상황을 종결짓고, 하나님이 살아계신 사실을 확실하게 증거하고자 한다.

지금 상황은 기울어진 운동장처럼 무신론의 도전 기세가 거세어 기독교 신앙이 심각한 위기를 맞이하고 있다. 새로운 신앙 역사를 창출해야 하

---

17) 무신론.-위키백과.

는 필요성이 요청되는 긴박한 시대인 만큼, 이 연구가 말한 새로운 신 세계관(=강림 신론)을 세워 제3의 인류 문명을 건설해야 한다. 그러기 위해서는 지금까지 섭리 역할을 담당한 기독교가 무슨 이유로 무신론 사상에 흔들릴 만큼 하나님이 살아 존재한 사실(세계의 유신적 상황)을 증명하는데 실패한 것인지 세계관적, 신학적, 문화적, 역사적 한계 요인을 지적해서 극복함으로써 무신론 사상을 일소하는 계기로 삼아야 한다. 기독교만 하나님의 뜻을 대변한 유일한 종교란 믿음은 큰 착각이다. 그렇게 추구한 신앙 형태와 신학 체계가 오히려 종말 도래 국면을 자초한 것인 만큼, 이유를 철저하게 진단하고 분석해서 하나님에 관한 **"신 세계관"** 전통을 새롭게 구축해야 한다. 하나님은 인류의 창조주이고 만유의 하나님이다. 기독교가 옭아맨 외골수 섭리 틀을 깨고 만 민족, 만 나라, 만백성의 영혼과 역사 위에서 살아 역사한 사실과 이 땅에 강림한 사실, 그리고 이루고자 하는 꿈의 비전을 각인시켜야 한다.

때가 이른 만큼, 기독교가 처한 위기 실태의 원인을 추적할진대, 초기 교회의 역사부터 살펴보면, 한 편의 극적인 드라마를 연상시킨다. 황제 숭배의 로마 사회에서는 극도로 배척받은 핍박의 대상이 되었지만, 콘스탄티누스 대제가 정식 종교로 공인한 이래(313년, 밀라노 칙령) 로마는 멸망했지만, 중세 시대가 되어서는 세속 권력까지 장악하여 절대적인 교권을 행사하였다. 그러나 르네상스(14~16세기)를 거치면서 촉발된 "탈 그리스도화는 17세기와 18세기를 거치며 확산하였다. 급기야 제도적 실체로서의 교회는 정치적 권력과 사회적 영향력을 상실하는 데까지 이르고 말았다. 많은 이가 공공연하게 기독교 이야기를 거부하고, 현실과 실재를 설명하는 대안적인 서사를 채택하게 된 지경이 되었다."[18] "19세기 말, 근대 초기부터의 기독교의 쇠퇴 현상은 돌이킬 수 없는 흐름처럼 보였다. 많은 이들이 이 같은 쇠퇴 현상을 인류 역사의 자연스러운 과정으로 여겼다. 유럽의 지식층은 점점 더 조상의 신앙을 외면했다. 일부 집단은 암묵적으로 무신론을 지지했고, 이로써 무신론은 과거 어느 시대에도 누리지 못한 대우를 받았다. 과거와 크게 달라진 시대 상황을 목격한 많은 사람은 이제 종교가 완전히 사라진 세상이 도래하고 있다고 믿었다."[19] **그 숭고했던 신앙, 바친 정열, 쌓은 문화, 일군 진리를 다 보쌈해서 던져버리고, 인류 역사는 장차 어디로 가려 하는가? 인간 영혼은 도대체 무엇을 이루면서 살아가려고 하는가?** 그런 의미에서 기독교는 과연 완전한 종교인가? 기독교는 하나님의 뜻을 충실히 이행했고, 목적을 구현한 종교인가? 결과 현상이 이러할진대, 무신론이 다른 어떤 문화권도 아니고, 기독교 문명의 한가운데서 배태하였다는 점에서 그들의 조상 신앙과 종교를 버린 神 부정의 진정한 이유는 무엇이고, 원인은 또 어디에 있는가? 인간은 면밀하게 사고하는 관념적 존재이고, 또 세계는 분열하는 현상의 지배를 받는다는 측면, 그리고 기독교 신앙 자체가 지닌 역사적인 측면에서 진단해 보고자 한다.

결혼을 전제로 맞선을 보는 사람은 주변 사람으로부터 소개받는 경우가 많다. 그래서 사전에 어떤 사람인가에 대해 이야기도 듣고 사진도 보면서 호감도를 따진다. 상상해 본다고나 할까? 이런 사고 절차는 神이라고 해서 다를 것이 없다. 강림 역사가 있기 전까지는 누구도 하나님의 모습을 자세하게 본 자가 없는 상태라, 하나님이 인간의 생각 속에서 관념화될 수밖에

---

18) 『그리스도교 역사와 만나다』, 앞의 책, p.447.

19) 위의 책, p.465.

없었던 것이 세계적 현상이다. 이런 조건 탓에 온갖 억측이 난무하였다. 神이 인간의 상상 속에서 생각으로 재단된 관념의 산물이 되어 버렸다. 믿음 역시 본체가 드러나지 못한 상황에서는 실체를 증거할 길이 없으므로, 神일지라도 관념화되고 말았다. 보지 못하고, 확인할 수 없으니까 생각(관념)만으로 그리고 유추하였다. 그러니까 "수마트라섬 사람들은 '아기 인형'을 만들어 놓고 자신이 믿는 神에게 제물을 바치면서 아기를 낳게 해 달라고 빈다고 하는데, 그것은 그들이 믿는 神이야말로 아기를 낳고 싶다는 인간의 염원과 소망이 만들어낸 것이다. 그런 염원과 의지가 외화 되어 神이나 종교의식을 만든 것이란 주장이 그러하다. 사실 신학자들이 神을 정의한 논리 틀도 비슷한 범주에 들어 있다. 神은 더할 수 없이 완전한 존재란 정의는 자신들이 갖고 싶은 능력이나 성질을 모두 담으려 한 데서 나온 것이다. 神은 인간 자신의 본질과 소망이 소외된 것이다."[20] 이후에 언급할 포이어바흐도 이 같은 생각을 정비한 인물이지만, 정말 그럴 수도 있다고 여긴 가능성 탓에 그 점을 붙잡은 무신론자들이 사람의 의식 속에 그려 놓은 거짓 그림을 우상이라고 전제하고, 그 우상 중 가장 무서운 것이 神이라고 하였다. 우상 숭배는 하나님이 십계명 중에서 엄격하게 표명한 금기 사항인데, 무신론자들은 그 화살을 오히려 하나님을 향해 꺾어 놓았다. 즉, 사람마다 神의 모습을 달리 말하는 까닭은, 神의 본질을 말하는 것이 아니라 자의식 속에 저마다 그려 놓은 神을 말하는 것이기 때문이다.[21] 神이 존재한 사실을 근본적으로 부인했다. 인류가 神의 모습을 달리 보고 달리 상상한 이유로서, 이 연구는 그 원인이 神에게 있는지 인간에게 있는

---

20)  『철학의 모험』, 앞의 책, p.260.

21)  『진리란 무엇인가』, 이기동 저, 21세기 북스, 2016, p.90.

지 물었지만, 그들은 아예 처음부터 神에게 책임을 물을 수 없는 무실체자로 단정했다. 그 결론적인 원인은 인간 때문인데, 그것이 곧 상상으로 인간의 소망을 투영시킨 관념 속의 神이다. 하나님의 본체가 드러나지 못한 세계적 조건 속에서 모습을 보지 못한 자들이 궁여지책으로 찾은 자문자답이다. 거부할 수 없는 강력한 근거로서 인간에게는 분명 神의 모습과 형상과 본질이 투영된 것이 사실이다. 이유는 정말 인간이 머릿속에서 그린 상상력의 결과물이라서가 아니고, 하나님이 창조주로서 모든 것을 바쳐 이룬 사랑의 결실체란 사실을 깨닫게 하는 것이 열린 가르침의 과제이다. 아무리 상상하고 소망하고 숭배해도 부부가 사랑의 뜻을 합치지 않았는데 자식이 태어날 수는 없듯, 神을 상상 속에서 착각한 존재라고 믿은 무신론자의 눈앞에 하나님이 드높은 영광의 모습을 나타낼 리는 만무하다. 사랑이 적은 자들이 심은 대로 거둔 자업자득 결과이다.

　세계관적인 한계 조건은 神의 존재를 객관적으로 증명하려는 자들에게서도 그대로 적용된다. 뿌리가 드러나지 못한 상태에서는 가지와 잎이 나무를 지탱하는 주된 작용이라고 보기 십상이다. 관념 철학을 대표한 독일의 철학자 헤겔(1770~1831)은 "물 자체를 알 수 없다는 칸트의 생각을 넘어서려고 했다. 칸트가 가진 생각은 주관과 객관을 완전히 분리하고, 모든 문제를(선험적) 주관의 세계 속에서 사고하게 만든다는 것이다. 헤겔은 주관과 객관의 이런 분열 문제를 극복하기 위해 양자가 통일되어 있다고 말했다. 그리고 거기서 주동적인 역할을 하는 것이 주관, 정신, 개념이다. 객관이나 사물, 현실은 그것이 외화 되어 있는 것에 불과하다. 한마디로 머리가 손과 발을 만든다는 것이다. 이 주장은 사실 기독교의 생각을 철학으로 표현한 것이다. 神이 인간과 자연을 만들었다는 생각 말이다. 이것을 확장해서 관념이나 정신이 사물로 전화한다는 신비주의나 신학 같은 주장을 하게 된 것이다. 토마스 아퀴나스 때부터 중세 때의 스콜라 철학이 꼭 이랬다. 그들은 인간 세계와 자연의 위대한 조화로움과 아름다움이 神이라고 불리는 절대자가 만들어낸 것을 입증하려고 무던히 애를 썼다. 그렇지만 현실은 그와 같은 모습으로 보이지 않는 탓에 정신이나 개념은 인간이 없었다면 존재할 수 없었을 것이다. 神도 마찬가지이다. 神이란 개념 역시 인간이 만든 것이다"[22]란 결론 도달이 그것이다. 의도치 않게 무신론의 철학적 빌미를 제공하고 만 헤겔 철학을 일컬어 누가 잘못을 탓할 것인가? 神의 본체가 미처 드러나지 못한 조건 탓이라고 볼 때, 헤겔이 제대로 대처하지 못해 해결하지 못한 원인이 무엇인가 하는 것 정도는 이 단계에서 짚고 넘어가야 한다. 인간은 사고력을 지닌 탓에 상상으로 관념화된 神을 만들 수는 있지만, 그런 정신 작용이 없었다면 아예 神을 생각조차 할 수 없었을 것이므로…… 하지만 그렇게 관념화된 神만으로서는 세계에서의 역할이 무능할 수밖에 없다. 마치 마음만으로서는 자식을 낳을 수 없는 것처럼…….

이것이 바로 관념론 철학이 지닌 한계의 벽이고, 헤겔이 풀지 못한 문제점이다. 이 점을 유물론자들이 집요하게 파고들어 새로운 진리라도 발견한 것인 양 거꾸로 선 헤겔 철학을 자신들이 바로 세웠다고 자찬하였다. 또한, 관념론이 지닌 문제 되는 요소를 물질로부터 구하였다. 하지만 그들이 대척점으로 세운 정신=관념이란 세계 구성 요소는 말 그대로 세계를 구성한 필수 요소이기는 하지만, 천지를 있게 한 창조 요소는 아니다. 애써 상대가 무적 같다고 여기고 싸웠는데, 알고 보니 허수아비 인형과 같았

---

22)  『철학의 모험』, 앞의 책, p.258.

다는 것, 그런 잘못을 그들은 아직도 알아차리지 못하고 있다. 차후에 잘못을 깨달았을 때의 상실감과 허탈감이란? 정신이든 물질이든 그것은 창조 역사로 인해 생긴 세계를 이룬 구성 요소일 따름이다. 무신론자들은 정신, 그것이 유신론자의 주장처럼 모든 조건을 갖춘 본체적인 요소로 본 것이지만, 사실은 지음받은 바 된 피조적 요소였다. 헤겔은 정신 작용을 너무 과대 포장해서 절대화시켰지만(절대정신), 정신에 바탕을 둔 관념론은 천지 만물을 있게 한 "창조 메커니즘" 요소가 없는 상태이다. 그래서 그처럼 부족한 것이 있다는 사실을 안 유물론자들이 벌 떼처럼 달려들었지만, 정작 이룬 행동은 자신들의 주장처럼 관념론적 논리를 자리만 바꾼 것일 뿐, 정말 중요한 천지창조 메커니즘은 전무했다. 정신과 물질 이외에 구해야 할 궁극적 요소는 따로 있었다. 그런데 제3의 본질적 요소를 볼 수 있는 눈이 그들에게는 처음부터 없었다. 결국 다람쥐 쳇바퀴 돌 듯 평면 차원만 돌고 돌아 아무리 탐구해도 답은 구하지 못했다. 자신들이 지닌 안목 탓이나니, 하나님의 창조 권능은 그런 것이 아니다. 왜 하나님은 전지, 전능, 전선하신가? 하나님은 원인과 결과, 본질과 뜻, 알파와 오메가를 동시에 장악한 탓에 천지창조 역사를 실현하였고, 의도한 대로 인류 역사를 주관하고 계시다. 하지만 창조된 정신과 물질은 지극히 상대적이고 수동적일 뿐이다. 그래서 정신과 물질은 무엇 하나 능동적인 권능 발휘가 불가능하다. 상상만으로서는 아무것도 움직일 수 없듯, 물질도 정신도 그러하다. 모두 능동성을 가지지 못했다. 어떤 사실을 앞세워도 불가능한 것은 불가능하다. 결국 세계 역사는 답보 상태이고, 더 이상 진척 있는 길을 찾지 못해 종말적 어둠을 짙게 드리웠다. 도대체 정신과 물질에 대해 앞선 순서를 바꾸어 놓는다고 해서 세계가 달라지는 것은 무엇인가? 만 영혼이 나고 가야 할 근원처를 찾지 못하고 있는 것은 여전하다. 하나님의 본체가 드러나지 못한 조건 속에서 관념론과 유물론의 자기 잘난 투쟁만의 끝없는 역사를 씁쓸히 지켜보면서 무신론적 **"신 세계관"**의 세계적 파급 원인을 서양인들이 일군 사상을 통해 좀 더 깊이 있게 추적하고자 한다.

"서양의 무신론은 소크라테스 이전의 고대 그리스 철학으로 거슬러 올라가지만, 현대적 의미의 무신론은 계몽 시대에 이르러서야 등장한다. 데모크리토스와 같은 원소론자들은 세계를 순수한 유물론 방식으로 설명하고자 하였으며, 영적이거나 신비한 존재들을 거부하였다."[23] "고대 그리스 이후로 서양 철학은 기존에 종교가 설명한 것들을 이성적으로 정의하려고 노력했다. 하지만 기독교가 발전함과 함께 철학도 교회의 교리에 도전하게 되었고, 신념의 문제와 이성적 추론 사이에 불편한 관계가 형성되었다. 우리가 현재 과학이라고 부르는 '자연 철학'이 종교에 엄청난 위협이 되었고, 르네상스 이후부터는 우주에 관한 과학적인 설명에 신뢰가 더욱 높아졌다. 20세기에 들어 철학자들은 점진적으로 神이 존재한다는 증거가 없다는 사실을 받아들였고, 이는 무신론을 용인하는 출발점이 되었다."[24] 바로 이 같은 실마리를 제공한 무신론 계통의 사상가 중에는 영국의 경험론 철학자 존 로크(1632~1704)가 있다. 언급한바, 그가 저술한 『인간지성론』은 인류의 정신사에 지대한 영향을 끼친 몇 권 안 되는 책 중의 하나에 속한다고 했지만, 바로 그 책 속에서 확인한 문제가 파급시킨 영향만큼 무신론 사상도 확산하였다. 그가 『인간지성론』 제1권에서 밝힌 주제는 '본유주의'에 대한 비판이다. "인간 지성의 능력과 범위를 정하고자 한 로

---

23)  무신론.-위키백과.

24)  『철학』, 앞의 책, p.404.

크는 먼저 경험이 있기 이전에 우리에게 주어지는 관념이나 원리가 있는 지를 검토하였다. 이것은 17세기에 활발히 토론된 주제 중 하나이다. 일부 학자 중에서는 본유 관념의 존재를 믿어야 할 만한 이유가 없다고 생각했지만, 대다수 사람은 무한한 선함과 지혜를 가진 神이 인간의 마음에 실천적인 문제와 이론적인 문제 모두에서 지식의 기초를 이루는 본유 원리를 각인해 놓았다는 것을 당연하게 여겼다. 유신론자들은 로크를 범신론과 무신론을 장려한다고 판결하고, 가톨릭에서 금서로 지목하는 데 그쳤을 뿐",[25] 그의 주장을 비판할 수 있는 대안 관점과 이론까지는 펼치지 못했다. 이유는 분명하다. 본유 관념은 세계 본질의 뿌리를 드러내어야 하는 문제이므로, 정확한 비판 관점 생성은 세계가 더한 성숙의 때를 기다려야 했다. 합리론자들은 본유 관념의 실체를 간주한 상태로서 증거할 수 있는 근거 제시는 엄두를 내지 못한 것이다. 도대체 무엇이 필요한 것이고, 본유 관념을 진리화하기 위한 근거 조건은 무엇인가? 이 연구가 이 단계에서 로크의 대표 명제인 "인간의 마음은 원래 아무것도 쓰여 있지 않은 백지라고 가정하고, 모든 관념은 한마디로 경험에서 온다"[26]라고 말한 것을 비판할진대, 그것은 비판이라고 할 것조차 없다. 모든 神 부정 논리는 한결같이 神을 그렇게 바라본 인간 자체의 세계관적 한계성에 기인한다. 그것을 굳이 따진다면, 무엇이 옳고 그른 것인지를 판가름하는 문제일 수 없다. 잘못된 것은 맞지만, 인간이 정말 무엇을 잘못 보았는가 하는 점이다. 처음부터 보아야 할 것을 보지 못하고, 볼 수 있는 눈을 가지지 못한 데 주된 원인이 있다. 그래서 열린 가르침으로 볼 수 있는 눈을 가지게 되면, 선

---

25) 『인간지성론(1)』, 앞의 책, p.19.

26) 위의 책, p.21.

재한 본유 관념을 확인함과 함께 하나님의 모습까지도 볼 수 있다. 겨울에 눈이 아무리 많이 쌓여도 봄이 되면 모두 녹아내리듯, 첩첩이 쌓인 무신론 사상 역시 그러하다. 하나님이 살아 역사하고 성령으로 임재한 그 자체 속에 완전한 진리와 전능한 지혜가 함께한 탓에 **"일교 천천 일화 만만(一敎 千千 一話 萬萬)"**이라, 한 가르침으로 천천 영혼을 깨우치고, 한 말씀으로 만만 백성을 인도하시리라. 어떻게 여태까지 틔우지 못한 무지와 걷어내지 못한 무명을 깨치게 할 것인가는 염려할 필요가 없다. 하나님은 만 인류를 말씀으로 깨우치고 구원할 수 있는 교화적 권능을 갖춘 하나님이다.

로크가 왜 본유 관념을 부정하고 인간 지성의 첫 출발 상태를 백지로 단정한 것인지에 관한 이유는 분명하다. 인간의 본성은 하나님으로부터 부여받은 것인바 일체를 갖춘 상태이지만, 단지 창조된 결과 세계 안에서는 분열하고 있는 중이다. 그래서 인간이 겪어 가는 경험은 바탕이 된 본성과 이와 연관된 관념을 분열시키는 촉진제 역할을 하고, 그렇게 해서 주어진 결과 현상을 통해 생성된 새로운 사실들을 인지하게 된다. 이에, 로크가 크게 잘못 생각한 것이 무엇인가 하면, 본유 관념을 부정한 만큼이나 지식의 첫 출발점을 잘못 잡은 것이다. 흔히, 시작이 끝이고 끝이 시작이라는 말처럼, 로크는 창조로 인해 드러난 마지막 결과점을 모든 지식 생성의 첫 출발점으로 삼았다. 로크가 보지 못한 영역을 다시 바로잡는다면, 온갖 현상을 발화시킨 본질 바탕이 있었다. 이것이 사실일진대, 그의 눈은 온갖 경험을 유발한 근원과 차단된 것이고, 이런 조건 속에서는 일체의 결과 현상을 거꾸로 본 것이 된다. 본질 세계를 보지 못해 현상(경험) 세계만 보았고, 이것은 결국 빙산의 드러난 부분만 본 것이란 말이 된다. 로크가 보아야 할 것을 보지 못해 행한 본유 관념의 제거 작업과, 그 같은 인식의 토대 위에서 쌓아 올린 영국의 경험론이 무신론이란 세계관의 집을 짓도록 한 터전을 마련한 것이라, 그 같은 결과는 정말 인류가 하나님을 볼 수 있는 가장 중요한 통로인 인식의 길(본유 관념→영적 안목)을 차단한 대죄를 저지른 것이다. 본유 관념을 통해 하나님에게로 나아갈 수 있는 길목을 바리케이드를 쳐서 가로막은 행위이다.[27] 그렇다면 로크가 쳐 놓은 일체의 장애물을 걷어내어야 하는데, 여태껏 보지 못한 백지상태 이전의 본유 관념은 어떻게 밝혀서 증거할 수 있는가? 바로 이 영역을 하나님께서 말씀의 가르침으로 드러내시리라.

본유 관념은 하나님이 인간을 창조하면서 일체 뜻을 함재시킨 근원 된 지성이다. 후일의 칸트는 경험 이전의 선험성을 인정하고, 대륙의 합리론과 영국 경험론과의 절충 또는 종합을 시도했다. 본유 관념의 정확한 좌표는 경험 이전, 생성 이전, 창조 이전으로서 선재해 있고, 본유 관념을 보관하고 있는 근원처는 하나님의 마음속이라고 할 수 있다. 그렇게 본유하고 있는 지성을 인류가 이성적인 사고 작용으로 끄집어내어 확인할 수 있어야 한다. 경험도 알고 보면 근원 지성으로 내재한 본유 관념을 끌어내기 위한 일종의 추구 활동이다. 여기서 중요하게 역할을 하는 것이 사고, 인식, 판단을 담당하는 정신 작용이다. 유물론은 정신을 물질과 정면으로 대치시키고, 우선순위로서 물질에 대해 본질이 지닌 온갖 바탕 역할을 부여하였지만, 지적했듯 정신 작용은 그런 물질과 대척점에 서 있을 만큼의 창조 요소를 갖추지 못했다. 정신 작용의 정확한 역할은 하나님과 영적으로 소통하기 위해서이고, 그런 목적 탓에 뇌란 생체 기관을 구조화시킨 것이

---

27) 자기 본성을 알면 하늘을 알 수 있다고 한 맹자와, 본래면목을 깨치면 성불할 수 있다고 한 혜능과 대조됨.

다. 다시 말해, 하나님과 교감할 수 있는 영적 기능을 발휘할 수 있도록 뇌를 치밀한 구조로 창조하였다. 그만큼 인류는 하나님이 직접 나서서 교화 권능을 발휘하는 것과 별도로 본래 인간 자체의 노력만으로서도 하나님과 교감할 수 있는 정신 능력(영성)을 본유했다. 그런데도 간직한 지적 본성을 각성하고 활용한 자가 극소수인 탓에 때가 이른 오늘날 모든 이의 영적 본성을 일깨우고자 하나님이 열린 가르침의 문을 개방하셨다.

다음으로 근대 무신론의 문을 여는 데 크게 이바지한 사상가로서는 루트비히 포이어바흐(1804~1872)가 있다. 독일 고전 철학 중 유물론의 대표적 인물인 그는 인간이 자신의 본질에 따라 神을 창조했다는 무신론적 **"신 세계관"**을 착안해서 논거했다. 유신론자들이 세운 명제를 뒤집어 "인간이 神을 만든 것이지 神이 인간을 창조한 것이 아니다"[28]라고 주장했다. 그가 세운 무신론 논리도 따지고 들면, "먼저 헤겔 철학을 비판함과 동시에 자기 이론을 제기한 것이다. 즉, 물질은 제일성(第一性)이고, 정신은 제이성(第二性)이라고 하였다. 자연계는 객관적 존재이며, 인간의 사유와 의식은 객관 물질의 반영이다. 우리 자신에 속해 있는 물질적이고 감지할 수 있는 세계가 유일하게 현실적이다. 의식과 사유는 보기에는 초감각적일지라도 결국은 물질이고, 뇌라는 육체 기관의 산물일 뿐이다. 물질은 정신의 산물이 아니다. 정신 자체는 물질의 최고 산물일 뿐이다."[29] 이 연구가 비판하자면 물질은 제일성, 정신은 제이성이라고 한 것은 일종의 창조 메커니즘 요인을 끌어들인 것이다. 이것은 기존 관념(관념론)을 바꾼 것인데, 문제는 그다음이다. 자리만 바꾸었을 뿐 제일성이라고 한 물질이 지닌 창

---

28) 『지도로 보는 세계 사상사』, 허원중 엮음, 전왕록 · 전혜진 역, 시그마 북스, 2009, p.347.

29) 위의 책, p.349.

조 본체로서의 작용 역할에 대한 언급이 전무하다. 기껏 지적한 것이 "인간의 사유와 의식(정신, 관념 등)은 객관적인 물질의 반영"이란 설명뿐이다. 어떻게 반영된 것인지, 그리고 물질로부터 정신이 생긴 것이라면 어떻게(본의)에 대한 인식적 개진이 있어야 했다. 그런데 최고의 근거는 사람의 뇌가 육체 기관의 산물이라고 한 상식적인 언급 정도였다. 정신 작용을 일으킨 뇌의 복잡한 구조가 어떻게 설계되고 어떤 목적으로 구조화된 것인지에 관해서는 전혀 설명도 없이 물질에 제일성이란 지위 역할만 부여하였다. 그런데도 그는 자신이 볼 수 있고, 본 것을 그대로 무신론 논리로 표현한 솔직함은 있다. "자신에 속해 있는 물질적이고 감지할 수 있는 세계가 유일하게 현실적이다"라고 하였고, 또 그렇게 단정한 것은 자신이 지닌 안목의 영역 범위와 인식 수단의 한계성을 적시한 것이다. 그런 표현 결과에 있어 거짓은 없다. 하지만 과연 그것이 세계적 요소의 전부인가 했을 때는 그의 무신론 논거와 명제가 지닌 **神 세계관**으로서의 한계성을 고백한 것이다. 포이어바흐는 보지 못했더라도 지상 강림 시대를 살아갈 미래 인류는 반드시 보아야 한다. 그렇게 볼 수 있게 하는 것이 열린 가르침의 목적이다. 이런 내용을 담은 주저 『기독교의 본질』은 무신론자들이 기독교란 신앙의 요새를 공격하기 위해 적극적으로 사용한 아주 위협적인 무기였다. 하지만 그 같은 논리 명제가 당시로서는 충격적이었다고 해도 자체의 세계관적 결함 탓에 더는 나가지 못했고, 나갈 수도 없었다. 정체된 상태에서 드디어 때가 이른 오늘날은 정말 혹한 무신론적 논리 하나하나가 얼마나 조잡한 이론인가 하는 사실을 확인하는 근거가 된다. "초자연적인 神은 환상에 불과한 탓에 인류는 초자연주의적 착각에서부터 현실 세계로 되돌아와야 한다는 방향을 제시하고자 신학에서 인간학으로, 神에서 인간으로"[30]란 명제를 앞세웠다. 하지만 그렇게 주장한 주된 원인이 바로 神이 가진 초월성을 볼 수 있는 눈과 초월성을 볼 수 있게 하는 세계관의 뒷받침이 없었기 때문이었다는 것을 알 때, 하나님이 인류를 향해 무지를 깨우칠 가르침의 주제는 더욱 명확해진다. 하나님의 초월적 권능을 인정하지 않은 탓에 너나 할 것 없이 神의 존재 사실을 부정한 상태이므로, 하나님이 가르침의 역사로 그렇게 부정한 초월적 권능을 확인할 수 있는 세계관적 관점을 제공하면, 인류가 오랜 세월 잊고 있었고, 잃어버린 영적 본성을 회복할 수 있게 되리라.

포이어바흐의 공로 아닌 공적 탓에 무신론자를 자처한 사상가들이 대거 등장하였다. "神과 종교적 믿음은 정신적, 감정적인 요구와 필요를 충족시키기 위한 인간의 발명품이라고 말한"[31] 정신분석학의 창시자 지크문트 프로이트(1856~1939), 무신론적 실존주의자를 자처한 프랑스의 철학자 장 폴 사르트르(1905~1980) 등등. 하지만 정말 우려가 되는 것은 무신론자가 활개를 치는 시대 이후의 인류 역사가 나아갈 방향이다. 세계관을 완비하지 못한 기독교를 공격해서 성문은 허물었지만, 그 자리에 인류의 비전을 위해 무엇을 다시 세웠는가? 허문 자도 허물어진 자도 대안이 없는 상태이다. 르네상스를 통해 유가치한 인간성을 추구하고자 한 역사적 노력은, 그러나 역설적으로 神을 버린 인간성의 황폐화란 참담한 결과만 안겼다. 인류가 세계로부터 神을 추방하였고, 또 추방당한 결과 뒤에 나타난 현상을 진지하게 살펴보아야 한다. 신앙을 옹호하는 자들도 기독교를 방어하기 위해 무신론의 근간인 다원주의를 비판하고, 파스칼의 내기, 지적

---

30) 『기독교 명저 60선』, 앞의 책, p.105.

31) 무신론.-위키백과.

설계 논증 같은 대안 등은 제시했지만, 그렇다고 해서 하나님이 존재한 사실이 증거되거나 본체를 드러낸 역사는 없다. 그렇다면? 성령의 역사로 하나님의 살아계신 역동적 실존성을 증거해야 했다. 현대의 수많은 사람이 "세상에 神은 없다. 우주의 설계자도 없으며, 인간에겐 더 높은 목적이 있다는 생각은 위험하다고 믿고 있는데도"[32] 무신론 사상과 신념과 가치의 만연 사태를 지켜보고 있는 기독교는 지금 정말 무엇을 하고 있는가? 여전히 믿음만 강조하고 있을 것인가? 무신론자들의 가장 자신만만한 주장 근거는 하나님은 아무리 노력해도 볼 수 없고, 보이지 않기 때문에 당연히 존재하지 않는다는 것이지만, 이런 주장을 일거에 물리치는 방법은 하나님의 참모습을 볼 수 있게 하면 되지 않는가? 그런데도 문제를 해결할 현실적인 방안을 세우지 못하고 있는 것이 문제이다. 그래서 핵심 대책인 하나님이 없다고 하는 자들의 눈앞에 하나님을 직접 볼 수 있도록 인식적, 원리적, 지혜적, 역사적 **"신 세계관"**을 구축하는 것이 만연된 무신론 사상을 극복하는 핵심 대책이다.

지상 강림 역사는 전 인류가 기대했던 바로 그때에 대한 시대의 도래라, 인류가 하나님이 강림하신 본체를 두 눈과 영안으로 빠짐없이 볼 수 있게 되는 시대이다. 무신론자가 웬 말인가? 위대한 말씀의 가르침으로 그들의 생각을 낱낱이 깨우쳐 하나님의 참모습을 보고, 살아 역사한 사실을 알고, 확인할 수 있게 하리라. 한 영혼도 놓침 없이 사랑의 손길로 저편 언덕(차원)으로 인도하리로다.

---

32) 『위험한 생각들』, 존 브록만 엮음, 이영기 역, 갤리온, 2007, p.134.

# 제24장 신 본체관

## 1. 신 관점

　이 연구가 본 편의 서두인 "길을 엶"에서 밝힌 문제 제기의 주제는 한 분 하나님에 관한 생각은 어느 정도 일치하는 상태인데 어찌하여 각자가 말하는 神의 모습이 다른가 하는 의문이다. 그리고 그 이유는 정말 神이 달라서인지 인간의 생각이 달라서인지, 아니면 神의 본체가 미처 드러나지 못해서인지 물었다. 본 장은 바로 이 같은 **"신 관점"**에 관해 논거하기로 한 만큼, 현재까지의 세계적 양상과 실태를 진단하여 하나님에게 지혜를 구하지 않을 수 없다. 역사상 神을 부르는 이름과 神을 섬기는 방법과 神을 설명한 교리가 다른 것은 그 이유가 정말 무엇인가? "기독교, 이슬람교, 유대교는 모두 같은 神(여호와, 알라, 야훼)을 섬기고 있다. 그런데도 신앙한 방법이 달라서 갈등이 끊이지 않고 있다. 신앙은 인류와 영원히 함께할 신성한 것이지만, 그 신앙을 담은 틀인 종교는 환경에 맞게 인간이 만든 것이기에 종교 분쟁은 결국 문화 분쟁이기도 하다."[1] 이 문제를 어떻게 할 것인가? 지금까지도 그러했거니와 세계 안에서는 답이 없다. 그렇다고 갈등, 분쟁, 대립 상태를 계속 방치할 것인가? 한 우물에서 퍼 올린 물도 담는 그릇의 모양에 따라 모습이 달라지는 것처럼, 종교가 표현한 신관

---

1)　『지역 · 주제 편, 먼나라 이웃나라(18)-중동』, 이원복 글 · 그림, 김영사, 2019, p.서문.

도 그러하다. 그리고 이 연구는 그런 이유를 넘어 그토록 다를 수밖에 없는 세계관의 한계성을 지적하고 싶다. 지난날은 정말 그처럼 주어진 조건 탓에 神을 다르게 보았다. 유신관, 무신관, 동양의 천관 등등. 이렇게 분열된 세계관을 극복하는 것이 미래 인류가 해결해야 할 진리 추구 과제이다. "인도의 베단타에서는 만물에 '절대적 영혼'이 존재한다고 보았다."[2] 누가 보더라도 '절대적 영혼'이 神에 근접한 개념인 것은 맞지만, 어떤 경로를 거쳐 그렇게 판단한 것인지는 알 수 없다. 뿌리를 보지 못하는 것은 선천 신관 전체가 지닌 한계 인식이다. 인류 역사는 시대와 문명을 초월하여 절대적인 神을 추구했고 또 신앙했지만, 神에 대한 초점은 여전히 흐릿하기만 하다. 기독교 문명권 안에서만큼은 어느 정도 神에 대한 관념이 보편적이란 사실을 확인할 수 있지만, 다른 문명권에서마저 그런 것은 결코 아니다. 기독교적인 神 관념이 인류 공통적이라는 생각은 큰 오산이다. 그렇다고 해서 神이 존재하지 않는다는 말은 아니다. 단지, 神을 보는 세계관적 바탕이 달랐고, 또 다른 이유는 선천 세계관 자체의 한계성 문제이다. 문화 환경과 사고방식의 차이를 극복하지 못한 탓에 서로의 신관, 신앙관, 종교를 배척하고 이단시한 악순환이 거듭되었다. 세계관의 차이 탓에 각 문명권이 다른 인식 형태로 본유한 선재 관념을 가졌던 것일 뿐인데, 그런 사실을 알아채지 못했다. 그래서 이 연구는 자체로서는 해결하기 어려운 종교 분쟁과 신관 문제를 풀기 위해 하나님이 직접 열린 가르침의 문을 여셨다. 하나님이 준엄한 말씀으로 계시하나니, 그것은 곧 하나님이 보혜사 진리의 성령으로서 가르칠 말씀의 주제이기도 하다. 아직도 알아채지 못하겠는가? 하나님이 직접 인류 앞에 등단하여 말씀하고 가르치고 역사하

---

2) 『생각의 역사』, 앞의 책, p.13.

는 것은 하나님이 자체의 모습을 나타내는 것이고, 하나님이 스스로를 증거하는 것이다. 이 준엄한 가르침의 역사를 이 연구는 무신론자와 신앙인을 막론하고 그들이 神을 이해한 인식이 얼마나 편향되고 얼마나 알아야 할 것을 알지 못한 무지, 무명 속에 휩싸였는가 하는 사실을 알 수 있게 하리라.

먼저 지역과 문화에 따른 神 인식 관점을 살펴보면, "동방 사람들은 태양과 달, 별 같은 자연에 큰 가치를 두었지만, 고대 그리스인들은 훨씬 현실적이었고, 특히 사고방식이 지극히 인간 중심적이었다."[3] 따라서 그리스인이 섬긴 神은 모두 사람 모습을 하고 있다. 왜 달마는 동쪽을 향하여 중국과 한국 등 동아시아에서 선불교를 일으켰지만, 기독교는 서쪽을 향하여 그리스, 로마 문화와 결합하였는가? 만약 동쪽을 향했다면 예측건대, 이슬람교에 의해 기독교가 부정된 것처럼, 그리고 중국에서 마테오리치에 의해 확인된 것처럼, 지금과 같은 세계적인 종교로서 발전하지 못했으리라. 그런데 서쪽으로 방향을 튼 탓에 세계적인 종교로서 성공한 요인은 바로 그리스인의 인간 중심 신관에 있다. "인간화된 神의 모습"을 가진 신관이 인간 예수를 신격화할 수 있게 했다. 물론, 신격화를 이루기까지의 절차는 험난한 것이었지만, 그런 특징적인 문화 안에서의 인식적인 저변이 깔려 있었던 탓에 성육신과 삼위일체 교리가 세워질 수 있었다. 하지만 그런 역사적 사실도 그렇게 바라본 기독교의 합의된 **"신 관점"**이란 점에는 변함이 없다. 문제는 기독교가 세운 그 "그리스도 신관"이다. 이 신 관점 때문에 유대교, 이슬람교, 기독교 신관이 끝까지 대립한 것이다. 그렇다고 그들이 애써 세운 신관을 스스로 바꿀 리는 만무하다. 그것도 각자가 절대

---

3) 『업그레이드 먼나라 이웃나라(6)-이탈리아』, 이원복 글 · 그림, 김영사, 2019, p.26.

적 신관을 지키려고 하는 한…… 하지만 문제의 본질은 그렇게 생각해서 바라본 관점이 서로 다른 데 있다. 하나님 자체의 본질이 그런 것이 결코 아니란 사실만 안다면 해결할 수 있는 실마리가 전혀 없는 것은 아니다. 그렇다고 대척점에 서 있는 그들이 해결할 수 있는 문제 또한 아니다. 그렇다면? 그래서 하나님이 열린 가르침의 문을 여셨다. 예수가 바로 문제의 중심에 있다. 그를 어떤 하나님으로 보아야 할까? 사도 바울은 그리스도란 곧 하나님의 본체라고 규정했다. 그리고 예수가 그대로 하나님인 것은 분명하다. 하지만 동시에 예수는 그리스도로서 화신 되었다. 뿌리는 땅속에 파묻혀 있는 것처럼, 본체 역시 세상 위에 드러나 있지 않다. 예수는 하나님으로서 세상의 삶을 살면서 위대한 공생애 사명을 완수했지만, 비극적인 삶을 마감하였다. 인류를 구원하기 위한 희생적 죽음을 감수하였다. 이것이 하나님의 참모습이고, 참된 인류 사랑 행적이다. 하나님의 본체를 대신한 그리스도로서의 화신 된 모습과 사역한 뜻을 인류는 모든 신관과 종파와 신앙관(종교)을 떠나서 이해하고 수용해야 한다. 하나님의 가르침을 받들어 대오각성 해야 한다.

지금과 같은 그리스도 신관을 확립하기까지 초기 교회는 로마 사회에 만연한 관습적인 신관을 타파해야 하는 어려운 과정을 거쳐야 했다. 로마 제국은 정치, 권력, 사회적으로는 지중해 전역을 장악한 역사에 보기 드문 대제국을 건설했지만, 문화적으로는 열세라, 정복한 나라인 그리스 문화와 정신적 유산을 받아들였다. 그 과정에서 자연히 인간 중심 신관과 전통적인 신관이 합세하여 절대적인 권력을 장악한 황제를 신격화하는 데 앞장서게 되었다.[4] 즉, "로마는 여러 神을 모시는 다신교인 만큼 우상을 숭

---

4) "로마에서는 이름이 알려진 神이라면 대상을 가리지 않고 숭배하는 것이 일반적인 형태였다. 어

배했고, 황제는 사람이 아닌 神으로서 숭배받게 되어 있었는데, 로마 역사 상 여러 전쟁에서 승리를 거두어 불세출의 군권을 장악한 카이사르가 그 러했다. 그의 권위와 위상이 드높아 감히 맞설 자가 없게 되자, 급기야 로 마 군신의 아들로서 사람이 아닌 神이란 주장을 하는 자들이 있게 되었 다."[5] 인간도 카이사르 정도라면 사람이 아닌 神의 경지에 도달한 것과 마 찬가지로서 神이 될 수 있다는 신관 인식은 분명 그리스의 인간 중심 신관 과 연관된다. 그런 가능성 신관 위에서 아무나 神이 될 수 있는 것이 아니 라고 하면서 제동을 건 것이 곧 그리스도 신관이다. "하나님은 사람의 눈 에 보이지 아니하니, 눈에 보이도록 만든 우상을 섬기지 말라. 그리고 예 수그리스도는 하나님의 하나뿐인 아들이시며, 그는 모든 왕 중의 왕이시 로다."[6] 이런 믿음을 견고히 다진 기독교는 그렇다면 당시 로마의 권력자 와 시민들에게 정말 하나님의 참된 모습을 보여 주고 증거하였는가? 하나 님에 대한 본체 규정은 지극히 추상적이었고, 神이 神일 수 있는 조건 역 시 모호했다. 하나님보다는 오히려 예수님이 하나님의 아들인 조건을 세 우는 데 더 집중했다. 더 정확히 말하면, 오직 하나님이 하나님일 수밖에 없는 창조 조건을 강구하지 않았다. 그러니까 예수님을 신격화시킨 것처 럼(당시의 神 인식 조건), 이후 역사에서도 천재적인 종교가들이 나타나 다른 神을 앞세우게 되었다. 누가 '우상 숭배'가 잘못된 신관인 줄 모르겠 는가? 그런데도 유사한 신관들이 근절되지 않고 세계의 곳곳에서 신앙 행

---

느 때는 알려지지 않은 神을 들먹이며 경배할 정도로 신앙심이 강렬했다. 또 그들은 죽은 황제들을 神으로 떠받들고 분향했다."-『거침없이 빠져드는 기독교 역사』, 유재덕 저, 브니엘, 2010, p.19.

5)  『업그레이드 먼나라 이웃나라(6)-이탈리아』, 앞의 책, p.166.

6)  위의 책, p.203.

위가 관습적으로 이루어지고 있는 것은 결국 神이 神일 수 있는 절대적 조건이 정말 무엇인지 알지 못해서이다. 아무리 잘못된 신관이라도 그런 잘못을 결정적으로 드러내지 못한 것이라, 이런 문제를 이 연구가 열린 가르침의 말씀으로 해결하고자 한다.

상대성 이론으로 유명한 세기의 과학자 아인슈타인(1879~1955)은 과연 유신론자인가 무신론자인가? 그는 생전에 스피노자를 흠모한 것으로 알려졌는데, 그를 통해 보면 어느 정도 신관을 유추할 수 있다. "아인슈타인이 스피노자를 사랑한 이유는 그의 사상이 자신이 추구하는 세계관과 비슷했기 때문이다. 스피노자가 자연, 본질, 그리고 神을 합친 것이 삼라만상 원칙이라고 한 신관이 그것이다. 지적했듯, 이 같은 범신론적 신 세계관은 유대교, 기독교, 이슬람교의 神과는 다르며, 그가 동료 유대인들로부터 무신론자와 이단으로 낙인찍힌 이유도 그의 신관 탓이다."[7] 아인슈타인이 무신론자인가 유신론자인가란 여부를 따지기 이전에 중요한 것은 자신이 나름대로 보고 경험한 神에 대해 말한 점이다. 그렇다면 아인슈타인은 과연 神을 얼마나 알았는가? 그가 스피노자의 신관에 동의했다고 해서 과학 영역에서 세운 업적과 권위만큼 아인슈타인의 신관을 따를 수 있을까? 아인슈타인 같은 위대한 지성인이 설마 그의 삶의 한가운데서 神을 경험하지 못했을 리야? 하지만 그는 정말 神을 알지 못했고, 그가 세계적으로 존경받는 공인인 만큼이나 잘못된 신관 지향을 유도한 것이다. 또한, 의도 여부와 상관없이 하나님의 본체를 자신의 구미에 맞게 재단해서 장애를 가진 神으로 만들었다. 자신이 탐구해서 인정한 영역만 神의 본성을 인정했다. 손발을 묶어 버린 본성과 권능으로 어떻게 하나님이 만물, 만상,

---

7)  『인간의 위대한 질문』, 앞의 책, pp.22~23.

만 인류의 영혼을 빠짐없이 주재하고 종말로부터 인류를 구원할 수 있겠는가?

다음으로는 기독교 역사에서 신앙인들이 가진 편협한 신관의 문제이다. 역사적으로 로마 가톨릭교회의 사제인 마테오리치(1552~1610)는 기독교를 선교하기 위해 동양 문명 깊숙이 파고든 인물이다. 그는 중국 문화를 샅샅이 살폈고, 그들의 전통적인 의식에 맞추어 하나님을 소개한『천주실의(1603)』를 저술하기도 했다. 마테오리치는 "중국인들에게 그리스도교 신앙이 설득력이 있으려면 그들의 고유한 종교성과 의식 형태를 존중해야 한다고 생각했다. 중국의 많은 의례(황제나 부모, 조상, 공자, 혹은 상제를 향해 경의를 표하고 공물을 바치는 것)를 더할 나위 없이 문명화된 경외심의 표현으로 여겼으며, 이것은 그리스도교 신앙과 완전히 양립할 수 있는 요소라고 여겼다. 그러나 17세기 초 마테오리치의 견해를 따른 예수회 수사들과, 중국의 의례가 본질적으로 이교 행위이며, 우상을 숭배하는 것이고, 심지어는 악마를 숭배하는 것이라고 본 도미니쿠스회와 프란치스코회 수사들 사이에 이른바 '중국 의례 논쟁'이 일어났다. 양자 간 반복된 항소 끝에 급기야 베네딕토 14세 교황은 이 사안에 관한 논의를 금지했다. 중국 역사상 가장 위대한 통치자 가운데 한 명으로 꼽히는 강희제(1654~1722)는 본래 그리스도교를 상당히 긍정적으로 바라보았지만, 모든 중국 전통 의례를 금지한 교황의 교서가 1722년 청나라 조정에 도착하고부터는 상황이 급변했다. 강희제는 칙령을 발표하여 서양인들의 무지함과 불교 및 도교에 대한 종교적 편견을 강력히 질책했다. 이후 중국에서의 그리스도교 포교 활동은 금지되었다."[8] 기독교 신관의 보편적인 확대 기

---

8) 『그리스도교 역사와 만나다』, 앞의 책, pp.434~435.

대가 기독교 자체의 편협한 신 세계관 탓에 무산된 안타까운 오점이다. 도대체 무엇이 잘못된 것인가? 보다 확대가 가능한 통합적 신 세계관의 지향 방향은? 당시의 서양 신학자들은 "공자의 초기 유학[先儒=眞儒]은 긍정하면서도 이기이원설(理氣二元說)을 근간으로 하는 주자의 후유(後儒=俗儒)는 부정했다. 까닭은 인격신도 아닌 이(理)가 만물을 주재한다는 논리는 무신론의 논리인 데다가, 理가 氣를 통해서만 나타날 수 있다는 논리는 유물론으로 타기되었기 때문이다."[9] 들이댄 잣대 하나하나가 무지투성이다. 지극한 이율배반이다. 하나님은 천지를 창조한 만유의 하나님인데 하나님이 지은 창조 세계의 결정적 이치와 본질성은 전혀 포용할 생각이 없었다. 그들이 바라본 神의 인격성과 주재성에만 올인하고 매몰되고 말았다. 이런 고착화된 신념과 닫힌 믿음의 문을 열기 위해 하나님이 말씀의 가르침으로 보다 높은 뜻을 밝히지 않을 수 없게 된 때이다. "동양 종교와 기독교에서 바라보는 신관 사이에는 시각 차이가 있었다는 것인데, 전자는 지성적 창조자를 비인격적 존재인 우주로, 후자는 홀로 하나인 여호와, 즉 인격적인 神으로 본 것이다."[10]

거듭 강조해, 양의 동서가 다르게 바라보고 다르게 추구했지만, 하나님의 절대적 본성 자체가 다른 것은 아니다. 여기에 바로 하나님이 지상에 강림하여 이루고자 하는 위대한 역사 꿈이 있나니, 곧 **동양+서양=비인격적 본체+인격적 神을 일치시키고 통합하는 것이 하나인 하나님을 지향한 미래 역사의 신 관점 과제이다.** 그 가능성에 대해 동양의 천관은 결국 미분화된 하나님이었던 탓이다. 동양인이 天을 말한 것은 삼라만상 모든 존

---

9) 『공부』, 앞의 책, pp.235~236.

10) 「동양 종교와 기독교의 하나 신관에 대한 목회 신학적 연구」, 앞의 논문, p.4.

재자의 근원이자 시원일진대, 역시 그것은 창조 본의가 드러나지 못한 선천에서 동양인이 지향한 하나님에 대한 굳은 신념이고, 굳센 믿음의 표현 형태이다. 앞서 유신론은 유대-기독교 전통 및 그리스의 철학적 形而上學과의 종합에서 형성되었다고 하였지만, 만약 그 섭리 역사의 방향이 정말 서양 그리스가 아니라 동양을 향해서, 서양의 철학적 形而上學이 아니고 동양의 본체론적 우주론과 결합하였다면 결과가 어떻게 되었을까? 서양 철학은 神이 존재한 사실을 완전하게 증명하였는가? 서양 사상이 지닌 자체의 조건 탓에 실패했다고 할진대, 그때는 서양을 향했지만 오늘날은 동서양이 지구촌 시대를 연 만큼, 지금이라도 때는 늦지 않다. 기대되는 역사 결과를 말씀의 가르침으로 거두어내고자 한다.

　이 같은 신관 통합의 시대 도래를 코앞에 두고서도 하나님을 보지 못하는 자들은 예언 아닌 예언자를 자처하면서 "과학적 지식이 종교적 지식을 대신하는 일은 없을 것이다"[11]라고 말하고 있으니, 이 세계관적 무지를 어떻게 깨우칠 것인가? 하나님의 지혜로운 가르침이 긴요한 때이다. 타파하지 않을 수 없는 인간의 무지가 부지기수이다. 과학적 원리든, 이기이원론의 理氣든, 太極이든, 道이든, 무엇이든 일체의 진리는 창조 진리와 연결되어 있다. 그 본의 메커니즘을 밝혀야 한다. 니체가 일찍이 '神의 죽음'을 선언한 데는 그만한 이유가 있다. "神이란 무엇인가? 모든 것의 척도가 되는 초월적인 어떤 것, 가변적인 것들로 가득 찬 한심한 현실을 떠난 피안의 불변적이고 영원한 어떤 것, 그리하여 이 피곤한 세계를 사는 우리가 의당 도달하기를 꿈꾸며 절하고 숭배하는 어떤 것이다. 그것은 말 그대로 어떤 초월적인 神일 수도, 플라톤이 말하는 이데아의 세계일 수도, 철학자들이

---

11)　『신 인간 과학』, 앞의 책, p.7.

말하는 불변의 영원한 실체일 수도, 혹은 形而上學이 모든 것의 기초에서 발견하고자 하는 확고부동한 '근거'일 수도 있다."[12] 하지만 니체는 그렇게 한 가정이 더는 기다릴 수 없을 만큼 불가능하다고 판단한 탓에 '神의 죽음'을 선언한 것이지만, 하나님의 위대한 구원 역사는 인류가 그렇게 도달한 한계 인식의 순간으로부터 시작된다. 바로 그 플라톤의 이데아, 불변의 영원한 실체, 形而上學의 확고부동한 근거를 초월적인 하나님이 하나로 묶어 일체화시킬 가르침의 지혜를 밝히시리라. 그만큼 神은 神을 바라본 관점이 어떻다는 것, 그것이 옳으니 그러니 따진 것만으로는 증거될 수 없다. 본체를 밝혀야 했나니, 그리하면 각자가 지닌 부분적인 진리 영역이 모두 하나님에게 속한, 하나님을 구성한 본체적 요소란 사실을 안다. 하나님으로서는 이것이 하나님인 동시에 저것도 하나님이 될 수 있다. 그런데 인간은 그 하나인 통합체를 담아둘 그릇이 없다 보니까 자신들이 바라본 영역 요소만으로 숭배해 하나님의 본체를 공중분해 해 버렸다. 그러니까 하나님이 대명천지 하늘 아래 엄존해 계신데도 사망을 선고하기에 이르렀다. 神의 본성과 뜻과 약속은 절대 변하지 않는다. 그런데도 역사적으로 강림하신 神은 모습이 달랐고, 그것이 인류 역사를 새롭게 했다. 오늘날이라고 해서 神이 모습을 달리하지 못하리란 법은 없다. 오히려 神의 모습이 달라지고 혁신되었을 때 인류 역사가 요동쳤나니, 그 변화의 때를 현대인은 대비해야 하리라.

---

12) 『근대적 시·공간의 탄생』, 이진경 저, 그린비, 2012, p.330.

## 2. 신 본체

이 연구는 누차에 걸쳐 하나님이 역사 위에 등단하고 모습을 나타내었다는 **"神 본체관"**을 논거했다. 이것이 사실일진대, 유사 이래 지성들이 진리를 추구한 것은 하나님의 본체를 드러내는 데 이바지한 것이 되고, 설사 그런 노력이 부정적인 방향이었다고 해도 마치 칠흑 같은 어둠은 빛의 존재를 두드러지게 하듯, 지상 강림 역사 시대를 맞이한 오늘날에 있어서는 더한 공적으로 칭찬할 만하다. 이 역사적 도래를 기점으로 지난날의 신 본체관은 동서를 불문하고 하나님의 참 본체를 드러내는 과도기적인 관점이고, 인식이며, 규정하기 위한 과정이었다고 할 수 있다. 중세 시대의 기독교 교리를 갈무리할 정도로 위대한 사상적 업적을 남긴 토마스 아퀴나스(1224~1274)는 3부, 6백여 문제, 3천여 항목을 포함한 주저『신학대전(1265~1273)』을 저술하였다. 그중 제1부에서는 "하나님의 존재와 본질을 다루는 신론과 신학의 학문성 문제, 창조와 피조물 세계를 다루었다."[13] 그 공로를 인정한 로마 가톨릭은 1323년에 성인으로 추증하였다. 그는 이 저술에서 질문 제기-가능한 모든 반론 열거-답변하는 방식을 취했는데, 이런 노력을 통해 그는 하나님의 본체에 대해 얼마나 정확하게 답변했는가? 그에 앞서 성 아우구스티누스는 플라톤 철학에 기초해서 신학관을 세웠듯, 아퀴나스는 플라톤의 제자인 아리스토텔레스에 기초해서 신학적 세계관을 펼쳤다는 것이 익히 알려진 사실이다. 그렇게 근거한 철학만큼이나 아퀴나스의 신학관은 기독교 신학 전체의 동반 한계성을 자초하였다. 인정된 공적에도 불구하고 실질적으로는 통합적이지 못했을 뿐 아

---

13) 『신학대전』.-위키백과.

니라, 하나님 자체의 관점에서도 답을 구하지 않았다. 그러니까 어떤 논거에도 불구하고 하나님의 본체를 직접 실감할 수 없었다. 중세 스콜라 철학의 최고봉을 이룬 아퀴나스가 그러할진대, 神의 존재를 굳게 믿은 유신론자들, 신학자들이 표현하고 논거한 神의 모습도 희미하고 애매하기만 했다. 그들이 그처럼 세월을 바친 神의 본체 규정 명제를 살펴보면, "하나님은 자존하신다. 변치 않으신다. 어디에나 계신다. 영이시다"[14] 등인데, 이런 의미 전달 메시지만으로서는 결국 **"神 본체"** 규정의 평면적 한계를 벗어날 수 없다. 하나님은 영이시라, 결코 공간적 제약을 받지 않고 어디에나 계신다면, 그 같은 시공간적 실존 특성을 함께 부각해 실시간으로 임재하는 성령으로서의 역사 사실을 뒷받침해야 했다. "세계를 움직이는 의지를 가진 神"[15]으로 묘사할진대, 문제는 그런 특성이 있는 神을 시공간 안에서 드러내는 것이 만만치 않다는 사실이다. 해결할 방법을 알았다면 유사 이래의 세계 역사를 살펴 주재 의지를 실존적인 역사로 추적해야 했다. 성경에서도 "하나님은 사랑이고(요일, 4: 8), 빛이며(요일, 1: 5), 영이시고(요, 4: 24), 의로우시다(롬, 3: 26)"[16]라고 하였지만, 이 같은 기록을 통해 우리는 하나님을 얼마나 알 수 있었고, 실감할 만큼 진리적으로 와 닿는가? 이것이 기존 신 본체 인식의 한계이자 그럴 수밖에 없는 신 세계관의 동반 한계성이다.

하나님이 존재하지 않는다면 모르되, 존재하고 계시는데 하나님을 알 수 있는 길이 없겠는가? 그런데도 선천 인류가 하나님을 완전히 알지 못

---

14) 『꼭 알아야 할 기독교 핵심 진리 20』, 웨인 그루뎀 저, 이용중 역, 부흥과 개혁사, 2016, pp.26~31.

15) 『신 인간 과학』, 앞의 책, p.32.

16) 『꼭 알아야 할 기독교 핵심 진리 20』, 앞의 책, p.24.

하고 본체를 드러내지 못한 이유는 무엇인가? 하나님은 무한하지만, 우리는 유한하기 때문인가? "그의 광대하심은 측량치 못하리로다(시, 145: 3)." "그 지혜가 무궁하시도다(시, 147: 5)." 하나님의 지식은 우리에겐 너무 기이하고 너무 높아서 우리가 능히 미치지 못하는 것인가?(시, 139: 6)[17] 그러나 그 어떤 조건과 원인에도 불구하고, 그것이 인간이 하나님을 완전하게 알지 못하는 이유는 되지 못한다. 하나님은 어떤 분인가? 아무리 초월적이고 전지하더라도, 그리고 본체를 파악하고자 하는 인간의 인식 그릇이 유한하더라도 하나님이 마음먹고 밝히고자 하면 일체 장애는 걷어지는 법이다. 인간의 한계성 조건을 하나님이 메워 주신다. 하나님이 뜻하면 능히 보일 수 있다. 단지 그동안은 하나님이 완전하지만, 그것이 창조된 현상 세계와 분열 중인 제약으로 인해 본체를 드러내는 데 있어 시간과 노력이 필요했던 것뿐이다. 즉, 과도기적인 하늘 질서 아래서 하나님 자체가 미처 본체를 다 드러내지 못하고, 모습을 완성하지 못한 탓이었다고나 할까? 그러니까 동서의 지성들도 애써 추구했지만, 선천이 처한 세계관적 조건 속에서는 완전한 하나님의 모습을 볼 수 없었다. 이런 조건 속에서 세상의 신비주의는 엄연히 존재했다. 그래서 "철학의 목적은 이런 신비주의를 합리화하는 것이고, 우주의 무한함을 유한한 언어로 표현하는 것이며, 아직 말해지지 않은 깊은 곳으로의 직접적인 성찰을 얻는 것이라고 주장하였다."[18] 세계적 본질이 다 드러나지 못함으로 인해 미처 밝혀내지 못한 실상을 신비로 표현한 것은 결코 무의미, 무가치하지 않다. 이유를 알지 못한 무형의 形而上學적 작용 현상과 결과 및 실체 인식을 신비주의라

---

17)  위의 책, p.25.

18)  『세상의 모든 철학』, 앞의 책, p.454.

고 본다. 하지만 그 신비로 가려진 베일을 벗기는 것은 인위적인 노력, 곧 철학의 지적 합리화만으로는 정당화될 수 없다. 철학적 방법과 노력의 한계성이 여기에 있다. 본체가 드러나지 못한 세계적 조건 안에서의 일체 지적 추구가 관념론의 범위 안에 있다. 신비주의의 뿌리는 본질에 있고, 그것을 밝히는 것은 하나님의 지혜 권능 소관이다. 하나님이 본체를 드러내기 위해서는 세계의 본질 규명이 함께 동반되어야 하므로, 이 같은 대의에 바탕을 둔 섭리 역사의 일환으로서 마테오리치가 중국 선교 역사를 통해 넓힌 동양 문화와 진리성에 대한 이해 인식은 주목할 만하다. 그는 선교 활동을 하면서 "중국의 독자적인 그리스도교, 즉 '유럽주의'에 의한 오염 없이 복음과 중국 고유의 신심 및 철학이 조화를 이루는 그리스도교를 일구려 애썼다. 마테오리치는 특히 유교적 전통에 이끌려 거룩한 진리가 유교를 통해 전해졌다고 믿었다. 하나님의 영원한 로고스에 대한 앎이 道라는 형태로 중국에 전해졌다고 믿었다. 그리고 이를 통해 모종의 가능성을 확신했다. 중국 전통이 '시원적 계시'를 담지하고 있다. 그러므로 언젠가 중국의 풍요로운 철학과 영적 자산이 한때 그리스와 로마 전통이 그랬듯, 복음을 만나 그리스도교 문화의 새로운 통합을 이루어낼 것이라고 믿었다."[19] 이 믿음, 이 진리적인 가능성 기대를 어떻게 뒷받침할 것인가? 지금은 그의 개안 인식이 까마득하게 잊혔지만, 진실한 통찰이라면 영원히 유가치한 것이고, 믿음이 진리에 근거한 것일진대, 때가 되면 가능성의 싹이 움트는 법이다. 그 진리성이 과연 무엇인가? 하나님이 시대를 초월해 어느 문화 속에서도 임재하고 함께한 성령의 역사를 마테오리치가 감지했다. 이런 중요한 **"신 본체"** 개척 역사가 당시의 주류 신학자들의 세계관적

---

19) 『그리스도교 역사를 만나다』, 앞의 책, p.433.

무지 탓에 무시되고 말았다.

　그렇다면 우리는 이 시점에서 기독교에서 정식 교리로 채택한 삼위일체론을 다시 살펴볼 필요가 있다. 초대 교회에 있어서 삼위일체론을 정립하고자 한 주된 목적은 예수그리스도의 神적 본질을 교리로써 인준하고자 한 세계관의 뒷받침에 있다.[20] 즉, 하나인 논리로서 성부 하나님, 성자 하나님, 성령 하나님으로 나누었지만, 결국은 한 바탕, 한 본질이란 뜻이다. "어떻게 한 인격체인 예수그리스도가 동시에 하나님이자 사람이 될 수 있는가?"[21]란 의문에 관해서 이 연구가 '화신 논리'로서 설명한 바 있다. 곧, 화현되었지만 인간 예수그리스도의 사역 속에서 하나님은 스스로를 계시한 인격이다. 하나님의 독특한 자기 계시라, 하나님 자신과 동일하며, 그러므로 그는 참된 인간인 동시에 참된 하나님이라는 믿음을 견지했다.[22] 하지만 이 같은 삼위일체적 **"신 본체"** 규정은 하나님을 완전히 드러낸 진리 상태인가? 이 같은 신학적 입장과 논리 정립 경과는 하나님의 본체를 얼마나 증거한 것인가? 본체를 드러내는 작업이 쉽지 않은 탓에 역사적인 예수를 발판으로 삼은 것이지만, 사실상의 목적은 하나님이 아니고, 예수의 神적 본질을 증명하려는 데 있어, 정작 하나님의 본체 규명 문제는 가려져 버렸다. "신학자들은 많은 논쟁을 거친 끝에 하나님과 예수그리스도와 성령의 세 인격은 유일하고 같은 神적 본질이라고 해명했고, 또한 하나님, 예수그리스도, 성령은 같은 신성, 능력, 영광과 존엄, 신적 실체를 갖는

---

20)　"초대 교회는 하나님의 계시 사건을 증언하는 성서의 텍스트를 주석하여 수많은 논쟁을 거쳐 삼위일체 교의를 창출했다."-「칼 바르트의 하나님 형상론에 관한 연구」, 앞의 논문, p.45.

21)　『신학 논쟁』, 앞의 책, p.176.

22)　위의 논문, pp.4~5.

다"[23]라고 하였다. 하지만 과연 하나님의 神 본체는 이 같은 삼위일체로서 규정된 논리, 원리만으로 밝혀지고 증거될 수 있었는가? 다시 진지하게 되묻나니, "예수그리스도는 바로 사람의 모습을 하고 내려오신 하나님 아버지 바로 그분이며, 이 지구상에 내려진 하늘의 성스러운 영혼, 즉 성령이기도 하다."[24] 논쟁이 불붙었던 당시나 지금이나 우리는 이 같은 주장을 통해 하나님의 본체를 이해하고 실감할 수 있는가? 부족함이 있었다는 사실에 삼위일체론이 지닌 세계관적 한계가 역력하다. 그 신학적 관점과 신 본체 규정 영역의 문제를 풀기 위해 이 연구가 말씀의 가르침을 통해 神 본체의 범세계화 물꼬를 트고자 한다. 만유의 하나님이 되기 위한 神 본체 세계관의 기반을 다지고자 한다. 삼위일체론이 차지한 본체 영역의 제한과 교리로서 지닌 한계성 틀을 벗어나 직접 하나님이 천지를 지은 창조주답게 만세계, 만 진리, 만 본체를 한 몸으로 한 하나님이 될 수 있도록 해야 한다. 지난날 기독교 신학자들이 옭아맨 교리적 틀을 깨뜨려야 한다. "삼위일체론은 성부와 성자와 더 나아가 성령까지 모든 면에서 하나이자 동일하다"[25]라고 함에, 하나님은 결코 신격에 국한해서 동일하고 일체인 것이 아니라 만물, 만상, 만 원리, 만 본체와도 바탕으로서 동일하고 일체이다. 그러므로 삼위일체론을 세울 당시에 타당하다고 인정한 논리 틀 그대로 이제부터는 삼위일체 영역을 넘어서 만유와도 일체 될 수 있는 길을 트고자 한다.

어떤 추구와 합당한 논리 주장에도 불구하고 선천의 지성들이 하나님의 본체를 드러내지 못한 이유는 분명하다. 하나님은 만유에 걸쳐 바탕이

---

23)  위의 논문, p.46.

24)  『업그레이드 먼나라 이웃나라(6)-이탈리아』, 앞의 책, p.81.

25)  『신학 논쟁』, 앞의 책, p.136.

된 본체자인데, 각자가 확보한 부분적인 영역 안에서 신 본체를 규정하다 보니까 세계관적으로 한계성에 봉착했다. 인간 예수가 사람인 동시에 하나님이란 입장에 대해, 예수가 아닌 하나님 입장에서 보면, 하나님은 천지 만물을 지은 창조주인데 사람은 하나님의 본체와 상관이 없다고 여긴 생각 자체에 문제가 있다. 하나님은 창조주로서 언제나 사람과 함께하고 더나아가서는 일체 될 수도 있다. 그리스도뿐만 아니라 너와 나, 우리 모두 그러하다. 우리는 하나님이 준 신성한 자녀들이다. 하나님은 세계의 본질성과도 깊이 연관되어 있어 본체가 드러나기 위해서는 소정의 과정을 거쳐야 한다고 했거니와, 지성들이 그토록 밝히려고 했는데도 불구하고 세계의 저편 차원에 있는 '궁극적 실재'를 규명하는 과제에서 미궁을 헤맨 것은 그 이유 역시 하나님의 본체 상황과 직접 연관되어 있어서이다. 수많은 지성이 갖은 접근 노력에도 불구하고 "궁극적 실재를 분명하고도 직접적으로 파악할 수 없었다는 것은 2~3천 년에 걸친 역사에서 거듭 확인된 사실이다."[26] 곧, 하나님의 본체가 드러났을 때라야만 궁극적 실재뿐 아니라 일체의 진리가 한꺼번에 드러난다. 그때가 진리의 성령께서 인류를 모든 진리 가운데로 인도하리라고 약속한 그때이다.[27] 그리고 그 첫 시도는 하나님의 본체를 철저하게 봉쇄한 유일신관의 족쇄를 풀어헤치는 것이다. 그리해야 인류는 궁극적 실재와 하나님의 본체에 성역 없이 교감할 수 있

---

26) 『영원의 철학』, 올더스 헉슬리 저, 조옥경 역, 오강남 해제, 김영사, 2014, p.19.
27) 모든 진리의 본질을 밝히고, 모든 진리의 문제를 해결하는 것은 보혜사 하나님이 진리의 성령으로서 본체를 드러내고, 인류 역사에 등단한 사실에 관한 확인(증거) 조건이 됨. 왜냐하면, 천지만물을 창조한 하나님이 유구한 섭리 역사를 완수한 바탕 위에서 때가 이른 오늘날(종말 상황), 모든 역사 사실(창조, 주재, 심판, 구원, 목적 실현)을 밝히기 위해(말씀의 가르침) 보혜사 하나님으로서 강림하셨기 때문임.

다. 신 본체는 지극한 신앙심 요구 탓에 제한이 가해졌지만, 궁극적 실재는 인간이면 누구나 의식을 깨우치면 근접할 수 있었나니, 그것을 覺者들이 묘연한 道로써 표현했다. 그 베일에 가린 비밀의 문을 열어젖히고자 함에, 사실상 선천에서는 神 본체와 궁극적 실재 간에 상통한 길을 서로가 자체 안에서 비장을 걸어 가로막고 있었다. 이것을 때가 이름에 하나님이 말씀의 가르침으로 풀고자 하신다. 하나님에게로 나아갈 길은 결코 물 자체적이거나 불가지한 것도, 예수그리스도만을 통해 유일하지도 않다.

노력 여하에 따라서 인류의 끊임없는 시도로 개척됐고, 성령의 역사로 모든 지혜가 축적되었다. 하나님이 진리의 성령으로서 역사한 만큼, 오늘날은 그 같은 성과 탓에 하나님이 지상 강림 본체자로 역사 위에 모습을 나타낼 수 있었다. 불상을 봉안하면서 부처님의 눈에 마지막 점을 찍는 작업이랄까? 그 위대한 혜안을 하나님이 틔우고자 하신다. 즉, "도교에서는 道란 어디에도 있지 않은 곳이 없으며, 어느 것도 아우르지 않는 것이 없다고 하여 천지 만물의 시작이자 세계의 본원으로서 道가 있어야 비로소 우주 만물이 발생한다고 여긴다. 道가 우주 만물의 근본이다(『노자상이주』)"[28]라고 한 것이다. 그토록 자신 있게 규정한 것이므로, 다시 물어본다. 道란 과연 무엇인가? 그런데 다시 살펴보아도 그 어디에도 있지 않은 곳이 없고, 아우르지 않는 것이 없고, 천지의 시작, 세계의 본원, 그가 있어야 우주 만물이 발생하는 근본이 된다고 한 그 무엇? 그런 조건을 갖춘 실재란 하나님밖에 없다. 그런데도 도교 자체에서는 그런 신 본체에 대한 인식이 없다 보니 道로 지칭한 개념 규정만으로서는 도무지 실감할 수 없는 묘체가 되어버렸다. 만약 하나님의 속성 본체를 그와 같은 개념으로 설명

---

28) 『노자철학과 도교』, 허항성 저, 노승현 역, 예문서원, 1995, p.149.

한다고 해도 결과는 마찬가지이리라. 하나님이 그러하듯, 道도 형체가 없고, 현상적 질서를 기준으로 한 실체는 없다. 오랜 세월 서로가 인식의 장벽을 치고 누가 보더라도 궁극적 실재로서 내세운 특성과 역할은 같은데도 연관 짓지 못했다. 이 문제를 어떻게 풀 것인가? 그야말로 부르는 이름만 다를 뿐, 道와 神이 갖춘 조건과 특성과 역할은 같은 것인데, 역사상 누구도 道卽神, 神卽道란 등식을 풀어내지 못하고, 말하지 못했다. 다시 말해, 동서의 지성들이 수행, 철학, 학문 등 갖은 수단과 방법을 동원해 궁극적 실재를 찾아 나선 것은 빠짐없이 하나님의 본체를 드러내고자 한 섭리 의지를 따른 것이고, 그런 노력에 하나님이 진리의 성령으로서 함께 하셨다. 그런데도 끝내 道卽神이란 확신과 결론을 끌어내지 못한 것은 그 궁극적 실재 또는 形而上學적 실체와 하나님의 본체 사이에 가로막힌 장벽을 허물지 못해서이다. 선현들의 노력으로 이미 하나님의 본체를 궁극적 실재로서 직시하였다. 그렇다면 그 연결고리를 어떻게 찾아야 하고, 사실을 뒷받침할 세계관적 메커니즘을 어떻게 구축할 것인가?

그 실마리를 찾고자 한 노력의 일환으로서 독일의 철학자이자 수학자인 라이프니츠(1646~1716)는 '예정조화'란 독특한 설을 제안하였다. "그는 먼저 실체를 정의하면서 단자를 정신적 실체로 규정했다(그 단자란 무언가의 세계를 구성하는 가장 기본적인 요소라고 할까?). 다음으로 단자가 우주를 반영하는 고립된 성격을 지닌다고 말하면서 이 단자들의 소통은 우연적이라는 것, 그런데도 전체적인 우주의 모습은 어쩌면 그토록 조화로운 질서 체제일까? 그래서 라이프니츠는 용의 그림에 눈을 찍으려는 사고적 시도를 했다. 즉, 인간의 관점에서는 우연일지라도 神의 관점에서는 필연이다. 神은 모든 것의 기획자이다. 기계적으로 독립된 두 개의 시계가 늘 같은 시각을 가리키는 것은 그 이유가 神이 그렇게 정해 놓은 탓이라는 것, 다시 설명한다면, 교향악단은 바이올린, 비올라, 첼로, 베이스 등의 현악기, 그리고 각종 관악기와 타악기로 구성된다. 이 수십 명의 연주자들은 각자 자신의 악보를 보고 자기 악기로 연주하지만, 전체적으로는 음악적 조화를 이룬다. 그 조화는 어디서 비롯되는가? 바로 지휘자다. 이것이 그가 세운 예정조화설이다."[29] 왜 각자 독립된 실체(단자)가 세계 안에서 조화를 이루는가? 그 실마리를 라이프니츠는 세계 밖 초월적인 神으로부터 찾았다. 이것은 세계 안에서는 연결고리를 찾을 수 없는 선천 지성의 한계성을 인정한 것이고, 그것을 세상 밖 神으로부터 제3의 실체에 의존한 것은 순전한 추측이다. 한마디로 세상 안 단자와 세상 밖 神의 연결고리가 끊어져 있다. 더욱 큰 틀 안에서의 **"신 본체"**가 해야 할 역할을 인식하지 못한 상태이다. 예정조화설이 지닌 논증의 요지는 세계가 존재하는 이유를 세계 안에서는 찾을 수 없다고 본 것이고, 神은 이 세계에 속하지 않으면서 이 세계를 기획하고 지휘하기 때문이다. 그래서 神이 지닌 권능만 인정했을 뿐, 시도하고 노력했지만 찾고자 한 '연결고리'와는 동떨어졌다.[30] 사실상 神의 본체가 드러나지 못한 실정인데, 세상 밖이든 세상 안이든 찾을 수 있었겠는가? 신 본체의 규명 요건은 먼저 창조 본의가 계시되어야 했고, 그러기 위해서는 성령의 본격적인 역사가 있어야 했다. 그러지 못한 조건 속에서는 어떤 탁월한 지성이라도 세계관적 한계 조건을 피할 수 없다. 통상 창조 문제라고 하면 성경의 창세기를 생각하지만, 그렇게 해서

---

29) 『사람이 알아야 할 모든 것 철학』, 앞의 책, pp.282~283.

30) 현실과 세계 속에 존재하는 모든 것은 유한하다. 이런 세계적 특성을 가진 대상 안에서 통일적, 초월적, 원인적 근거와 의지와 본질을 구하고자 하는 노력은 무익하다. 그것은 모두 세상 밖에 있음.

알려진 정보만으로서는 부족함이 있다.[31] 연결고리를 찾지 못하니까 지성들은 자체 확보한 관점으로 하나님의 본체를 마음대로 규정했다. "神은 초자연적인 존재라든지, 혹은 자연 질서의 일부라는 생각 등등."[32] 하지만 밝힌 바대로 **"신 본체"**는 세계 질서를 초월해 존재하면서도 즉시 상호 교감이 되는 세계의 바탕 본체로서 내재한다고 하였나니, 이것을 밝혀야 神과 세계(자연)를 매개한 연결고리를 찾을 수 있다. 더 나아가서는 제 진리관, 종교관, 우주관을 연결하고 하나로 일체화시킬 수 있는 것이기도 하다.

그런 진리 과제를 동양 본체론은 이미 시도하였고, 어느 정도까지는 근접하였다. 중국 위진 시기의 현학에 참여한 학자들이 그러하다. 즉, "현학은 도가의 입장에서 유가를 해석하여 천지 만상을 말단으로 보고, 현상 세계 밖에 또 허무한 본체 세계를 세워 無로써 근본을 삼고, 근본을 숭상하고 말단을 종식할 것을 강조한 논거가 그것이다[崇本息末]."[33] 이것은 현상 세계와 본체 세계와의 관계, 곧 연결고리를 분명하게 밝힌 탁견이다. 여기서 내세운 본체 세계를 無라고 본 것은 결코 허무한 세계가 아니다. 창조로서 결정되기 이전의 본질 상태를 존재, 생성, 분열, 인식 등 모든 측면에서 空한 상태를 지칭한 것이다. 그런 無한 본체가 바로 천지 만물을 있게 하고, 제 현상을 발화시킨 근본, 근원, 바탕체라는 것, 이름하여 "창조 본체"이다. 창세기에서의 부족한 부분이 바로 이와 같은 본체 논리, 본체 원리, 본체 명제였다. 이것은 누가 계시한 것인가? 시대와 문화를 초월한

---

31) "만물과 우리가 겪는 모든 과정을 엿새 안에 창조했다는 생각 등.-『다시 만들어진 신』, 스튜어트 카우프만 저, 김명남 역, 사이언스 북스, 2012, p.26.

32) 『위험한 생각들』, 앞의 책, p.294.

33) 위의 책, p.271.

290  교육의 위대한 말씀 전편 1

하나님이 진리의 성령으로 역사하여 그 본의 지혜를 때가 될 때까지 동양 문명 한복판에 깊이 파묻어 둔 것이다. 언젠가는 그 지혜 보물을 찾아낼 자가 있을 것을 염두에 두면서…… 그 지혜 안목을 정말 때가 이른 오늘날만 인류를 향해 가르침의 역사로 틔우고자 한다. 숭본식말 논리는 하나님이 우회적으로 계시한 창조 논리요, 원리이며, 그와 같은 조건으로 천지를 지은 창조 본체의 진리적 표명이었다는 사실을…… 그 이외의 연결고리는 더 이상 없다. 방법은 그것이 곧 하나님이 밝힌 하나님의 본체와 천지 만상을 매개한 연결고리란 사실을 확실하게 확인하는 것뿐이다. 여기에 하나님의 위대한 말씀이 있고, 교화해야 할 권능 발휘 역사가 있다.

이 같은 연결고리를 확인하고 보면, 지금까지 선현들이 도달한 궁극적 실재에 대한 인식이 세계적인 조건상 미비한 점은 있었더라도 결국 궁극적 실재는 神 본체를 지향했고, 직시했고, 지칭한 것이라는 것을 알 수 있다. 실로 가려진 무명의 장벽을 허무는 데 수십 세기란 세월이 걸렸다. 그 벽은 결코 높지도 두껍지도 않다. 한 치 높이와 두께도 안 되는 가림막에 불과했지만, 사실은 인류 자체가 의식 속에 친 세계관적 장벽이 더 높고 두꺼웠기 때문에 자체 인식 틀 안만 맴돌았다. 궁극적 실재, 그러니까 하나님의 본체 앞까지 도달하고서도 그것이 바로 하나님의 존엄한 창조 본체란 사실은 누구도 깨닫거나 일갈하지 못했다. 육구연(1139~1192)은 범상찮은 명제로 말했다. "우주가 곧 내 마음이고, 내 마음이 곧 우주이다. 그러므로 마음밖에 이치가 없다. 왕수인(1472~1528)은 한 걸음 더 나아가 마음밖에 사물이 없다."[34] 곧, 하나님의 본체(우주 본체)와 인간(마음)과의 상통하는 경지를 일갈한 통찰이다. 흔히, 주관적인 유심론으로서도

---

34)  위의 책, p.270.

분류하지만 우주, 사물, 이치, 마음의 일치 상태는 이 모든 것이 연결된 탓에 도달할 수 있는 정신 상태이다. 하지만 그 연결고리가 이제 막 하나님의 가르침으로 드러난 만큼, 선현들은 그 보이지 않는 연결고리를 제한적이기는 하지만 직시 된 형태로 하나님의 본체를 나름대로 이름 지어 궁극적 실재로 표현하였다. 인도의 전통적인 우주관인 범아일여(梵我一如) 사상이 그것이다.

타고르(1861~1941)는 우파니샤드와 베단타 철학의 범아동일 사상을 계승한 시성이다. 그에 따르면, "정신 실체야말로 우주의 가장 중요한 근본이며, 이것은 바로 '범(梵)'이다. 범은 우주의 본원이며, 기초이다. 세계와 만물은 모두 범의 다른 모습이거나 범의 창조물이다. 타고르는 상황에 따라 범을 '우주 의식', '우주 정신', '최고 정신'이라고도 불렀고, 때로는 '神', '보편적 지존', '무한 인격' 등으로 불렀다. 베단타 철학에서는 이 범을 일반적으로 무형식, 무속성, 시공간을 초월하는 최고의 '절대'로 묘사하였다."[35] 타고르가 이렇게 규정한 범의 속성을 이제는 조금 부족한 인식을 채우기만 하면, 충분히 하나님의 본체 자체라고 보아도 무방하다. 이처럼 부족한 부분을 채워 완성된 모습으로 볼 수 있도록 눈을 열어 주고 가르침으로 안내하리라. 보고도 알지 못하고, 듣고도 이해하지 못한 무지를 깨우치리라. 다시 말해, "브라만은 전 우주로부터 제약받지 않으며, 모든 대상으로부터 자유로우며, 모든 현상적인 속성 및 한정을 초월해 있다."[36] 궁극적 실재에 도달하면 결국 모든 분별 의식이 사라지고 상통한다. 그 같은 정신 경지를 이루기 위해 만 인류가 이제부터는 하나님의 가르침으로

---

35) 『지도로 보는 세계 사상사』, 앞의 책, p.387.

36) 「샹카라의 가현설 연구」, 이호근 저, 동국대학교 대학원, 박사, 1991, p.72.

빠짐없이 인도받아야 한다. 이 모든 정의가 바로 하나님의 본체를 직시한 것이라는 것을…… 지난날 걷어내지 못한 한계 인식의 장벽을 넘어서야 한다. 성령의 본체가 본격적으로 역사되지 못한 세계적 조건과 문화적 장벽 속에서 하나님의 본체를 엿보고 직시하는 데 그쳤지만, 때가 이른 지상 강림 역사 시대에는 만 인류가 가르침의 역사로 하나님의 지상 강림 본체를 생생한 모습으로 실감하리라.

부처님이 『대반열반경』에서 열반에 들기 전에 말씀하시길, "자신을 귀의처로 삼고 진리를 귀의처로 삼아라." 대반 열반한 부처님은 더는 형상화될 수 없다.[37] 절대적인 존재는 형상화될 수 없다. 이슬람은 형상 파괴주의, 이슬람은 철저한 우상 거부주의, 유일신관으로 말하면, 가장 정직하고 포용적이고 정결한, 진보된 형태의 종교이다.[38] 그래서 하나님의 본체는 세상 가운데 존재할 수 없다. 神은 상대적일 수 없다. 神은 존재 이전의 존재자로서 존재의 상대적 조건을 초월한다. 맞는 말이다. 그러나 그것은 하나만 알고 둘, 즉 창조 역사를 실현한 하나님은 모든 선천 신 세계관의 한계성 관점이다. 하나님은 분명 이 땅에 강림하시고 세계와 함께하시며 사랑하는 인류 안에 내재해 계시나니, 그 이유는 하나님이 자체의 몸 된 본체를 내어 우리를 창조해서이다. 그 절대 이행 절차를 거쳐 너와 나, 그리고 우리 모두를 이루셨다. 타고르도 "세계 만물은 모두 범(하나님의 창조 본체)의 다른 모습이거나 범의 창조물이다"라고 하지 않았는가? 그 말이 결국 그 말이다. 그런데도 여태껏 우리의 안목이 좁은 탓에 하나님과의 그 끊으려야 끊을 수 없는 연결고리가 단절된 상태이다. 더는 방치할 수 없는

---

37) 도올, 〈인도를 만나다〉, 16강.
38) 위의 강의, 17강.

문제라, 이 무명의 꺼풀만 걷어내면 만 인류가 하나님의 강림하신 참모습을 가감 없이 바라볼 수 있다. 그 핵심 된 연결고리를 밝히는 데 하나님의 위대한 말씀의 가르침 역사가 있다. 세계의 종교 분쟁, 대립 구도, 정신적 고뇌를 일시에 해결하리라.

# 제25장 신 신학관

## 1. 신 증명 방식

신학이 기독교 신앙을 굳게 뒷받침하기 위해서 해결해야 하는 과제로서는 神은 무엇인가란 본성을 밝히고 정의하는 문제, 존재 목적, 역사 내력 등을 밝히는 것도 필요하지만, 神이 존재한 사실을 어떻게 증명할 것인가 하는 문제는 신학을 이루는 제일 중심을 차지한다. 神은 무엇인가?(신 세계관) 神을 어떻게 추구하고 밝힐 것인가도 있지만(신 본체관), 神을 어떻게 증명할 것인가 하는 것은(신 신학관) 사실상 세계에 가로놓인 모든 근거와 인류의 지혜를 총동원해야 하는 문제이다. 그런데도 지난날의 역사를 살펴보면 그 접근 방법이 단순, 일회적, 주관적이었고, 성과도 탐탁잖았다. 하나님의 산 역사를 체험한 자들은 당장 마음만 먹으면 하나님이 그렇게 행한 역사를 증명할 수 있을 것 같지만, 알고 보면 증명 문제만큼 세계적 조건이 절대적인 영향을 끼치는 경우도 없다. 작가는 착상만 떠올리면 당장 한 편의 인생 이야기를 구상할 수도 있지만, 자신의 인생 이야기는 세월을 두고 겪어 가야 하는 것처럼, 하나님이 존재한 사실과 증명하는 것은 전혀 별개의 문제이다. 아무리 특출한 재능을 가진 신 변증가라도 자신이 神을 아는 것과 달리 증명하는 것은 세계 본질의 분열 조건을 따라야 했다. 그래서 자신은 지혜로운 방법으로 神을 증명했다고 자처해도 주어진 세계적 조건 탓에 한정적인 벽에 부딪혔다. 이것은 비단 기독교 문명 안에서 추구한 지성들의 노력에만 해당하지 않는다. 동서양을 막론하고 세계의 궁극적 본질을 추구했다는 측면에서는 같은 조건 상황을 피하지 못한다. 그 같은 神 증명 역사, 곧 변증하고자 한 노력을 기독교 역사 안에서 살펴보면 지적한 상황을 실감할 수 있다.

구약 시대에 활약한 엘리야 선지자는 세계적 조건의 제약 탓에 하나님이 직접 살아 역사하는 기적의 권능을 시험하는 방식을 택했다. 그는 "아합, 그리고 그를 추종하는 바알 종교 예언가 850명에게 결단을 촉구했다.

> '여러분은 언제까지 양쪽에 다리를 걸치고 머뭇거리고 있을 것입니까? 주님이 하나님이면 주님을 따르고, 바알이 하나님이면 그를 따르십시오.'

엘리야는 누가 진정한 神인지 가리기 위해 제물을 놓고 기도해서 그 제물을 불로 태우는 쪽을 참 神으로 인정하자고 제안했다."[1] 후일에 예수는 "主 너의 하나님을 시험하지 말라(마, 4 : 7)"라고 하였지만, 당시에 엘리야가 처한 조건으로서는 선택할 여지가 없었다. 요즘의 신앙인도 이처럼 단서를 단 권능을 시험함으로써 하나님의 사랑과 성령의 은혜를 확인하고 싶은 마음을 가질 수 있겠지만, 예나 지금이나 어떤 경우에도 그것이 객관적인 **"신 증명 방식"**, 즉 神이 존재한 근거 조건이 아닌 것만은 분명하다.

이처럼 하나님의 권능 역사를 확인하고자 한 방식도 있지만, 선천의 한계 벽에 부딪힌 조건 속에서는 자신을 희생시킴으로써 믿음을 증거하고,

---

1) 『신의 위대한 질문』, 배철현 저, 21세기 북스, 2015, p.266.

하나님을 증명하고자 한 순교 방식이 있었다. 예수의 십자가 죽음은 여러 가지 의미로 해석되거니와, 그 거룩한 희생은 하나님의 인류 사랑 의지를 확인시킨 역사이다. 이후 그의 믿음을 추종한 사도들, 로마 핍박 시대의 수많은 순교 행렬이 그러하다. 그들은 죽음을 마다하지 않은 희생으로 기독교를 세웠고, 신앙을 변증했다. 그래서 그런 자기희생 역사도 神을 증명한 방식이라면 방식이라고 할 수 있다.

또한, 기독교 신앙이 성장하는 과정에서도 처한 여러 가지 시대적 상황에서 신앙이 도전받고 위기에 처했을 때는 기독교 진리를 변증하고자 한 강력한 의지가 발동했다. 일생을 복음을 전파하는 데 바친 사도 바울의 선교 역사, 로마 제국이 갈라지고(동서 분열), 서고트족에 짓밟히는 등 패망이 역력해지자 그 원인이 국교인 기독교 탓이라고 하는 비난에 대해 이를 반박하고 기독교를 옹호하기 위해 『신국론(413~426)』을 쓴 성 아우구스티누스, 신실한 신앙으로 기독교를 변증한 호교론자 파스칼(1623~1662), 그는 사람은 모두 신앙 쪽에 내기를 거는 것이 더 유익하다고 제안했다. 서서히 고개를 들기 시작한 불신앙자들에 대해 합리적인 내기 방식이자, 어쩔 수 없었던 조건에서의 궁여지책 신 변증 방식이다.

게르만 민족의 대이동으로 로마 제국이 멸망한 가운데서 지속한 중세 시대에도 神의 존재를 증명하고자 한 노력은 계속되었다. 안셀무스의 존재론적 논증, 토마스 아퀴나스의 우주론적 논증 등등. 이 시기에 神에 관한 논증 방식으로서 특징적인 것은 이성을 통해 神이 존재한 사실을 사고적으로 추론한 데 있다. 이것은 고대 그리스의 아리스토텔레스와 근대의 데카르트, 라이프니츠 같은 철학자들에 의해서 시도된 방식이기도 하다. 즉, "중세 기독교에서 반복된 쟁점은 하나님의 존재를 철학적, 이성적으로 입증할 수 있는지다. 교회에서는 믿음의 문제로 돌리지만, 철학이 종교와 결합하면서 이성적으로 타당한 이유를 찾게 되었다. 하나님의 존재에 대한 여러 논쟁이 벌어졌고, 그중에는 목적론적 논쟁 방식도 포함된다. 요지는 주변 세상을 살펴보면 규칙의 증거를 볼 수 있다는 추론이다. 모든 것이 목적에 맞게 드러나도록 고안되었고, 모든 것이 목적이 있다면 그것을 설계한 인물, 즉 하나님이 존재한다는 결론이다."[2] 참으로 어렵기만 하다. 문제는 그렇게 목적을 사고적으로 추리해 들어갔는데, 마지막으로 도달한 곳에서 무언가 확연한 깨달음을 얻거나 하나님의 모습을 뵈올 수 있었는가 하는 점이다. 그것은 이성적 추리 방식을 택했다는 점에서 그런 사고적 착상 자체에 한계성이 있다. 다름 아닌, 하나님은 차원적 존재자인데, 이성은 과연 그런 神의 특성을 파악할 수 있는지다. 후일에 칸트가 "이성의 한계 안에서의 종교"를 언급했던 것처럼…….

후일의 "철학자들도 이 문제에 도전하면서 목적에 대한 개념에 의문을 제기하고, 이것을 '원인'으로 바꾸었다."[3] 목적은 너무 추상적인 면이 없지 않아 현실 속에서도 확실하게 인지할 수 있는 원인을 변증 근거로 삼았다. "토마스 아퀴나스는 본질과 실존에 대한 자신의 사상을 활용해 안셀무스가 취했던 존재론적 논증을 반박했다. 그리고 한층 더 강한 논쟁인 '우주론적 논증'을 제기했는데, 이는 아리스토텔레스의 원인론에서 비롯된 것이다. 간단히 설명하자면, 우주가 존재하게 된 원인이 분명히 있는 것이며, 제1 원인은 바로 우리가 지칭하는 神이다. 아퀴나스는 우주가 분명 존재하지만, 다른 상황에서 보자면 존재하지 않을 수도 있다고 설명한다. 따

---

2)  『철학』, 앞의 책, p.122.

3)  위의 책, p.122.

라서 존재는 원인의 여하에 달려 있다. 그 원인이란 존재하지 않는다고 할 수 없는 어떤 것이어야 하며, 다른 어떤 것의 여하에 달려서도 안 된다. 즉, 원인 없는 원인이어야 한다. 그것이 바로 우리가 神이라고 이해하는 존재라고 말했다."[4] 그는 세계적 조건인 원인의 여하로 그 필연성 탓에 반드시 조건을 있게 한 본질적 원인, 즉 원인 없는 원인도 함께 존재할 수밖에 없으므로, 그것이 바로 神이라고 결론 내렸다. 하지만 우주론적 논증이 하나님의 존재를 확실하게 뒷받침하는 것인가 하면, 이것 역시 사고적 타당성을 통한 유추 결론일 뿐이다. 그리고 증명한 것 자체도 초점이 빗나갔다. 원인적 추론 방식은 하나님이 역사한 창조적 요소이지 존재적 요소가 아니다. 그래서 이런 논증 방식으로 神의 존재를 정당하게 뒷받침하기 위해서는 거창한 '우주론적 논증' 제목답게 우주 가운데서 원인이 존재하게 된, 그 원인을 있게 한 필연적인 근거, 즉 창조적 근거를 제시해야 했다. 실컷 세계 안에 있는 원인의 필연성을 조건 지어 놓고, 정작 증명해야 할 원인의 존재 이유에 대해서는 논증하기를 멈추고, 그 모든 원인을 하나님에게로 돌려 버린 일대 비약을 단행했다. 이것이 당시로서는 어쩔 수 없는, 찾으려야 찾을 수 없는 세계관적 한계 조건이다. 그렇다면 그 세계 안에서 필연적 조건으로 인식되는 원인은 정말 어떻게 해서 생겨났는가? 바로 하나님이 命한 창조 역사 탓이다. 하나님이 이룬 천지창조 역사가 세계에 필연적인 원인이 생겨나게 했다. 따라서 창조 역사를 먼저 증거해야만 일체 원인을 있게 한 하나님의 존재 여부가 우주론적으로 증명되는 것인데, 순서상 건너뛰어도 너무 건너뛰었다.

지금까지의 **"신 증명 방식"**을 통해 神이 세계 밖 존재인 탓에 증명할 수

---

4) 위의 책, p.140.

없다든지, 하나님은 초월적인 神인 탓에 "神과 인간은 질적으로 다르다"라고 한 단절을 말한 것은 그 이유가 바로 반드시 건너야 도달할 수 있는 神을 향한 인류의 끊임없는 노력 앞에 가로놓인 창조의 강 언덕을 찾지 못해서이다.[5] 그런데도 아퀴나스는 자체 논증을 합리화하는 방식으로서 규명해야 할 것은 하지 않고, 아리스토텔레스의 영향을 받은 신학자답게 그 원인 없는 원인을 "나는 스스로 있는 자다"로서 해석하고, 아리스토텔레스가 말한 제1 원인, 즉 "부동의 동자"란 지위를 갖게 하였다.[6] 창조적 원인이 아닌 철저히 사고적인 원인 근거만 추적하였다. 하지만 아리스토텔레스가 말한 부동자 역시 사고적으로 유추한 가정된 본체일 따름이다. 왜냐하면, 정말 그 원인 없는 부동의 동자란 그 모든 필연적 존재 원인을 생성시키는 현상적 질서 안에서는 존재할 수도, 인식할 수도, 조건 지어질 수도 없는 그 무엇인 탓이다. 오직 가능한 방법이라는 것이 그들이 택한 원인 그 자체를 부정할 수밖에 없는 현실적 요구 조건이 부수되어야 하는데, 이 같은 근거를 확실하게 뒷받침하는 것이 바로 제 세계적 원인을 생성시킨 창조 본의적 조건이다. 그러고 보면 우주론적 神 증명 방식은 사고적으로는 거의 막바지 지점까지 도달했다. 하나님이 존재자로서가 아닌 창조주로서 가진 절대적 조건을 설정한 것이다. 여기서 이 순간 하나님이 혜안으로서 눈을 번쩍 뜨게 할 안목 조건은 바로 모든 세상의 필연적 원인과 인과 결과란 하나님이 직접적인 원인 자체가 아닌, 하나님이 이룬 창조 역사에 직접적인 원인이 있었다는 사실이다. 다시 말해, 인과 법칙은 창조

---

5) (만물→세계→인간)→(X)→神, 즉 그 ( ) 속의 X를 간과한 데 선천 세계관의 한계가 있다. 선천 진리관, 신관, 우주관을 완성하지 못한 이유이고, 창조 방정식이 성립되지 못한 원인임.

6) 『보편철학으로서의 유학』, 나성 저, 이학사, 2017, p.58.

된 일체의 역사 결과를 증거할 뿐이다. 창조가 모든 원인의 발생처라, 창조 역사가 실현되지 않았다면 세계가 요구한 필연적 원인도 없다. 그렇다면 하나님은 왜 원인 없는 원인자인가? 하나님은 피조물이 아닌 창조주인 탓이다. 지음 받은 우리는 원인 없이는 존재할 수 없지만, 하나님은 천지 창조 역사를 주관한 탓에 우리에게 필연적인 존재 조건인 원인이 하나님에게 있어서는 무관하다. 그래서 필연적 원인은 창조 역사의 실현 조건이고, 천지가 창조된 것을 증거하는 결정적 근거이다. 이런 창조 본의 관점에서 보면, "어느 것도 자기 자신의 원인이 될 수 없다. 따라서 모든 것에는 선행된 원인이 있다. 이 무한 소급 상황의 사슬을 끊어버릴 유일한 길은 그런 원인이 필요치 않은 비범한 그 무엇이 존재"[7]하므로, 그것은 곧바로 神이라고 하는 것이 아니고, 창조로 뒷받침된, 하나님이 창조주라는 절대적인 요청 조건으로 충족되는 것이다. 이 조건을 추적하고 확인하고 밝혀야 하나님이 비로소 존재자로서 증명된다. 모든 원인은 다른 사물에 의해 주어지지만, 그 원인의 궁극적 원인은 창조로 주어지고, 창조 원인은 창조를 있게 한 하나님에 의해 주어진다. 따라서 "神은 모든 존재와 운동의 제1 원인"이요, 원인 없는 부동의 원인자로서 원인 속의 세계 질서와는 차원을 달리한 존재자이다. 그래서 인간에게는 그냥 사고적으로는 도약할 수 없었기 때문에 하나님이 성령으로 역사한 사전 창조 메커니즘의 밝힘 역사가 있었다. 그렇게 역사하여 계시가 된 본의 뜻에 따르면, 원인이 원인을 낳은 영원한 생성 시스템은 하나님의 영원히 有한 본질을 창조적으로 구현한 결과적 산물 자체이다. 따라서 하나님이 이룬 창조 역사는 만물이 원인으로 존재할 수 있게 한 핵심 뿌리라, 그 뿌리를 보지 못한 상태에

---

7) 『세계관의 전쟁』, 디팩 초프라 · 레너드 믈로디노프 저, 류운 역, 문학동네, 2013, p.133.

서는 어떤 神 증명 노력과 방식으로도 하나님이 존재한 사실로까지는 미칠 수 없었다. 밝힌바 "神을 증명하기 위해서 인간이 지닌 다른 어떤 것도 필요로 하지 않았나니",[8] 그 이유는 정말 어디에 있는가? 원인을 밝히기 위해 하나님이 오늘날 인류를 향해 대 가르침의 역사를 펼치고 계시다.

이 같은 **"신 증명 방식"**의 모색 과정은 현대사회에 있어서도 계속되었다고 할 수 있다. 그중 "파울 틸리히(1886~1965)는 문화 신학자로서, 종교 철학가로서, 철학적 신학의 입장에서 기독교 진리를 체계화하여 20세기 지성인 세계에 기독교 진리를 변증한 탁월한 조직신학자이다."[9] 그는 말하길, "神은 존재 자체이며, 존재의 능력이며, 모든 존재자의 지반이다. 즉, 神은 진리 자체이며, 그보다 존재 자체이다. 神은 논증되거나 반증되는 대상이 아니라, 논증과 반증의 논리적 투쟁을 가능케 하는 인식의 지반이자 존재의 지반이다."[10] 이것이 서양 철학이 도달한 결론이고 종착지이다. 神은 논증되거나 반증되는 대상이 아니라는 것이 아무리 노력해도, 어디를 둘러보아도, 하늘을 보고 땅을 보고 성경을 살펴보아도, 하나님이 존재한 사실과 창조 사실을 확인하고 증거할 세계적 조건과 근거를 찾아내지 못했다. 결코, 하나님이 존재하지 않거나 함께하지 않아서가 아니다. 오직 때가 이른 오늘날 하나님이 직접 강림하신 성령의 역사가 필요했다는 뜻이다. 하나님이 이 땅에 강림하신 방식으로 본체를 증거하는 것만이 하나님의 실존 모습을 구체화해서 본체 자체를 증거하는 최적 증명 방식이다. 위대한 말씀의 증거 역사로 인류의 神 증명 방식을 종합해서 완성하리라.

---

8) 『신 인간 과학』, 앞의 책, p.27.

9) 『기독교 명저 60선』, 앞의 책, p.268.

10) 위의 책, p.271.

## 2. 신 증명 과제

지적하였듯, 신학 영역에서 神이 존재한 사실을 증명하는 것은 인류의 역사 방향을 결정하는 과제일 뿐만 아니라, 해결함으로써 인류가 풀지 못해 대립한 세계관적 문제까지 동시에 해결하여 인류 사회가 이상적인 세계로 나아갈 수 있다. 이에, 이 연구가 증거한 지상 강림 역사는 여러 가지 측면에서 시대 인식의 변화를 촉발한다. 강림 역사를 전후로 하나님의 창조 본체가 드러났다는 것은 인류가 그동안 벗어나지 못한 진리, 세계, 神에 관한 일체의 관념성을 일소한다. 세계를 있게 한 근원 뿌리가 드러났다는 뜻이라, 이상화된 관념과 본체가 실질적으로 함께할 수 있게 되었다. 그만큼 神에 관한 본성이 관념화에 그친 이유 역시 분명해진다. 아무리 神이 존재한다고 해도 거기에는 믿음이 뒤따라야 했다. 하지만 하나님이 강림하신 이후부터는 일체의 관념적 정의와 믿음과 논리적인 증명 방식이 종식을 고하게 되었다. 본체를 구성한 形而上學적 본질과 작용 원리와 작동 근거가 인식할 수 있는 메커니즘으로 뒷받침된 탓이다. 그래서 하나님의 강림 본체가 만인이 실감할 수 있는 실존적, 실체적 인식 체제로 전환되었다.[11] 이런 변화는 神을 증명하는 과제에서도 실질적인 근거를 제공할 수 있게 된 조건 문제를 해결한 것이다. 이전에는 불가능한 여건 속에 있었지만, 지금은 하나님의 지상 강림 본체가 드러난 탓에 증거할 근거도 두드러졌다. 과거의 **"신 증명 과제"**는 이 같은 세계적 조건을 갖추기 위해 추진된 과정이었다. 이런 상황은 캔터베리 대주교 안셀무스(1033~1109)

---

11) 강림 이전에는 본체가 드러나지 못한 탓에 관념적인 증명 방식을 취할 수밖에 없었지만, 강림 이후는 본체가 드러난 탓에 실감하는 방식으로 전환됨.

가 진솔하게 고백하였다.

> "하나님은(인간 앞에) 부재하시고, 도달할 수 없는 빛 속에 거하
> 신다. 하나님의 행하심을 갈망하는 인간은 누구인가? 당신을 보
> 려 애쓰지만 당신의 얼굴은 멀리 있습니다. 당신에게 다가가려 하
> 지만 당신이 계신 곳은 다가갈 수 없습니다. …… 주님이시여, 도
> 대체 얼마 동안이나 우리를 잊으시고 당신의 얼굴을 돌리시려나이
> 까? …… 우리에게 당신의 얼굴을 알려주시겠나이까?(『프로슬로기
> 온』)"

"당신께서 나를 가르치시고, 나를 찾으시고, 나에게 보여 주지 않으신다
면 나는 아무것도 추구할 수 없다"[12]라고 탄식하였다. 세계 본질적인 조건
탓에 하나님이 본체를 드러내지 못했고, 성령의 역사 시대가 본격적으로
개막되지 않았는데, 믿음만으로 하나님을 증명할 수 있었겠는가? 그래서
그는 사고적 논증 방식 이외에는 선택의 여지가 없었다(존재론적 신 증
명). 이것은 "당신의 얼굴은 멀리 있습니다. 당신에게 다가가려 하지만 당
신이 계신 곳은 다가갈 수 없습니다"란 고백을 통해 알 수 있듯 거리감, 그
질적 차이는 곧 하나님이 저 먼 곳, 시공간적 질서 저편(초월자)에 계신 탓
이다. 정말 초월적인 궁극자[神]의 존재를 증명하지 못한다는 인식은 거
의 공감된 사실이다. "초월적인 궁극자가 존재한다는 증거는 없으며, 실제
로 그 존재가 신앙의 문제라고 생각하는 사람들은 이 사실에 동의한다."[13]
거의 神의 증명 과제에 대한 체념 상태라고 볼 수 있는데, 이것은 그야말

---

12) 『이해를 추구하는 믿음』, 앞의 책, p.54.
13) 『인생의 모든 의미』, 존 메설리 저, 전대호 역, 필로소픽, 2016, p.264.

로 神의 존재를 규정한 인식 면에서나 접근 방식 면에서나 그럴 수밖에 없는 시공간의 제약에 가린 한계성의 노출 관념이다. 차원에 가려진 초월성이므로 시공간의 벽을 뚫어야 하는데, 그러기 위해서는 하나님이 성령으로 역사해야 했다. 정지한 대상은 멀리서 보면 그것이 인형인지 사람인지 분간을 하지 못한다. 관념적 사고로 접근한 정체된 神도 마찬가지이다. 神의 존재를 사고적으로 증명할 수 있다고 생각한 것 자체가 잘못이다. 그이유는 확실한 것이니, 지난날은 하나님의 본체가 드러나지 못한 관계로 초점이 맞는 맞춤형 증명 방식을 찾지 못했고, 관념을 통한 존재적 추적이다 보니까 시공간 안에서 살아 역사하는 하나님을 실시간 입체적으로 증거하지 못했다. 살아계신 하나님으로서 역사하면 그렇게 해서 발산된 의지가 근거로 남게 되고, 만사의 현상도 이에 부응해서 작동을 시작한다. 왕이 행차하면 만조백관이 보좌하듯, 천지를 창조한 하나님이 살아 역사하는데 천지 현상과 우주의 운행 질서가 이에 부응하지 않겠는가? 그런데도 이런 역사성과 동떨어진 서양 신학은 현대에 이르러서도 **"신 증명 과제"**를 해결하지 못한 상태이다.

스위스의 신학자 카를 바르트(1886~1968)는 말하길, "하나님 자신이 예수그리스도를 통하여 계시한 것을 믿는다. 신약은 예수그리스도를 떠난 다른 하나님을 알지 못한다. 그러므로 기독교적 신앙은 이 예수그리스도를 어떤 종교적인 가르침이나 정치적인 메시아니즘과 神들의 형상들과 혼동하는 것을 거부한다"[14]란 그의 **"신 신학관"** 관점을 분명히 했다. 主 예수의 복음과 행적을 통하는 것만이 하나님을 증명하는 유일한 방식이라고 거듭 강조한 것이지만, 그런 신 신학관은 미래 인류가 기대한 신 증명 과

---

14) 『신앙의 이해』, 오영석 저, p.49.-「칼 바르트의 하나님 형상론에 관한 연구」, 앞의 논문, p.48.

제 해결 관점이 아닐 뿐 아니라, 쇠락의 조짐이 역력한 기독교 신앙을 결집하는 데도 역부족이었다. **"신 증명 과제"**를 더욱 세계적으로 확대해야 하는데, 안으로 파고들어 대세 뜻에 역행되었다. 지적하였듯, 논리적인 사고로 초월적인 神을 추적한 접근 방식은 그 논리가 아무리 물샐틈없이 철저해도 논리 이상인 차원적인 神을 추적하고 증명하는 것은 불가능하다. 이런 이유로 우리는 동양에서 추구한 본체 道로의 접근 방식도 고려할 필요가 있다. 그들은 비록 神이 아닌 道, 法, 梵, 太極, 空, 理氣란 궁극적 실재로 추구하였고, 자가 수행을 통해 깨달음을 얻고자 한 것이다. 그런 돈오적 직관은 오히려 논리적인 사고 질서를 초월하여 차원적인 본체 세계로 나갈 수 있는 길을 튼다. 이것은 분명 우리의 추구 의식과 신념과 의지가 살아 생성하는 시공간과 함께하고, 일치, 합일하고자 한 방식이라, 신 증명 과제 해결에 있어서는 방법적으로 지혜를 안긴다. 그리고 그 道적 본체는 그대로 "道卽神"으로 연결된다고 하지 않았는가? 神의 존재적 방식과 그것을 뒷받침할 증명 메커니즘은 반드시 시공간의 운행 본질과 함께해야 하나니, 이 같은 인류 숙원의 신 증명 과제를 일찍이 하나님이 직접 인도한 길의 완수 역사가 실시간 이루어진 시공간의 생성 역사를 기록으로 붙들어 두었다. 그것이 곧 하나님이 진리의 성령으로서 본체를 드러낸 성령의 역사 증거라, 시공간 안에서 이룬 그 성령의 역사 주체가 곧 "말씀"이다. 이것은 분명 성경에 기록된 개념적인 말씀과는 차이가 있다. 성경 말씀은 하나님이 역사한 계시 메시지를 기록한 것이기는 하지만, 현재의 시공간 안에서 성령으로 역사한 뜻과 의지를 담은 실존자로서의 말씀은 아니다. 지금의 시공간적 질서 안에서 간구한 자의 영혼 위에 임재하였을 때, 그렇게 역사한 방식이 하나님의 본체를 드러내고 증거할 수 있는 세상 안에서의 인식 근거를 확보할 수 있게 한다. 그렇게 역사한 말씀을 근거로 했을 때, 우리는 비로소 하나님이 창조주로서 발휘한 권능인 시공의 본말을 규정하고, 인류의 미래 역사를 결정하며, 하나님 자체의 초월적 본체를 증거할 수 있다. 인류가 해결하지 못한 **"신 증명 과제"**를 하나님이 직접 해결하시나니, 하나님이 이 땅에 강림하신 "지상 강림 본체"를 증거하는 것이 그것이다. **"본체 신학론"**은 무엇보다도 하나님이 이 땅에 오신 지상 강림 본체를 증거함으로써 인류 숙원의 과제인 신 증명 과제를 해결하고, 태초로부터 영원히 살아 역사한 성령으로서의 神인 것을 대변하게 되리라.

# 세계교육론 총서 목차

■ 약력

1957년 경남 진주 출생. 진주고등학교 졸업(47회). 경상대학교 사범대학 체육교육과 졸업. R.O.T.C.(19기) 임관. 서남대학교 교육대학원 졸업. 1984년 3월 1일, 교직에 첫발을 내디딤. 2020년 8월 31일, 정년을 맞아 퇴임함. 자아와 세계에 대해 눈떴을 때부터 세상의 분파된 진리에 대해 의문을 품고 '길은 어디에 있는가'란 명제 하나로 탐구의 길에 나서 현재까지 다수의 책을 저술함(총 43권).

■ 주요 논문 및 저서

『길을 위하여(Ⅰ)』(1985), 『길을 위하여 (Ⅱ)』(1986), 『벗』(1987), 『길을 위하여 (Ⅲ)』(1990), 『세계통합론』(1995), 『세계본질론』(1997), 『세계창조론 서설』(1998), 『세계유신론』(2000), 『작은 날개를 펴고』(2000), 『환경은 언제나 목마르다』(2002), 『자연이 살아가는 동안』(2003), 『세계섭리론』(2004), 『세계수행론』(2006), 「진로 의사 결정유형과 발달 수준과의 관계」(2006), 『가르침』(2008), 『세계도덕론』(2008), 『통합가치론』(2008), 『인간의 본성 탐구』(2009), 『선재우주론』(2009), 『수행의 완성도론』(2009), 『세계의 종말 선언』(2010), 『미륵탄강론』(2010), 『용화설법론』(2010), 『성령의 시대 개막』(2011), 『역사의 본질 탐구』(2012), 『세계의 섭리 역사』(2012), 『문명 역사의 본말』(2012), 『세계의 신적 본질』(2013), 『지상 강림 역사』(2014), 『인식적 신론』(2014), 『관념적 신론』(2015), 『존재적 신론』(2016), 『본질로부터의 창조』(2017), 『창조성론』(2017), 『창조의 대원동력』(2018), 『창조증거론(1, 2)』(2019), 『길을 가며 가르치며 생각하며』(2020), 『교육의 위대한 사명』(2021), 『교육의 위대한 원리』(2023), 『교육의 위대한 실행』(2023), 『교육의 위대한 지침』(2023), 『교육의 위대한 말씀(전편 1)』(2023)

세계교육론 총서 제5권

# 교육의
# 위대한 말씀
## 전편 1
## 세계교육론 결론

초판인쇄 2023년 10월 9일
초판발행 2023년 10월 9일

지은이 염기식
펴낸이 채종준
펴낸곳 한국학술정보(주)
주   소 경기도 파주시 회동길 230(문발동)
전   화 031-908-3181(대표)
팩   스 031-908-3189
홈페이지 http://ebook.kstudy.com
E-mail 출판사업부 publish@kstudy.com
등   록 제일산-115호(2000.6.19)

ISBN  979-11-6983-724-8  93370